青海省高校第二轮“135高层次人才培养工程”项目成果
青海大学应用经济学重点学科建设项目成果

青海省产业结构调整与绿色经济发展研究

丁生喜　郑永琴　卞利花　殷颂葵◎著

Study on Industrial Structure Adjustment & Green Economy Development in Qinghai Province

中国经济出版社
CHINA ECONOMIC PUBLISHING HOUSE
·北京·

图书在版编目（CIP）数据

青海省产业结构调整与绿色经济发展研究/丁生喜等著.
—北京：中国经济出版社，2019.12
ISBN 978-7-5136-5287-2

Ⅰ.①青… Ⅱ.①丁… Ⅲ.①区域产业结构—产业结构调整—研究—青海
②绿色经济—区域经济发展—研究—青海 Ⅳ.①F269.274.4 ②F127.44

中国版本图书馆 CIP 数据核字（2018）第 167266 号

责任编辑　葛　晶
责任印制　马小宾
封面设计　任燕飞

出版发行　中国经济出版社
印 刷 者　北京九州迅驰传媒文化有限公司
经 销 者　各地新华书店
开　　本　710mm×1000mm　1/16
印　　张　17.5
字　　数　305 千字
版　　次　2019 年 12 月第 1 版
印　　次　2019 年 12 月第 1 次
定　　价　68.00 元
广告经营许可证　京西工商广字第 8179 号

中国经济出版社 **网址** www.economyph.com **社址** 北京市东城区安定门外大街 58 号 **邮编** 100011
本版图书如存在印装质量问题，请与本社销售中心联系调换（联系电话：010-57512564）

前 言

21 世纪以来，全球经济正在绿色经济的引领下逐步转型。发达国家普遍由传统经济转向绿色经济，并从这一结构性转型中实现经济增长。而一些处于工业化和城市化快速发展阶段的发展中国家正面临着传统经济向绿色经济过渡的艰巨任务。习近平总书记在 2016 年视察青海时指出：青海省作为国家生态安全的屏障，青海生态地位重要而特殊，必须担负起保护“中华水塔”和三江源的重任。要从实际出发，坚持保护优先，坚持以节能减排和环境整治为导向，全面推进生态建设、美丽城乡建设以及自然保护区建设，加强生态保护、沙漠化防治和退牧退耕还林还草，扎扎实实推进生态环境建设，确保“一江春水向东流”。习近平总书记的讲话为青海省更好地处理好经济发展与环境保护的关系，指明了新方向。

由北京师范大学经济与资源管理研究院、西南财经大学发展研究院和国家统计局中国经济景气监测中心联合推出的《2015 中国绿色发展指数报告》全面分析评估了中国 30 个省（自治区、直辖市）及 100 个城市的绿色发展状况。在参与测算的 30 个省（自治区、直辖市）中，青海省绿色发展指数为 0. 195，排名第五。但是，青海省区域面积广阔，区内自然资源与生态环境条件迥异，经济技术水平差距显著，因此绿色发展呈现区域差异性。同时，西部大开发以来，青海省实施了一系列基于生态保护的绿色发展举措，特别需要掌握随之而来的青海省绿色发展水平的变动态势。

通过学习和了解绿色经济的相关理论知识和政策，结合青海省实际发展情况，对青海省绿色经济发展进行动态评价，对省内不同区域绿色发展问题进行专题研究，并对绿色发展进程中存在的问题作系统分析，进而为青海省发展绿色经济提供对策措施，同时也为西部地区发展绿色经济提供参考，这是本书选题意义所在。

作者简介与分工：丁生喜，青海大学财经学院教授，完成第一章、第二章、第三章、第四章和第五章；郑永琴，青海大学财经学院副教授，完成第六章；卞利花，青海大学财经学院副教授，完成第七章；殷颂葵，青海大学财经学院副教授，完成第八章。全书由丁生喜教授统稿。

各章主要内容：

第一章产业结构演变理论主要介绍产业分类与区域产业结构的内涵、产业结构演变规律、区域产业结构分析方法、区域产业结构配置相关理论。

第二章可持续发展与绿色经济理论阐述可持续发展的含义与区域可持续发展的内涵，可持续发展评价指标体系构建；梳理绿色经济与绿色产业的特征以及绿色经济与绿色产业的关系；阐述中国生态文明建设的意义，分析发展绿色产业对生态文明建设的作用。分别对国内外进行绿色经济发展评价研究综述，为后续研究打下基础。

第三章青海省绿色经济发展水平动态评价选取能够全面客观地评价青海省绿色经济发展水平的指标，构建科学合理的评价体系，运用主成分分析法，根据 2000—2016 年数据，对青海省绿色经济发展水平进行动态分析和研究，对青海省各州市绿色经济发展水平进行对比，分析青海省绿色经济发展的制约因素。

第四章柴达木盆地绿色经济发展研究分析了柴达木盆地绿色产业发展与西部大开发战略的关系，分析了柴达木盆地发展绿色产业与青海省绿色发展的关系。

第五章供给侧改革视角下海东市绿色经济发展研究分析供给侧改革对经济发展的新要求，以海东市为例，建立绿色经济发展评价指标体系，运用定量分析方法对海东市绿色经济发展水平进行定量分析评价，深入分析海东市绿色经济发展的制约因素，并提出绿色经济发展的对策建议。

第六章青海省产业结构优化升级问题研究归纳产业结构合理化和高度化的内涵和特征，分析产业结构优化模型及其影响因素，提出关于产业结构优化的数学规划模型，并采用数据包络分析（DEA）方法进行实证分析。根据产业结构合理化和高度化评价标准，对青海省产业结构进行了合理化和高度化评价。揭示青海省产业结构变动对能源消耗量的影响，并从三次产业生产效率角度分析青海省产业结构优化存在的问题，提出青海省产业结构优化的建议。

第七章绿色发展视角下青海省 GDP 产业贡献率动态研究是基于青海省产业发展现状和产业结构的变动趋势分析，对青海省 GDP 产业贡献率趋势实证分析。首先利用回归分析和时间序列分析方法，对青海省 GDP 产业贡献率的动态趋势进行分析并预测，然后利用计量经济模型和因子分析模型对青海省产业结构贡献效应进行研究，最后分析提出青海省产业结构调整优化的对策建议。

第八章基于产业发展的格尔木市就业与社会保障问题研究以2006年特别是“十二五”以来格尔木市就业、居民收入分配与社会保障状况的变化为分析起点，探究就业、收入与社会保障之间的关系，通过理论研究与对比分析判断格尔木市就业与社会保障存在的问题。在分析“十三五”时期格尔木市经济社会发展机遇和约束条件的基础上，为格尔木市城乡居民共享经济发展成果与促进社会和谐稳定提供理论依据和政策建议。

本书系统阐述了产业结构与绿色经济相关理论，并以青海省为例开展实证研究，有较为翔实的数据和分析。可用于经济类专业本科生和研究生的参考用书，也可作为相关专业的教学案例资料，以及作为相关经济管理、经济规划工作人员的工作参考书。

本书是青海大学区域经济学教学科研创新团队“教—学—研”互动的教学理念的实践成果之一，也是青海省高校第二轮“135高层次人才培养工程”项目的主要建设成果。本书的研究内容分别得到青海省哲学社会科学规划基金项目、教育部“春晖计划”项目和青海省格尔木市发改委“十三五”规划前期研究课题的资助，本书的出版得到青海省高校第二轮“135高层次人才培养工程”项目和青海大学应用经济学重点学科建设项目资金支持，在此表示最诚挚的感谢。由于作者水平有限，书中难免有不足之处，恳请各位读者批评指正！

作　者

2018年10月18日于青海大学

目 录

第一章
chapter 1

产业结构演变理论

产业结构与经济发展有着非常密切的关系。产业结构的演进促进经济总量增长和质量提升，经济发展也会促进产业结构的加速演进，特别是在现代经济增长中，产业结构演进和经济发展的相互作用越来越明显。区域产业结构是全国经济空间布局在特定区域组合的结果，由于各区域所处地理位置、资源状况及经济发展阶段等不同，所以产业结构的类型和层次总是多样的。①

第一节　产业分类与区域产业结构

一、产业分类

为了便于分析、研究和管理产业活动，有必要对产业进行分类。产业分类就是根据产业的某些相同或相似特征将全部经济活动分成不同的集合。所以，产业研究和分析目的不同，产业的分类方法也就有所不同。

（一）生产结构分类法

生产结构分类法是依据再生产过程中各产业间的关系而进行的分类方法。

1. 两大部类分类法

马克思为了分析不同物质生产部门的相互关系，揭示社会再生产的实现条件，根据产品在再生产过程中的不同作用，在实物形成上将社会总产品分为两大部类，即将生产生产资料的部门划归为第Ⅰ部类，将生产消费资料的

---

① 毛林根．产业经济学［M］．上海：上海人民出版社，1996.

部门划归为第Ⅱ部类。这种产业分类法是产业结构理论的基本来源之一，是投入产出表的基础。但从分类界限来看，有些产品难以确定其类别，实际应用比较困难。

2. 农轻重分类法

列宁在马克思两大部类分类法的基础上提出了以物质生产的不同特点为标准的分类方法。这里所讲的生产特点，主要指劳动对象、劳动资料、生产过程、加工方式和劳动产品的不同。在这一思想的指导下形成了农轻重产业分类法。农业包括种植业、畜牧业、渔业和林业；轻工业包括纺织、食品、缝纫（服装）、制革、毛皮、家具、造纸、印刷等产业；重工业包括燃料、冶金（如钢铁）、煤炭、石油、化工等产业。农轻重产业分类法具有比较直观和简便易行的特点。对于从宏观上安排国民经济计划、进行计划调控和研究社会工业化实现进程具有较大的实用价值。其局限性是农轻重产业分类法中农轻重三者的界限越来越模糊，确定产业划分界限日益困难。

3. 霍夫曼分类法

德国经济学家霍夫曼（W. G. Hoffmann）在1931年出版了《工业化的阶段和类型》一书。他为了研究工业化及其发展阶段而将制造业划分为三大类，第一类为消费资料工业，包括食品、纺织、皮革和家具等工业；第二类为资本资料工业，包括冶金及金属材料工业、运输机械工业、一般机械工业和化学工业等；第三类为其他工业。当某产业产品的用途有75%以上是消费资料时即将该产业归入消费资料工业，而当某产业产品的用途有75%以上是资本资料即将该产业归入资本资料工业。不能用上述原则确定产业归属的全部归入其他工业之中。①

（二）三次产业分类法

1935年，澳大利亚经济学家费歇尔根据人类经济活动发展的三个阶段，最早提出了三次产业分类方法。英国经济学家、统计学家科林·克拉克继承费歇尔的研究成果，于1940年发表著名的经济学著作《经济进步的条件》一书。在该书中克拉克运用三次产业分类法，总结了伴随着经济发展的产业结构变化规律，开拓了产业结构理论这一应用经济理论领域。随后，世界上许多国家都采用这种分类方法进行国民经济统计。

所谓三次产业分类法就是把全部经济活动划分为第一次产业、第二次产

---

① 孙久文．区域经济学［M］．北京：首都经济贸易大学出版社，2014.

业和第三次产业。第一次产业包括：种植业、畜牧业、林业和狩猎业等；第二次产业包括：［采矿业］、制造业、建筑业、［煤气、电力、供水］等工业部门；第三次产业包括：商业、金融及保险业、运输业、服务业、公务、［其他公益事业］和其他。（其中有［ ］号的，是在三个产业的归属问题上有争议的行业）。总之，第一次产业是广义的农业，第二次产业是广义的工业，第三次产业是广义的服务业。

（三）标准产业分类法

全面的、精确的、统一的经济活动统计对经济理论的探讨和整个国民经济问题的研究，对政府制定经济政策和进行国民经济的宏观管理都是十分必要的。① 国民经济管理的经济统计基础就是产业分类的标准化，即进行标准产业分类。

标准产业分类法（Standard industrial Classification，简称 SIC）是为统一国民经济统计口径而由联合国于 1971 年制定和颁布的一种产业分类方法。此法先将全部经济活动分成 10 个大项，再将各个大项分为若干个中项，然后将中项分为若干个小项，最后将各个小项分为若干个细项，并按大、中、小、细四个层次规定了相应的统计编码。

其中 10 个大项是：

（1）农业、狩猎业、林业和渔业；

（2）矿业和采石业；

（3）制造业；

（4）电力、煤气、供水业；

（5）建筑业；

（6）批发与零售业、餐馆与旅店业；

（7）运输业、仓储业和邮电通信业；

（8）金融业、不动产业、保险业及商业性服务业；

（9）社会团体、社会及个人服务；

（10）不能分类的其他活动。

联合国的标准产业分类法与三次产业分类法保持着稳定的联系，从而有利于对产业结构的分层次深入研究。标准产业分类法便于调整和修订，也为各国制定标准产业分类以及进行各国产业结构的比较研究提供了十分便利的条件，许多国家根据国际标准产业分类制定供官方使用的标准产业分类法。

---

① 夏大慰，等．产业组织学［M］．上海：复旦大学出版社，1994.

（四）产业功能分类法

产业功能分类法根据各个产业在区域产业系统中的地位、作用和功能，将区域全部产业划分为主导产业、关联产业、基础产业、潜导产业四类。

1. 主导产业

主导产业是指以优势商品和服务产品为基础，具有较大的规模，较强供给力与市场竞争力以及发展后劲的优势产业或支柱产业。①②

主导产业同时具有两大功能：第一，主导产业具有明显的相对优势，产出规模大，产品调出规模也大，在全国或高层次区域同类产业中是主要的生产供应基地，能承担起全国或高层次地域分工的某一重大任务。第二，主导产业是区域经济系统中的主体和核心，在区域产业结构中，不仅产值比重大，而且关联效应强，它的发展能够带动区域经济的发展，并推动区域产业结构向高层次演进。

2. 关联产业

关联产业是直接配合和围绕主导产业发展起来的产业。关联产业包括后向关联产业、前向关联产业和旁侧关联产业。

后向关联产业，是为主导产业提供产前服务的产业。它们向主导产业提供原材料、燃料等中间投入，以及机器设备、生产工具和修理安装等劳务。前向关联产业，是为主导产业提供产后服务的产业。主导产业的产品可能有两种形态，一种是中间产品，一种是最终产品，但以前者居多。深加工行业就是前向关联产业，它将主导产业的中间产品进行深度加工，提高附加价值，然后进入消费领域。旁侧关联产业，是为主导产业提供产中服务的产业。

---

① 罗斯托是主导产业理论研究的先驱者，他认为，无论在任何时期，甚至在一个成熟并继续成长的经济体系中，经济增长之所以能够具有或保持“前进的冲击力”，是由于若干“主要成长部门”迅速扩张的结果。这些“主要成长部门”，就是所谓的主导产业。主导产业具有以下特征：①引入了创新成果，获得了新技术；②具有大大超出国民经济总增长率的持续的部门高增长率；③拥有巨大的市场潜力和光明的发展前景；④具有显著的关联带动和扩散效应，对其他产业的发展具有极大的引导和带动作用。以上四个方面的特征是一个有机整体，缺少其中一个，就不能成为主导产业。主导产业并不是孤立存在的，它与其他产业部门之间存在着相互促进、相互影响、相互依赖、相互制约的关系。见［美］W. W. 罗斯托．经济成长的阶段［M］．北京：商务印书馆，1963.

② 支柱产业是指在区域经济中占有较大比重、对支持区域经济增长具有重大作用的产业。但是它不一定能够反映区域经济发展方向，甚至其中的一部分可能在下一轮的发展中被压缩和淘汰。优势产业是指以地区比较优势为基础，能够利用和发挥地区特色和有利条件，资源配置基本合理，资本运营效率高，在一定空间区域和时间范围内有较高投入产出率，并能够体现、巩固和创立地区竞争优势的产业部门。标志该地区的经济特色和发展方向。

3. 基础产业

除主导产业及其关联产业之外的其他产业部门都可以称为基础产业，它是主导产业及其关联产业的基础。包括生产性基础产业、生活性基础产业和社会性基础产业部门。

生产性基础产业是指为主导产业和关联产业发展本身提供公共服务的部门的总体。例如交通运输、金融商业、邮电通信、能源供给、物资供应、供水，等等。生活性基础产业是指为产业职工及其家庭提供公共服务的部门的总体。诸如住宅及公用设施，生活服务、公共事业，等等。社会性基础产业是指既能为产业发展又能为职工家庭提供服务的部门的总体。例如教育、科研、卫生、环保、治安等。

4. 潜导产业

潜导产业是指当时并不是很重要，作用还不很大，但是发展潜力比较大，或者是代表将来产业发展方向，前景比较好，可以在比较短的时间内上升为主导产业的产业。潜导产业存在于关联产业和基础产业之中，并非独立其外。

关联产业、基础产业及存在于其中的潜导产业统称为非主导产业，它们与主导产业一起构成区域产业功能分类系统，如图 4-1 所示。功能分类法能够体现区域劳动地域分工的要求，也能体现区域各产业的地位和作用。

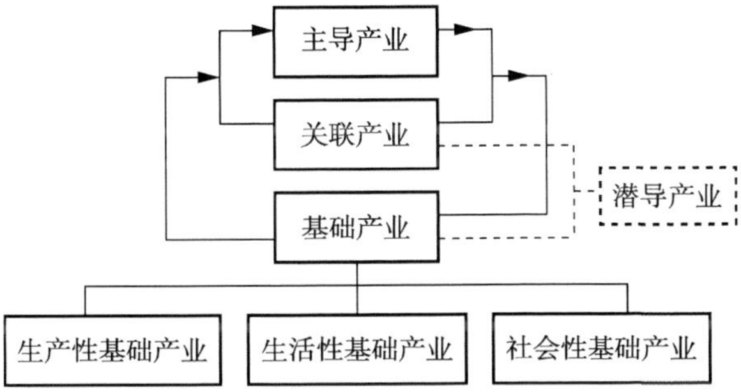

图 1-1　产业按功能分类示意图

（五）其他分类法

1. 生产要素分类法

生产要素分类法是根据不同的产业在生产过程中对资源的需求种类和依赖程度的差异，即以生产要素集约程度的不同作为划分产业标准的一种分类方法。这里的资源是指劳动、资本、土地、知识和技术、管理、自然资源等投入生产活动的生产要素的总和。由于产品的技术、特征各不相同，各产业在生产单位产品时所需投入的各个生产要素数量有很大差别，因此，以生产要素的集约度或密集度为标准将产业划分为资源密集型产业、劳动密集型产业、资本密集型产业、技术密集型产业、知识密集型产业。

2. 产业发展状况分类法

产业发展（Industry Development）是指产业的产生、成长和演进。① 产业发展状况分类法是根据产业发展的技术状况和变化趋势进行分类的方法，它具体包括两种方法：一是按技术先进程度进行产业分类，由于科学技术发展对产业发展和产业结构变迁起着重要的推动作用，因此可根据产业技术含量和技术先进程度的不同将产业划分为传统产业和高技术产业。二是按产业发展趋势进行产业分类，可以将产业划分为朝阳产业和夕阳产业两类。

二、区域产业结构的含义与特征

在经济领域，产业结构的概念始于 20 世纪 40 年代。最初利用产业结构这个概念分析经济问题时，其含义还不规范，它既可以用来解释产业内部的关系和产业之间的关系，也可以用来解释产业内部企业关系结构和产业的地区分布。② 随着对产业经济研究的不断发展和深入，产业结构的概念和研究领域逐渐明确下来，产业结构理论逐步形成体系，产业结构也与产业组织、产业布局区别开来。③

（一）区域产业结构的含义

产业结构是在社会再生产过程中形成的产业之间的生产、技术、经济联系。区域产业结构是指区域经济中各类产业的构成和产业间量的比例、质的联系等关系的总和。产业间的数量比例关系，首先反映的是各类经济资源在

---

① 产业发展的内容，既包括单个产业的进化，又包括产业总体的演进；既包括产业类型、产业结构、产业关联、产业布局的演进，又包括产业组织的变化、产业规模的扩大、技术的进步、效益的提高。产业发展的过程，就是单个具体产业的产生、成长、繁荣、衰亡或单个大类产业产生、成长、不断现代化的过程，也是产业总体的各个方面不断由不合理走向合理、由不成熟走向成熟、由不协调走向协调、由低级走向高级的过程；也是产业结构优化、产业布局合理化、产业组织合理化的过程。

② 苏东水．产业经济学［M］．北京：高等教育出版社，2005.

③ 现在，产业组织专指同一产业内企业间的市场关系和组织形态；产业布局专指产业的地域分布结构；产业结构是产业间技术经济联系与联系方式。这种产业间技术经济联系与联系方式可从两个角度来考察：一是从“质”的角度动态地揭示产业间技术经济联系与联系方式不断发展变化的趋势，揭示经济发展过程中的国民经济各产业部门中，起主导或支柱地位的产业部门的不断替代的规律及其相应的“结构”效益，从而形成狭义的产业结构理论；二是从“量”的角度静态地研究和分析一定时期内产业间联系与联系方式的技术经济数量比例关系，即产业间“投入”与“产出”的量的比例关系，从而形成产业关联理论。

各产业间的配置情况。例如，资金、劳动力、技术等生产要素在各产业之间的分布；其次反映的是国民经济总产出在各产业间的分布情况。例如，一定时期内的总产值、总产量和劳务、利税额在各产业间的分布。产业间质的联系主要反映产业间相互依赖、相互制约的程度和方式。

（二）区域产业结构的特征

区域产业结构是全国经济空间布局在特定区域的组合的结果。[①] 在某特定区域内，之所以形成某种类型的产业结构，是由该区域的优势和全国经济空间布局的总体要求所决定的。区域产业结构具有以下特征：

1. 条件制约性

区域经济条件影响和制约区域产业结构，表现为对产业的类型和演化的影响。如：东部沿海地区由于能源、原材料的限制，就决定了该区域不适合发展或少发展那些高耗能和高耗材的产业部门；老少边穷地区的条件决定了它不适合发展知识密集型产业。当然有些条件不是一成不变的，条件的变化可以促使产业结构的变化。

2. 部门结构与空间结构的区域统一性

不同地区或同一地区的不同发展阶段产业结构是不同的，不同的产业结构也可以反映产业结构的阶段性，不同的产业空间结构可以反映产业结构的空间特征，产业部门结构与产业空间结构是内容与形式的关系，前者是后者的内容，后者是前者的空间表现形式，它们在区域上得以统一。

3. 多样性

区域条件多样性和复杂性决定了区域产业结构的多样性。由于各区域所处地理位置、资源状况及经济发展阶段等不同，所以产业结构的类型和层次总是多样的。任何地区的产业结构层次都会随着生产力的发展，不断地向高层次变化。

4. 开放性

区域产业结构形成和演变，也受到区外环境的影响，与区外不断进行着物质、技术、信息、人才和资金的交流。现代区域产业的发展绝不是封闭的，总是在更大区域范围内，在劳动地域分工中担当不同的角色。

从产业结构的特征出发，研究区域产业结构，在方法论上，需掌握三个特性，即协调性、动态性和目的性。协调性是指研究区域产业结构要注重各

---

① 吴殿廷．区域经济学［M］．北京：科学出版社，2009.

产业间协调、不同区域间产业发展协调、区域产业发展与区域经济发展协调，不能脱离区域具体情况孤立地研究产业问题。动态性是指研究区域产业结构不能静态考察产业结构是否合理，而要从高层次区域的全局着眼，应考虑时间和空间变化。目的性是指研究区域产业结构要以提高区域经济、生态、环境、社会效益为目标，不断提升和优化区域产业结构。

第二节　产业结构演变规律

产业结构作为区域经济以往增长的结果和未来增长的基础，成为推动区域经济发展的主要因素，产业结构演变体现为三次产业内部由低级向高级的发展。在市场导向方面，产业结构的演变经历了由封闭型→进口替代型→出口导向型→市场全球化的演变。[①]区域经济发展的过程其实就是产业结构演变的过程，考察和把握产业结构演变的一般规律是研究区域产业结构的基础。

一、配第—克拉克定理

早在17世纪，英国经济学家威廉·配第在他的著作《政治算术》中就指出，制造业比农业，进而商业比制造业能够得到更多的收入。[②]这种不同产业之间相对收入上的差异，会促使劳动力向能够获得更高收入的部门移动。

克拉克于1940年在《经济进步的条件》一书中，通过对40多个国家和地区不同时期三次产业劳动投入和产出资料的整理和比较，揭示了人均国民收入水平和结构变动的内在联系，总结出了劳动力在三次产业中的结构变化与人均国民收入的提高存在着一定的规律性，得出了产业结构演进的规律性结论。[③]

（一）研究前提

第一，对产业结构演变规律的探讨，是以若干国家在时间的推移中发生的变化为依据的，这种时间系列是和不断提高的人均国民收入水平相对应的；

第二，使用劳动力指标来考察伴随着经济发展劳动力在各产业中的分布状况所发生的变化；

第三，以三次产业分类法为基本框架。

---

①②③　李善明，等．外国经济学家辞典［M］．深圳：海天出版社，1993.

（二）结论

随着经济的发展，即随着人均国民收入水平的提高，劳动力首先由第一产业向第二产业转移，当人均国民收入水平进一步提高时，劳动力便向第三产业转移。人们将这种由人均收入变化引起产业结构变化的规律称为“配第—克拉克定理”。

“配第—克拉克定理”不仅可以从一个国家经济发展时间序列分析中得到印证，而且还可以从处于不同发展水平的国家在同一时点上的横断面比较中得到类似结论。①

二、库兹涅茨法则

美国经济学家库兹涅茨于1941年在《国民收入及其构成》一书中阐述了国民收入与产业结构之间的重要联系：产业结构和劳动力的部门结构将随着经济增长而不断发生变化；劳动收入在国民经济中所占的比重趋于上升，财产收入的比重趋于下降；政府消费在国民生产总值中的比重趋于上升，个人消费比重趋于下降。他考察了总产值变动和就业人口结构变动的规律，揭示了产业结构变动的总方向，从而证明了配第—克拉克定理。他发现的这种变化规律，即产业结构的变动受人均国民收入变动的影响，被称为库兹涅茨人均收入影响论。②

（一）研究思路

从“配第—克拉克定理”这一研究成果出发，库兹涅茨将国民收入在三次产业分布状况的变化趋势与劳动力分布状况的变化趋势结合起来。为此，他收集和整理了20多个国家的庞大数据。

（二）结论

（1）农业部门（即第一次产业）实现的国民收入，随着年代的延续，在整个国民收入中的相对比重同农业劳动力在全部劳动力中的相对比重一样，处于不断下降之中。

（2）在工业化阶段，工业部门（即第二次产业）国民收入的相对比重及占用劳动力的相对比重大体来看是上升的，其中前者上升速度快于后者，第二产业成为财富的主要创造者。在工业化后期特别是后工业化时期，第二产

① 李悦．产业经济学［M］．北京：中国人民大学出版社，1998.

② 西蒙·库兹涅茨．各国的经济增长［M］．北京：商务印书馆，1985.

业的国民收入的相对比重和劳动力的相对比重会不同程度的下降。

（3）第三次产业的劳动力的相对比重、国民收入的相对比重持续处于上升的状态。其中在工业化的中前期阶段，劳动力的相对比重上升的速度快于国民收入的相对比重上升的速度，第三产业成为吸收劳动力的主要场所。工业化后期，第三产业既是财富的主要创造者，也是吸收劳动力的主要场所。

（三）三次产业比较劳动生产率的变化规律

将时间序列分析和横断面分析相结合，三次产业比较劳动生产率的变化如表 1-1 所示。①

表 1-1 产业发展形态的概括（三部门的构成）

项目	①劳动力的相对比重		②国民收入的相对比重		比较劳动生产率=②/①	
	时间序列分析	横断面分析	时间序列分析	横断面分析	时间序列分析	横断面分析
第一产业	下降	下降	下降	下降	下降	（1 以下）几乎不变
第二产业	不确定	上升	上升	上升	上升	（1 以上）下降
第三产业	上升	上升	不确定	微升（稳定）	下降	（1 以上）下降

从表 1-1 可以得出如下的结论：

（1）第一次产业的相对国民收入（即比较劳动生产率）在大多数国家都低于 1，而第二次和第三次产业的相对国民收入则大于 1。从时间分析来看，农业相对国民收入下降的趋势说明，在劳动力相对比重和国民收入相对比重均下降的情况下，国民收入相对比重下降的程度超过了劳动力相对比重下降的程度。可见，农业劳动相对比重和农业实现的国民收入相对比重的减少，是任何国家在经济发展的一定阶段上的普遍现象。

（2）第二次产业国民收入相对比重的上升是普遍现象，但劳动力相对比重的变化由于不同国家工业化水平的不同而有差异，即综合起来看是微增或没有大的变化。这样毫无疑问，相对国民收入就是上升的。这说明工业化达到一定的水平以后，第二产业不可能大量吸引劳动力。然而，从相对国民收入来看，唯独第二产业是上升的。这说明在一个国家的经济发展上，在国民收入特别是人均国民收入的增长方面，第二次产业有较大贡献。

---

① 时间序列分析即按时间的推移所作的分析；横断面分析即为同一时点不同国民收入水平国家的比较（从低到高）；“不确定”的意思是很难归纳出一般的趋势，从整体来看是变化不大，或者略有上升。转引自孙久文，叶裕民．区域经济学教程［M］．北京：中国人民大学出版社，2003.

（3）第三次产业的相对国民收入，从时间序列分析来看，一般表现为下降趋势，但劳动力的相对比重是上升的。这说明第三次产业具有很强的吸收劳动力的特性。但是，劳动生产率的提高并不快。由于第三次产业具有对劳动力的强吸附特性，因此被人们称为劳动力的“蓄水池”。一般地说，第三次产业是这三个产业中规模最大的一个，无论以劳动力的相对比重，还是国民收入的相对比重都占一半以上。

三、工业结构的高度化规律

在产业结构演进和区域经济发展过程中，工业化的发展起到至关重要的作用。工业化以 18 世纪 60 年代英国产业革命为起点，在发达国家经历了 200 多年的发展历程，到 20 世纪 70—80 年代，发达国家工业无论国民收入相对比重还是吸收劳动力相对比重都处于下降状态，说明发达国家工业化过程已完结，进入后工业化阶段，但发展中国家还在继续。工业的发展和工业化进程也有其内在规律性，所谓工业结构的高度化规律，是指工业化过程表现为工业结构的重工业化、高加工度化和技术集约化的总体趋向。

（一）工业结构的重工业化和霍夫曼定理

1. 工业结构的重工业化

工业结构的演进朝着由以轻工业为中心的工业结构向以重工业为中心的工业结构发展，这种现象通常称为工业结构的重工业化。

一个国家或一个区域由于受诸多条件的限制，工业化一般都是从资金投入少、建设周期短、吸收劳动力多、原材料可从传统农业中低价获得、技术要求不很高的轻工业开始的。英国是世界上最早进行工业化的国家，就是从纺织工业开始的。但是，随着工业化的进展，一定时期内重工业的比重将不断上升，这是因为，一方面轻工业的进一步发展要求重工业提供更加先进的技术装备；另一方面人民生活水平的提高对工业品的需求由一般日用消费品转向耐用消费品，为制造业创造了广阔的市场。制造业是一个产业链长、关联度高的产业，特别是任何机械设备制造业的发展都需要矿业、原材料工业做基础，庞大的重工业体系一旦建立起来，就替代轻工业成为工业化的主导力量，重工业化过程贯穿于工业化的始终。美国 1880—1975 年轻、重工业产值比重变化见表 1-2 所示。①

---

① 孙久文，叶裕民．区域经济学教程［M］．北京：中国人民大学出版社，2003.

表 1-2　美国 1880—1975 年工业总产值中轻重工业的比重

单位：百万美元

年份	总计	轻工业		重工业	
		产值	占比（%）	产值	占比（%）
1880	5411	3540	65.4	1871	34.6
1890	8809	5280	60.0	3529	40.0
1900	12734	7110	55.8	5624	44.2
1921	47248	23310	49.4	23938	50.6
1929	74868	33150	44.3	41718	55.7
1939	62510	29457	47.1	33053	52.9
1967	606716	221114	36.5	385002	63.5
1969	703339	251290	35.7	452049	64.3
1975	1185726	406458	34.3	779268	65.7

2. 霍夫曼定理

德国经济学家霍夫曼对工业化问题进行了许多富有开创性的研究，提出了被称为霍夫曼定理的工业化阶段理论。所谓“霍夫曼定理”，就是在工业化的进程中霍夫曼比例是不断下降的。

$$霍夫曼比例=\frac{消费资料工业净产值}{资本资料工业净产值} \tag{1-1}$$

霍夫曼比例在一定程度上反映了一个国家和地区的工业化水平。霍夫曼比例越高，说明消费资料工业比重越大，资本资料工业比重越小，表明工业化水平越低；反之，霍夫曼比例越低，说明消费资料工业比重越小，资本资料工业比重越大，表明工业化水平越高。

以霍夫曼比例数值为 5 左右、2.5 左右、1 左右和 1 以下为依据，霍夫曼把工业化过程分成四个阶段。

第一阶段：消费资料工业占主导地位，霍夫曼比例为（5±1）；第二阶段：资本资料工业快于消费资料工业的增长，消费资料工业降到工业总产值的 50%左右或以下，霍夫曼比例为（2.5±0.5）；第三阶段：资本资料工业继续快速增长，并已达到和消费资料工业相平衡的状态，霍夫曼比例为（1±0.5）；第四阶段：资本资料工业占主导地位，霍夫曼比例为 1 以下，这一阶段被认为实现了工业化。

（二）工业结构的高加工度化

工业结构的高加工度化就是无论是轻工业还是重工业，都会由原材料工业为重心的结构向以加工、组装工业为重心的结构发展。

高加工度化意味着工业加工程度不断深化，意味着在原材料工业发展到一定水平后，加工组装工业的发展将大大超过原材料工业的发展速度。工业结构高加工度化表明工业的增长对原材料的依赖程度到一定时期会出现相对下降的趋势，从而对能源、资源的依赖程度也将相对下降。根据这一规律，资源型和资源加工型区域都应该及早进行产业结构升级规划，选择培育适应发展趋势的潜在主导产业，以适应产业发展规律和经济发展要求。

（三）技术集约化

技术集约化即在制造业结构深加工化的过程中，进一步表现出高技术化的趋势。

技术集约化不仅表现为所有制造业部门都采用越来越高的技术、越来越先进的工艺并实现自动化，而且表现为大批以技术密集为特征的高技术产业得以兴起和发展，并逐步成为工业的主体。在技术集约化过程中，科学技术将日益成为工业发展中最重要的资源。

（四）工业化过程中生产要素密集度转换规律

工业化过程是一个由劳动密集型向资金密集型再向技术密集型转化的过程，这就是工业化过程中生产要素密集度转换规律。

工业化的初期，轻工业在工业结构中处于重心位置，在工业的生产要素结构中劳动力处于最突出的地位，是一种劳动力密集型工业结构。随着工业结构的重工业化，重工业中原材料工业的地位将不断上升，钢铁、石油、石化、有色冶金、煤炭等原材料部门都是需要大量资金投入用于购买庞大的生产设备，才能实现规模发展。因此，在工业化的这一阶段，在工业的生产要素结构中资金处于最突出的地位，是一种资金密集型工业结构。而后，随着工业结构的高加工度化，加工组装业将逐步取代原材料工业成为增长最快的产业，各种机械工业占据核心地位，而它需要先进技术的支持，才能得以实现，没有先进技术的投入和利用，就不会有高加工度化。因此，在工业化这一阶段，在工业的生产要素结构中技术处于最突出的地位，是一种技术密集型工业结构。

四、产业结构的信息化

随着信息技术的发展，国民经济中的信息部门迅速发展，其就业比重和产值比重不断增长，这种现象称为产业结构信息化。

信息部门一般可以划分为一次信息部门和二次信息部门。一次信息部门主要从事信息的基础结构，即制造、操作和运用各种信息设备和技术以支持信息市场和市场信息两种活动；二次信息部门包括信息市场和市场信息两种活动。

信息部门的发展反映了一个经济实体的能力，即增加生产要素的价值并创造出新的财富，以及更有效地分配这种财富。信息部门的快速发展和在国民经济中地位的提高，标志着全球信息社会的到来。

五、产业结构规律性演变的动因分析

（一）各产业产品需求收入弹性的差异

人们对某一产品的需求，随人均收入变化而变化的相互关系，经济学称之为产品需求收入弹性。它是在价格不变的前提下，某一产品需求的增长率与人均国民收入的增长率之比。

$$\text{某一产业的产品需求收入弹性系数}=\frac{\text{该产业的产品需求增长率}}{\text{人均 GDP 的增长率}} \quad (1-2)$$

某一产业的产品需求收入弹性系数小于 1，意味着人们在增加的收入中，用于购买该产业产品的比重在下降。某一产业的产品需求收入弹性系数大于 1，意味着人们在增加的收入中，用于购买该产业产品的比重在上升，该产业具有不断扩大的市场潜力和发展空间。某产业的产品收入弹性越高，该产业在国民经济中的比重提高的速度也越快。

各产业产品需求收入弹性的较大差异及其变化导致了国民经济发展中产业结构的变化。

（1）在人均收入水平很低的阶段，生理性需求的产品占统治地位，农产品需求收入弹性极大。

（2）当人们基本解决温饱之后，第一产业产品的收入弹性系数处于不断下降之中。人们的消费需求向穿、用转移，轻工业产品需求收入弹性大增。为了适应这种消费结构的变化，社会必须重新安排资源，发展消费品工业，而且是首先从轻工业特别是纺织工业开始。

（3）随着人均国民收入水平的进一步提高，人们的消费结构将进入第二个历史性阶段，即追求便利和机能的阶段。人们要求增加耐用消费品的消费，耐用消费品和投资品的需求收入弹性迅速上升，而轻纺工业品收入弹性下降。同时，人均国民收入的提高还为资本大量积累提供了可能，为资本资料工业的大发展奠定了基础。这两者都促使工业结构必然出现重工业化趋势。

（4）人们消费结构演变的第三个阶段，是追求时尚与个性的阶段。为了满足消费者对于产品的多样化需求，加工组装业迅速发展，这就必然导致工业结构高加工度化。

（5）当人均收入水平更高，有限的物质享受得到较好的满足，第三产业需求收入弹性持续提高，第三产业便成为继第二产业之后支持区域经济发展的主要力量，社会经济发展进入后工业化社会阶段。

三次产业的产品需求收入弹性系数是此消彼长的关系，第一产业收入弹性系数的下降必然带来第二、第三产业收入弹性系数的上升。第二产业具有高需求收入弹性，不仅取决于人民生活水平的提高，需要更多的工业品，也取决于经济自身发展的需要。在工业化时期，特别是工业化中期，制造业内部各产业的迅速增长和城市发展为第二产业提供了广阔的市场，第二产业的收入弹性也因此得到很快提高。

（二）各产业技术进步及技术结构特征

技术进步是经济发展的基本动力。三次产业由于各自特性的不同，在生产过程中对技术进步的感应也完全不同，主要表现为技术进步在促使各产业降低成本、实现规模经营、提高劳动效率方面有完全不同的特点，从而决定着各产业在国民经济发展中功能和地位的变化。

从这个角度来分析，一方面，农业经济是一个半自然的再生产过程，生产周期长，受自然力的作用大，报酬递减，生产效率提高缓慢，农业技术进步比工业要难得多。另一方面，技术进步为提高农业劳动生产率创造条件，使劳动力不断地从农业中分离出来，农业占用劳动力的比重不断减少。

第二产业的基本特征是大规模集约化生产，大机器生产能够最大限度地利用最先进的技术，最直接地实现创新和技术进步，并且具有显著的规模经济效益。因此，技术进步对第二产业影响巨大，并导致工业产品成本不断下降，生产效率不断提高，使第二产业成为工业化过程中对 GDP 增长贡献最大的部门。从第二产业吸收劳动力的状况来看，在工业化的初期和中期，工业行业不断增加，各行业发展规模也不断扩大，因而其吸收劳动力比重趋于上升；但是由于工业技术进步快，工业内部结构由劳动密集型向资金密集型进而向技术密集型转换，工业所需劳动力的相对量和绝对量都增长极慢，甚至会出现下降的现象。

第三产业提供的商品是“服务”，它始终具有劳动密集型的特性，技术进步对降低成本的作用不如第二产业明显，因此，第三产业对 GDP 增长的贡献不如第二产业大。但是，它能够解决工业化过程中第二产业难以解决的大规模就业问题。到工业化的中后期，第三产业的发展以新兴服务业为主。新兴的第三产业既保留了劳动密集型特性，又具备技术密集型特性，从而既是吸收劳动力的主要场所，又是创造国民财富的主要力量。

（三）国际贸易的促动

产业结构演进的一个重要趋势就是与国际市场相适应，无论是发达国家还是欠发达国家都需要将本国产业发展与国际市场密切联系起来，使产业结构高度化发展。

1. “雁行产业发展形态说”

该理论是日本经济学家赤松要提出来的，立足于经济落后国家的理论。[①]他发现，落后国家的产业结构要经历三个阶段的变化：一是进口阶段，即在对某些产品的需求增加，而国内生产困难时，靠进口满足需求；二是国内替代阶段，即在国内生产该种商品的条件成熟后，以国内产品满足需求，替代进口产品；三是出口阶段，即随着国内生产条件日益改善，该种产品生产成本大大降低，市场竞争力加强，产品转而进入国际市场。上述进口、国内生产和出口的进展过程，在图形上像三只大雁，因此称为“雁行产业发展形态”（见图 1-2 所示）。

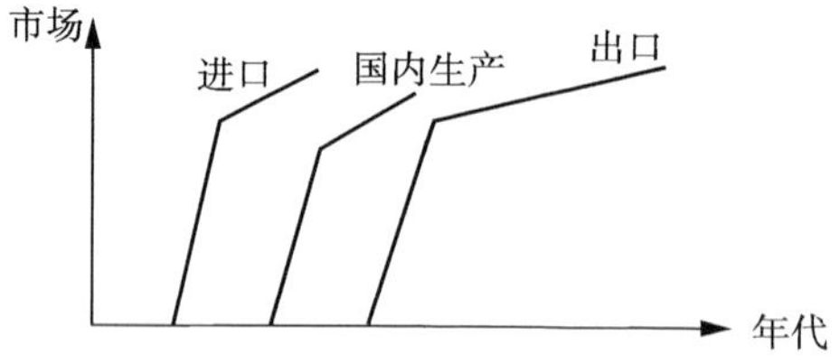

图 1-2　雁行产业发展形态

第一只大雁是进口的浪潮，第二只大雁是国内生产的浪潮，第三只大雁是出口的浪潮。通过进口→国内生产→出口这种国际贸易的作用，发展中国家产业结构就随着发达国家技术和产业发展的拉动而发生演变。

2. “产品循环说”

该理论是美国的弗农提出的，立足于发达国家的理论。所谓产品循环表现为以下几个阶段：从新产品问世，扩大市场直至国内市场饱和，这是第一阶段；然后将这一产品出口到国外，开拓国外市场，这是第二阶段；随着国

① 李善明，等．外国经济学家辞典［M］．深圳：海天出版社，1993.

外市场的形成，便有资本和技术的出口，资本和技术与当地廉价劳动力及其他资源结合，在输入国发展这种产品，这是第三阶段；国外生产能力的形成，又会使这种产品以更低的价格输入本国市场，使得开发了该种产品的输出国放弃这种产品生产，转而去开发新产品，这是第四阶段。

发达国家经济实力雄厚，研发和创新能力强，通过新产品开发→国内市场形成、饱和→产品出口→资本和技术出口→产品进口→开发新的产品……按照这种顺序不断循环上升，这就是所谓的“产品循环”。

将“雁行发展形态”和“产品循环”加以对照，可以发现，雁行发展形态的三个过程和产品循环的第二至第四个阶段是一致的，只是前者是立足于发展中国家，而后者是立足于发达国家进行分析。但是这两种学说都揭示了同一个事实，那就是国际贸易既促进了发达国家的新产品开发和技术创新，又促进了发展中国家产业结构的演变和高级化。①

（四）技术创新推动

产业结构高级化的根本动因是技术创新。② 技术创新的内容一般包括产品创新、工艺创新、设备创新、材料创新、生产组织与管理创新。历史证明，技术创新是产业结构升级并引起质变的强大推动力。

（1）产品创新促进了新产业的产生，从而实现产业结构的升级。从产业发展的近代史看，正是重大的技术创新推动了产业结构的高级化。例如，蒸汽机的发明、电力的发明、计算机的发明等，都带来了巨大的技术变革、技术进步和新产业的产生，并使得产业结构水平沿着农业为主导、工业为主导、信息产业为主导的方向不断升级。

（2）工艺创新促进劳动生产率的提高，从而实现产业结构升级。在手工技术的生产时代，无论是工业还是农业都是分散的、小规模的、相对封闭的生产方式，技术创新使得世界进入工业生产时代又进入信息经济时代，使得生产方式朝着多样化、社会化、国际化的方向发展，而生产方式的进步和社会化程度的提升同样是产业结构高级化的本质内容和重要表现。

（3）市场创新开拓了新的需求，从而推动了产业结构的高级化。通过市场创新，促进了生产和消费领域潜在的和更高层次的需求。对新产品的旺盛需求，使得新产业有很高的需求收入弹性，即国民收入的增长更大部分用于对新产业的需求；由于旺盛的市场需求，使得新产业产品价格高扬，其获利

---

① 郝寿义，安虎森．区域经济学［M］．北京：经济科学出版社，第 2 版，2004：246-247.

② 杨公朴，夏大慰．产业经济学教程［M］．上海：上海财经大学出版社，1998.

水平远远高于全部产业的平均水平，从而引起社会资源迅速流入该产业，使得该产业不断扩张。无论新产业，还是用新技术改造后的传统产业，都因为需求的不断增长而不断扩张，这种扩张正是产业结构高级化的表现。①

第三节 区域产业结构分析

一、区域产业结构总体评价

区域已形成的产业结构是否合理，在总体原则上可以从以下几个方面来考察：

（1）已有的产业结构与区域的资源结构是否相适应，能不能发挥区域的资源优势。

这里的资源结构指生产要素结构，即自然资源、劳动力、资金和科学技术之间的相对比例关系。各个区域生产要素禀赋各不相同，各种生产要素的供给能力和供给价格也就不同。合理产业结构的一个显著特征就是优先、重点开发基于优势资源的产业和产品。评价区域产业结构是否合理，既要看它同区域的资源结构是否相适应，也要看它同区域的消费水平、消费结构和市场容量是否相适应。区域产业结构必须既是资源导向的，又是市场导向的。

（2）区域产业系统的功能，是否能承担起全国地域分工的重要任务，对全国或上一区域层次产业结构的优化和协调做出独特的贡献。

一个较大的区域包含若干个范围较小的区域子系统，这些区域子系统的区域优势各不相同。因此，如果区域已形成主导产业，并且发展的规模比较适度，能够通过其产品大量向外输出，担负起大区域或全国地域分工的任务，对大区域或全国做出自己的贡献，那么就可以说这个区域的产业结构是比较理想，比较健康的。否则，如果区域未形成专业化部门，区域优势未得到充分发挥，担负不起大区域或全国地域分工的重任，对大区域或全国贡献不大，那么这样的区域产业结构就比较“差”，与区域经济发展的需要不相适应。

（3）区内产业之间关联度如何，即产业之间是否协调，特别是主导产业与非主导产业之间的关系是否协调。

区域内部产业间关联度大，则区域经济凝聚力强，经济综合实力大，产业之间可以相互促进，取长补短。在区内产业关联中，主导产业和非主导产

① 苏东水．产业经济学［M］．北京：高等教育出版社，2000.

业之间的关联非常重要，处于关键地位。一般来说，主导产业与非主导产业关联度大，可以将其产业优势辐射到区域的相关产业，带动相关产业的发展，从而促进整个区域经济较快发展；主导产业与非主导产业关联度大，也可以得到相关产业的扶持，促进主导产业健康发展。否则，区域主导产业与非主导产业关联性差，则极易形成较强的二元结构，从而最终制约区域经济的发展。

（4）区域产业结构的转换能力和应变能力如何。

区域产业结构是不断发展变化的，如果现有产业结构不合理，就需要调整，使其向合理的方向改变。若产业结构转换能力强，则调整速度比较快，代价小，对区域经济发展有利；若结构转换能力差，则调整速度慢，代价大，对区域经济发展势必造成不利影响。

区域产业结构调整和转换的速度主要取决于产业结构演进和转换的客观条件。比如，区域现有产业结构的弹性较大，应变能力较强，那么区域产业结构就能够抓住有利时机迅速转换，进入一个更高的水平和阶段；相反，如果区域产业结构刚性很大，应变能力很差，那么它对已经变化了的客观条件反应迟钝，就不能及时转换和升级，致使区域错过发展时机。

（5）结构性效益的高低怎样。

结构性效益是衡量区域产业结构合理与否的最终标准，也是区域经济发展的归宿。一般而言，区域产业结构高级化程度越高，则结构性效益越好，这就是一个国家或一个区域极力追求产业结构高级化的原因。但是区域产业结构的高级化应当与区域要素特征相匹配、得到关联产业与基础产业的支持、有良好软环境条件，只有这样才能获得较高的效益。因此，往往是与区域基础相适应的产业结构，效益可能要比盲目追求高技术更好一些。

通过以上五方面的考察，对区域产业结构就可以有一个总体评价。在总体评价的基础上再对区域产业结构作进一步的分层次、多角度的具体分析，是非常必要的。①

二、区域产业结构的定量分析

优化区域产业结构，促进区域产业结构的高度化和合理化，必须对区域产业结构现状进行全面分析，常见的分析指标有以下几种：

---

① 郝寿义，安虎森．区域经济学［M］．北京：经济科学出版社，第2版，2004：248-253.

1. 产业的比较优势度

衡量一个产业是否具有比较优势要从不同的侧面来衡量：

（1）比较成本。

$$B_1=\frac{C_1}{C_2} \tag{1-3}$$

C_1代表被研究区域某行业某产品的销售成本，C_2代表较被研究区域层次更高的区域同行业同产品的销售成本，B_1代表被研究区域某行业某产品的比较成本。

$B_1<1$，说明研究区域这一行业的这个产品的成本低于高层次区域的平均值，则这个行业的这个产品具有比较优势，B_1值越小，说明该行业的优势度越大；$B_1>1$，说明这个行业的成本高于高层次区域的平均水平，不具备比较优势。

（2）劳动生产率上升率。

$$B_2=\frac{L_1}{L_2} \tag{1-4}$$

L_1代表被研究区域某行业某一时期内的劳动生产率的年增长率，L_2代表较高层次区域同行业同一时期内的劳动生产率的年增长率，B_2代表研究区域某行业某一时期内的劳动生产率上升率。

$B_2>1$，说明研究区域这一行业劳动生产率高于较高层次区域的平均水平，说明研究区域这个行业具有比较优势。$B_2<1$，说明研究区域这个行业不具有比较优势。

上面两个指标，B_1从投入角度反映区域产业比较优势，B_2从产出角度反映区域产业比较优势。两个指标配合使用，可较好达到评价目的。

2. 工业化结构比重数

$$G=\left(\frac{Z_1}{Z_2}\times\frac{S_1}{S_2}\right)^{\frac{1}{2}} \tag{1-5}$$

Z_1和S_1分别代表被研究区域的工业总产值和工业劳动者数，Z_2和S_2分别代表研究区域社会总产值和社会劳动者数，G代表研究区域工业化结构比重数。这个指标可以反映区域工业化水平高低和工业结构素质。G值越大，说明区域工业化水平越高。

3. 区位商

$$Q=\frac{j_1}{j_2}\div\frac{b_1}{b_2} \tag{1-6}$$

j_i和j_2分别代表研究区域及其较高层次区域某同一产业部门的就业人数（或产值），b_1和b_2分别代表研究区域及高层次区域就业总人数（或总产值），Q代表研究区域某一产业部门的区位商。$Q>1$，则研究区域在某产业部门的集中程度大于其较高层次区域总体水平，是研究区域的专业化部门和产品输出部门。Q值越大，则研究区域在该产业部门的集中程度越高。反之，$Q<1$，则该产业部门不是研究区域的专业化部门。

4. 产业专业化系数

$$C_1 = \sum \left| (Q_{i1} - Q_{i2}) \right| \tag{1-7}$$

Q_i代表某产业部门 i 在整个产业中所占的百分比，下标 1、下标 2 分别代表不同的区域，C_1代表区域产业专业化系数。计算方法是：分别计算两个区域同一年份各产业部门占各自整个产业的百分比，然后依次将两个区域相同产业部门的百分比相减，将所有差值取绝对值并相加在一起。该指标反映研究区域与对比区域产业结构的差异程度，用来衡量研究区域产业结构的特色。

C_1值在 0~100%，和值越大，区域产业结构特色越明显，说明与对比区域经济互补性越强；反之，系数数值越小，说明研究区域与对比区域的产业结构越是相似和雷同。

5. 产业结构变化率

$$C_2 = \sum \left| (Q_{j1} - Q_{j2}) \right| \tag{1-8}$$

Q_j代表区域某产业部门在整个产业中所占的百分比，下标 1、下标 2 分别代表不同的年份，C_2代表区域产业结构变化率。计算方法是：分别计算某个区域两个年份各产业部门占整个产业的百分比，然后依次将两个时点相同产业部门的百分比相减，将所有差值取绝对值并相加在一起。这个指标反映了随着时间的推移，区域产业结构变化的程度。C_2越大，说明在考察时期内区域产业结构变化幅度越大；反之，C_2越小，说明结构变化幅度越小。

6. 偏离—份额分析

以一定时期内，国民生产总值（评价一、二、三次产业结构），或工农业总产值（评价农轻重结构），或工业总产值（评价工业结构）的年增长率为基准，分别测算区域按全国平均增长率能形成的假定份额，进而将这一假定份额与区域实际增长额进行比较，分析区域国民生产总值增长相对于全国平均水平的偏离状况。这种偏离，主要是由区域产业结构因素和区位因素（竞争力）形成的。

其关系可表示为：区域经济增长=全国分量+产业结构分量+竞争分量

可从绝对增量与增长率两方面建立上式的数学式：

$$DY_j = Y_j^t \cdot S + \sum_j [Y_{ij}^t \cdot (S_i^* - S^*)] + \sum_i [Y_{ij}^t \cdot (Y_{ij}^* - S_i^*)] \quad (1-9)$$

$$Y_j^* = S^* + (G_j^* - S^*) + (\gamma_j^* - G_j^*) \quad (1-10)$$

式中，Y_{ij}^t为t时期j区域i产业的经济活动水平；Y_j^t为t时期j区域总经济活动水平；DY_j为j区域的增量；S_i^*为全国i产业的增长率；S^*为全国总的经济增长率；Y_j^*为j区域的经济增长率；Y_{ij}^*为j区域i产业的增长率；G_j^*为假定的区域增长率。

$$G_j^* = \left\{ \sum_j [Y_{ij}^t \cdot (S_i^* + 1)] - Y_j^t \right\} / Y_j^i \quad (1-11)$$

偏离—份额分析只需少量数据，计算简便，易于理解，其结果在一定程度上与产业分类有关。

上述定量分析指标中，指标1揭示区域产业结构中具有比较优势的产业；指标2反映区域产业结构中工业发展的水平和程度；指标3反映区域产业结构中的专业化部门及专业化程度；指标4反映研究区域与对比区域产业结构差异程度；指标5反映区域产业结构随时间的变化程度；指标6反映区域产业结构的素质和效益。通过上述指标的测算，可以加强区域产业结构分析、评价的科学性和准确性。①

三、区域产业结构合理化

产业结构合理化的思想，早在古典经济学家弗朗斯瓦·魁奈（Francois Quesnay，1694—1774）的经济学说中就有了萌芽。后来马克思的部类理论、列昂惕夫的投入产出法都对产业结构合理化的内容做了深刻的阐述。这些理论的核心都是强调各产业部门必须按比例协调发展。产业结构合理化的思想在各国经济发展战略中都得到重视和运用。在经济学中，产业结构合理化是一个重要的理论基础。

（一）产业结构合理化的含义

产业结构合理化主要是指产业与产业之间协调能力的加强和关联水平的提高。产业结构的合理化就是要促进产业结构的动态均衡和产业素质的提高。协调是产业结构合理化的中心内容，产业间的协调包括四个方面：

---

① 郝寿义，安虎森．区域经济学［M］．北京：经济科学出版社，第2版，2004：255-262.

1. 产业素质之间协调

即相关产业间是否存在技术水平的断层和劳动生产率的强烈反差。如果存在着断层和强烈反差，产业之间就会产生较大的摩擦，表现为不协调。

2. 各产业之间的相对地位协调

在一定的经济发展阶段上，各产业的经济作用以及相应的增长速度是不同的，因而各产业在产业结构中所处的地位是不同的，从而形成了各产业之间有序的排列组合。如果各个产业主次不分，轻重无序，甚至出现产业结构的逆转，则说明各产业之间的相对地位是不协调的。

3. 产业之间的联系方式协调

产业之间存在着投入与产出的关系，表明了产业之间相互依赖和相互影响的关系。如果各产业之间能够做到相互服务和相互促进，那么它们之间的这种联系方式就是协调的；反之，则是不协调的。

4. 供给与需求协调

在需求正常变动的情况下，产业结构的协调将使其具有较强的适应性和应变能力，即通过自身的结构调整适应新的需求变动，使供给和需求之间的矛盾弱化。相反，如果对于需求的正常变动，供给迟迟不能做出反应，造成长时间的供需不平衡，则说明产业间的结构是不协调的。

（二）产业结构合理化的标准

由于对产业结构合理化概念的理解不同，我国学术界对产业结构合理化的标准也有不同的看法。

1. 产业结构合理化的单一标准说

此学说较为典型的是“结构聚合质量”标准，认为“较高的聚合质量来自于产业间的协调”，从而把“聚合质量”标准的实质归于产业间协调标准。①

2. 产业结构合理化的三标准说

产业结构合理化有三个标准：适应需求结构标准、产业协调标准和结构效应标准，即产业结构合理化要解决三个问题：供给结构与需求结构相适应问题、三次产业间和各产业内部各部门之间发展的协调性问题、如何充分发

---

① 上海社科院周振华在《产业结构优化论》（上海人民出版社，1992）中提出了“结构聚合质量”标准。

挥产业结构效应问题。①

3. 产业结构合理化的四标准说

产业结构合理化有四个标准：资源合理利用、充分利用国际分工、产业间协调发展、经济社会可持续发展。② 就是说，合理的产业结构主要体现在以下四个方面：一是充分有效地利用本国的人力、物力、财力、自然资源；二是国际分工的好处；三是使国民经济各部门协调发展，社会的生产、分配、交换、消费顺畅进行，社会扩大再生产顺利发展；四是国民经济持续稳定增长，社会需求得以实现；实现人口、资源、环境的良性循环。

4. 产业结构合理化的六标准说

产业结构合理化的六个标准：资源合理利用标准、产业协调发展标准、需求应变能力标准、经济效益最佳标准、充分吸收科技成果标准、充分利用国际分工标准。③

5. 产业结构合理化的七标准说

产业结构合理化的七个标准：发挥优势标准、比例协调标准、结构完整性标准、先进性标准、创汇能力标准、自我调节和应变能力标准以及经济效益标准。④

（三）产业结构合理化的判断方法

产业结构合理化的判断通常采用与“标准结构”进行比较的方法。所谓“标准结构”，是在大量历史数据的基础上通过实证分析而得到的，它反映了产业结构演变的一般规律。因此，可将其作为参照系，与某一被判断的产业结构进行比较，从而检验被判断的产业结构是否“合理”。库兹涅茨在研究产业结构的演进规律时，不仅通过时间序列的数据对产业结构的演进规律进行分析，而且还通过横截面的数据对经济发展阶段与产业结构的对应关系进行研究，并提出了经济发展不同阶段的产业标准结构。⑤ 库兹涅茨的“标准结构”如表 1-3 所示。

---

① 具有代表性的是苏东水等人的观点，见苏东水．产业经济学［M］．北京：高等教育出版社，2000.

② 具有代表性的是史忠良等人的观点，见史忠良．产业经济学［M］．北京：经济管理出版社，1998.

③ 李京文、郑友敬．技术进步与产业结构概论［M］．北京：经济科学出版社，1988.

④ 李悦．产业经济学［M］．北京：中国人民大学出版社，1998.

⑤ 西蒙·库兹涅茨．各国的经济增长［M］．北京：商务印书馆，1985.

表 1-3 产业的“标准结构”

	1964 年币值的人均国民生产总值的基准水平（美元）								
	<100	100	200	300	400	500	800	1000	>1000
产业部门构成（部门产值占国内生产总值的比例）									
第一次产业	52.5	45.2	32.7	26.6	22.8	20.2	15.6	13.8	12.7
制造业	12.5	14.9	21.5	25.1	27.6	29.4	33.1	34.7	37.9
基础设施	5.3	6.1	7.2	7.9	8.5	8.9	9.8	10.2	10.9
服务业	30.0	33.8	38.5	40.3	41.1	41.5	41.6	41.3	38.6
劳动力部门构成									
初级产业	71.2	65.8	55.7	48.9	43.8	39.5	30.33	25.2	15.9
制造业	7.8	9.1	16.4	20.6	23.5	25.8	30.3	32.5	36.8
服务业	21.0	25.1	27.9	30.4	32.7	34.7	39.6	42.3	47.3

资料来源：根据周振华《产业结构优化论》1992 年版第 38 页的表改编。

根据库兹涅茨的“标准结构”，就能了解一国经济发展到哪一阶段以及产业结构合理化程度。用与库兹涅茨相似的方法，其他学者也提出过类似的“标准结构”，如钱纳里的“产业结构标准模式”、钱纳里—塞尔奎因模型等。但由于各国具体国情的不同，对产业结构的要求也不尽相同。如“大国”与“小国”、工业先行国和工业后发国对产业结构的要求都有所不同。① 因此，有的学者认为以“标准结构”为参照系，“至多只能给我们提供一种判断产业结构是否合理的粗略线索，而不能成为其判断的根据”。

此外，对产业结构的合理化程度的判断，也可从产业结构合理化含义的四个方面进行考察，即产业之间素质是否协调（是指产业之间能否合理和有效地利用资源）、产业之间地位是否协调（是指产业间的比例关系是否协调）、产业关联是否协调（是指产业间是否相互服务和相互促进）、供给与需求是否适应市场需求的变化。②

（四）区域产业结构合理化的作用机制

1. 区域产业结构的自组织机制

即市场机制，在市场经济条件下，经济运行本身有一种内在的自行调整

① 方甲，等．产业结构问题研究［M］．北京：中国人民大学出版社，1997.

② 周振华．产业结构优化论［M］．上海：上海人民出版社，1992.

的力量，这种力量能够促使产业结构由不协调趋于协调，由不合理趋于合理。这种自行调整的力量主要是价格机制的作用。

2. 区域产业结构的宏观调节机制

是指政府从整个国民经济目标出发，为从总体上及时、有效地协调产业结构所运用的一切宏观经济杠杆和产业政策的有机总和。

第四节　区域产业结构配置

一、区域产业结构的影响因素

影响区域产业结构的主要因素是地区性的特殊条件，主要包括以下几个方面：

第一，地区要素禀赋。地区生产要素的特殊性是产业结构的决定性因素，区域产业结构的现实水平与地区生产要素的供给状况密切相关，区域产业结构的优化也必须从地区生产要素供给的现实条件出发。

第二，需求结构导向。在开放的经济条件下，地区产业结构不但受到当地需求结构的影响，还受到其他区域甚至国际市场需求结构的影响，特别是消费水平较高的地区和国家的影响。地区经济对其他地区和国际市场的开放度越高，就越有利于地区产业结构的优化和经济的发展。①

第三，地区间的经济联系。地区间的经济联系主要是地区间商品的区际贸易和生产要素的区际流动。地区间的经济联系的密切程度，影响地域分工和要素配置效率，最终影响这些地区的产业结构。

第四，生产的地区集中度。生产的地区集中度是指一个国家某产业产品在某一特定地区的生产规模占全国总产出的比重。主要受国家的产业布局战略、经营环境、市场规模、生产要素等多种因素的影响，各产业在某地区的集中度决定了该地区产业结构尤其是主导产业状况。

除以上因素外，地区的政治法律环境、经济政策环境、交通条件、历史文化背景等都会不同程度地影响地区产业结构。这些因素互相联系、互相作用，共同决定地区产业结构的现状和发展方向，同时也构成了地区产业结构优化的基础和途径。

---

① 刘志迎．现代产业经济学教程［M］．北京：科学出版社，2007.

二、主导产业与区域经济发展的关系

（一）主导产业是区域经济发展的主要动力

美国经济学家罗斯托对主导产业的研究做出了开创性的贡献。他认为，无论在任何时期，甚至在一个成熟并继续成长的经济体系中，经济增长之所以能保持，是由于为数不多的主导部门迅速扩大的结果，且这种扩大又产生了具有重要意义的对其他产业部门的作用，即产生了主导产业的扩散效应，包括回顾效应、旁侧效应，前向效应。回顾效应是指主导产业高速增长，对各种要素产生新的投入要求，从而刺激这些投入品的发展。旁侧效应是指主导产业的兴起会影响当地经济、社会的发展，如制度建设、国民经济结构、基础设施、人口素质等。前向效应是指主导产业能够诱发新的经济活动或派生新的产业部门，甚至为下一个重要的主导产业建立起新的平台。这些被称为罗斯托主导产业扩散效应理论。①

可见，通过主导产业发展，产生扩散效应，从而带动关联产业和基础产业的发展，是促进区域经济持续成长的主要动力。

（二）建立以主导产业为主体的产业结构，促进区域经济协调发展

主导产业构成区域经济的主体，但是对特定区域而言，过分突出主导产业的作用，片面专业化发展，将会带来不利的后果。第一，区域主导产业如果没有众多的辅助部门、服务部门的扶持与协助，是不可能顺利发展的。第二，片面专业化会削弱区域对周期性经济危机或偶发性危机的抵抗能力。第三，片面专业化会使区域难以适应国内外经济发展的潮流，及时顺利地实现产业结构转换。第四，片面专业化，势必有相应一部分经济资源得不到很好的利用，造成资源闲置或浪费。

因此，建立以主导产业为核心，主导产业与关联产业、基础产业密切协作的区域产业结构，才能够促进产业不断升级与优化，促进区域经济协调、持续发展。

三、区域主导产业选择的原则

（一）主导产业必须具备的条件

地区主导产业应具备以下条件：

---

① ［美］W. W. 罗斯托．从起飞进入持续增长的经济学［M］．成都：四川人民出版社，1988.

1. 有较高的区位商，一般 Q 值在 2 以上

主导产业是该地区集中度高的专业化部门，该产业的生产应当主要为区外服务，那么其他区域的发展将为本产业提供扩大的市场需求。

2. 产出规模大、就业比重高，能在一定程度上主宰地区经济发展

较大的区域产业门类多，对区位商和产值比重要求相对较低；范围较小的地区，产业门类少，对区位商和产值比重要求相对较高。

3. 产业关联性强，带动作用强

通过主导产业的前向关联和后向关联对其他产业部门产生扩散效应，对区域经济产生乘数效应。

4. 具有较高的需求收入弹性，极强的市场渗透和辐射能力

随着社会收入水平的提高，收入弹性大的产品社会需求增长更快、市场前景广阔，以生产这种产品的产业为主导产业，才能带来更多的经济效益。

5. 科技进步潜力大，具有较高的劳动生产率和较强的创新能力

技术创新和技术进步作为最活跃的生产要素，是引导生产率上升的重要原因。选择科技进步潜力大的产业部门，生产率就能保持一个较高的上升率，该产业部门创造的国民收入相对比重就会随之增加。

（二）区域主导产业选择原则

1. 根据区域经济所处的发展阶段选择主导产业

一个地区在其经济发展的不同时期，应当选择不同的主导产业。在区域发展的初期，主导产业以大农业、矿产采掘业、手工业等为主；进入聚集发展阶段后，主导产业演变为矿业、农副产品加工和纺织业等一般技术的产业，并开始产生为这些产业服务的较复杂技术的制造业，如纺织机械、农用机械工业；进入扩散发展阶段，主导产业以采用先进技术的制造业、组装工业等产业为主；进入成熟期后，主导产业以高技术产业、信息服务业为主。①

罗斯托在其经济成长阶段论中指出了人类社会经济成长六个不同阶段以及相应的主导产业。传统社会阶段的主导产业以农业为主体；为起飞准备条件的阶段，主导产业仍以农业为主体；起飞阶段主导产业是纺织工业；成熟

---

① 吴殿廷．区域经济学［M］．北京：科学出版社，2009.

阶段主导产业包括钢铁、电力、煤炭、通用机械、化肥工业等；高额群众消费阶段主导产业是汽车制造业；追求生活质量阶段以公共服务业和私人服务业为代表的生活质量部门作为主导产业。①

2. 根据产业发展的阶段来选择主导产业

随着技术和经济的发展，各产业部门之间的关系越来越广泛、越来越复杂。主导产业与其他产业之间的联系，把相关的产业组成一个群体，主导产业是以一个群体出现，主导产业对国民经济的带动作用正是主导产业群体作用的结果。主导产业群也是随着经济发展阶段的更替而不断变化，从近代第一次产业革命以来，世界经济的发展总共经历了五次主导产业群的更替，每次更替的主导产业部门都不同（见表 1-4 所示）。

表 1-4　主导产业转换和发展的五个历史阶段

发展阶段	主导产业部门	主导产业群
第一阶段	棉纺工业	纺织工业、冶铁工业、采煤工业、早期制造业和交通运输业
第二阶段	钢铁工业、铁路修造业	钢铁工业、采煤工业、造船工业、纺织工业、机器制造、铁路运输业、轮船运输业及其他工业
第三阶段	电力工业、汽车工业、化学工业和钢铁工业	电力工业、电器制造业、机械制造业、化学工业、汽车工业以及第二个主导产业群各产业
第四阶段	汽车工业、石油化学工业、钢铁工业、耐用消费品工业	耐用消费品工业、宇航工业、计算机工业、原子能工业、合成材料工业以及第三个主导产业群各产业
第五阶段	信息产业	新材料、新能源、生物工程等新兴产业，以及第四个主导产业群各产业

主导产业及其群体的更替说明，在产业发展中，主导产业及其群体的历史演进是一个由低级到高级、由简单到复杂，产业总量由小到大的渐进过程。在这个过程中，由于主体需要的满足和主体发展中不同阶段的逾越性，以及社会生产力发展中技术的不同阶段衔接的不可间断性，决定了发展中国家在选择和确定主导产业以及主导产业群体，进行主导产业以及主导产业群体的建设时，一方面必须循序渐进，但某些领域可以“跳跃式”发展；另一方面可以兼收并蓄，综合几次主导产业及其群体的优势，缩短产业建设高度化的时间，在起点低、发展时间晚的情况下，用较短时间实现产业结构高度化和经济社会的现代化。

---

① 丁生喜，等．区域经济学［M］．西宁：青海人民出版社，2012.

3. 根据产业产品的收入弹性来选择主导产业

主导产业应当选择产品需求收入弹性高的产业，才能保证随着经济收入水平提高，对该产业产生持续不断的需求，进而带动区域经济持续发展。①

四、区域主导产业的选择标准

依据主导产业选择原则，结合区域自然资源状况及区域经济所处的发展阶段，借助以下经济指标，有助于对区域主导产业做出定量选择。

1. 产业的市场潜力

社会需求是促进产业发展的强大功力，主导产业的产品不仅有着巨大的现实市场需求，而且也应有巨大的潜在社会市场需求，因此，主导产业部门必须具有收入弹性大的特点，但“需求的收入弹性”系数指标有一个缺点是市场对区域某个产业的产品的需求量不容易测出。因此，可采用另一指标作为替代，这个替代指标是“市场占有率”。其计算公式为：

$$S=\frac{X_1}{X_2}\times\frac{R_1}{R_2} \tag{1-12}$$

式中，X_1和X_2分别代表研究区域及其高层次区域某产业的年销售额，R_1和R_2分别代表研究区域及其高层次区域同产业的人均年销售额，S是某产业的市场占有率。S数值越大，说明该区域这个产业产品的市场容量越大；反之，说明其在市场上占有的份额越小，市场潜力小。

2. 产业的比较优势度

产业比较优势度的大小，可以用“比较劳动生产率”来衡量。其计算公式为：

$$B=\frac{\text{区域某产业国民收入相对比重}}{\text{区域该产业劳动力相对比重}} \tag{1-13}$$

式中，B代表比较劳动生产率。$B>1$，该部门劳动生产率高于全部产业劳动生产率的平均值，该产业是比较优势的产业部门。B值越大，其比较优势越大。

3. 产业规模

产业规模的大小，可以用指标“区位商”来衡量，其计算公式见（1-6）。$Q>1$，说明这个产业是研究区域的专门化部门，Q值越大，说明这个产业

① 具体分析见本章“第三节　区域产业结构分析”。

在研究区域中专门化程度（集中程度）越高，该产业的产品输出规模（或就业规模）越大。$Q<1$，说明这个产业不是研究区域的专门化部门。

4. 产业关联度

主导产业与其他非主导产业通过相互影响发生联系，影响的方式有两种，一种是主导产业对其他产业的影响，其影响的程度叫作影响力；另一种是主导产业受其他产业部门的影响，其影响的程度叫作感应度。这两种影响合起来叫作主导产业的波及效果。

影响力和感应度借助于区域投入—产出逆矩阵系数表进行定量化，影响力的计算公式为：

$$Y=\frac{H_1}{H_2} \tag{1-14}$$

式中，H_1代表某产业纵列逆阵系数的平均值，H_2代表全部产业纵列逆阵系数的平均值的平均，Y就是某产业的影响力系数，$Y>1$，说明该产业的影响力大于全部产业的平均水平，Y越大，说明该产业的影响力越大；反之，亦反。感应度的计算公式为：

$$G=\frac{Z_1}{Z_2} \tag{1-15}$$

式中，Z_1代表某产业横行逆阵系数的平均值，Z_2代表全部产业横行逆阵系数的平均值的平均，G是某产业的感应度系数。$G>1$，说明该产业的感应度大于全部产业的平均水平。G越大，说明该产业的感应度越大；反之，亦反。

影响力系数和感应度系数可综合为一个指标，叫作波及效果系数，计算公式为：

$$J=\frac{1}{2}\times（Y+G） \tag{1-16}$$

式中，Y、G、J分别代表某产业的影响力系数、感应度系数和波及效果系数。J越大，说明该产业与其他产业的关联性越强，它的发展对区域经济发展带动作用越大。

一般而论，影响力系数和感应度系数均大于1，而且数值都较高的产业，其波及效果系数也大于1，而且数值也较高，则这种产业部门就产业关联方面来讲是主导产业的最佳选择；影响力系数与感应度系数均小于1的产业，其波及效果系数也小于1，则这种产业不宜作为主导产业；影响力系数和感应度系数有一个大于1，另一个小于1的产业，其波及效果系数可能大于1，也可能小于1，此时，该产业部门是否可作为主导产业，要看其他三项指标（市场潜力、产业规模和比较优势度）的数值大小来决定。

将以上市场占有率、比较劳动生产率、产业专门化率和波及效果系数四项指标计算出来后，再用加权平均法或者几何平均法可将同一产业部门的这四项指标汇总为一个综合指标。

加权平均法的计算公式为：

$$A = \sum f_i \times x_i \tag{1-17}$$

其中，$\sum f_i = 1(i = 1, 2, 3, 4)$

式中，X_i代表考察主导产业的四项指标，f_i代表标识四项指标重要性程度的权重，根据其对反映主导产业重要程度的贡献大小，市场占有率、比较劳动生产率、专门化率和波及效果系数的权重分别取 0.2，0.25，0.35，0.2，A代表主导产业优选综合指数。

几何平均法的计算公式为：

$$A = \sqrt[4]{x_1 \times x_2 \times x_3 \times x_4} \tag{1-18}$$

式中，x_1，x_2，x_3，x_4分别代表市场占有率、比较劳动生产率、专门化率和波及效果系数。

将各个产业部门的主导产业优选指数都逐一计算出来后，依据指数的大小进行排序，其中位居前列的几个产业就可作为区域主导产业的候选者。一个区域究竟选择几个主导产业合适？一般地，区域资源综合优势度大，经济总体水平高，产业结构层次高，候选产业波及效果大，主导产业的个数可以多一些；反之，应少一些。特别是处于发展中初期阶段的区域，应集中力量，优先发展综合条件最好的产业。

对于区域主导产业的选择还有其他定量分析的方法，比如日本经济学家筱原三代平提出了两条规划产业结构的基准，即“收入弹性基准”和“生产率上升率基准”。①

五、区域产业结构高级化

按照产业结构的演变规律，随着经济增长，国民收入增加，产业结构会向高级化方向演化。产业结构高级化对于区域经济协调、健康、高速发展具有重要意义。

① 日本经济学家筱原三代平提出了两条规划产业结构的基准，即“收入弹性基准”和“生产率上升率基准”，被称为“筱原二准则”。

（一）产业结构高级化的含义

产业结构高级化（高度化）是指遵循产业结构演化规律，通过技术进步，使产业结构整体素质和效率向更高层次不断演进的趋势和过程。产业结构高级化强调技术集约化程度的提高。一般来说，产业结构高级化包括以下基本内容：

1. 产业素质高级化

新技术在各产业部门得到广泛的运用，技术密集度不断提高；产业的劳动者素质和企业家的管理水平不断上升；各产业的产出能力、产出效率不断提高。

2. 结构效应高级化

整个产业结构由第一次产业占优势顺次向第二次产业、第三次产业占优势的方向发展；在资源结构上，由劳动密集型占优势顺次向资金密集型、技术密集型占优势的方向发展；在加工工业中制造初级产品的产业占优势逐步向制造中间产品、最终产品占优势的方向发展。

3. 产业组织高级化

规模经济的利用程度大大提高，竞争从分散的、小规模的竞争转向以联合或集团式的集中性大规模竞争的方向发展；产业间关系趋向复杂化，大中小型企业联系越来越密切，专业化协作越来越细，企业多角化经营范围越来越广。

4. 产业协调高级化

产业开放度不断提高，通过国际投资、国际贸易、技术引进等国际交流方式，实现与产业系统外的物质能量的交换，在更高层次上实现结构均衡协调发展，建立国际协调型的产业结构。

（二）衡量产业结构高级化的方法

衡量产业结构高级化既可以截取某区域不同时点的资料进行纵向比较，也可以在同一时点上进行区际横向比较。具体方法有：

1. 标准结构法

将各国的产业结构的平均高度作为参照系进行比较，以确定区域产业结构的高级化程度，产业的“标准结构”参见表 1-3。

2. 相似性系数法

这是以某一国的产业结构为参照系，通过相似性系数法的计算，将本国的产业结构与参照国产业结构进行比较，以确定本国产业结构高级化程度的一种方法。我国学者曾利用相似性系数以日本为参照系，对中国产业结构的高级化进行过估计，认为中国产业结构中的劳动力结构（1992 年）与日本 1930 年的结构高度相似（相似性系数达到 0. 9846）；而产值结构（1989 年）则与日本 1925 年的水平基本相等（相似性系数为 0. 9268）。①

3. 高新技术产业比重法

在工业内部，衡量产业结构高级化程度，可以用高新技术产业比重法。因为产业结构高级化过程，也是传统产业比重不断降低和高新技术产业比重不断增大的过程。通过计算和比较某特定区域不同年代高新技术产业产值、销售收入等在全部工业中所占的比重，可以衡量区域产业结构高级化的程度。通过比较不同区域高新技术产业比重，可以反映产业结构高级化的相对水平和发展差距。

（三）主导产业升级的途径

第一，以全新的、更高技术层次的产业来替代原有产业成为新的主导产业。第二，在同一产业内部，通过技术进步实现产品结构的升级，或通过制度创新实现生产组织方式的重大进步，使原有主导产业劳动生产率大大提高，重新焕发出巨大的生命力和活力。

比如说吉林省的汽车产业在很长时期内都是载重车为主的产品结构，面对国内轿车需求量迅速扩张而载重车的需求则相对萎缩的市场状况，选择大规模发展轿车，逐步形成以轿车为主的产品结构，培育了吉林省新的产业发展优势。产品结构调整后，汽车仍然是吉林省的主导产业，但其内涵已经发生了巨大的变化。煤炭产业是山西省传统的主导产业，未来时期山西省需要大力调整煤炭产业的生产方式和技术水平，建立以现代化大型企业集团为龙头，以大规模机械化、电气化操作为手段的现代化煤炭产业体系，大幅度提高劳动生产率，从而获得比较利益。

（四）产业结构优化

产业结构优化是指推动产业结构合理化和高级化发展的过程，是实现产业结构与资源供给结构、技术结构、需求结构相适应的状态。产业结构优化过程就是通过政府的有关产业政策调整，影响产业结构变化的供给结构和需求结构，实现资源优化配置，推进产业结构的合理化和高级化发展。②

具体地说，其内涵包括以下三个要点：

---

① 李悦．产业经济学［M］．北京：中国人民大学出版社，1998.

② 周振华．产业结构优化论［M］．上海：上海人民出版社，1992.

（1）产业结构优化是一个动态过程，是产业结构逐步趋于合理、不断升级的过程，在一国经济发展的不同阶段，产业结构优化的衡量标准不同；

（2）产业结构优化的原则是产业间协调发展和最高效率原则；

（3）产业结构优化的目标是资源配置最优化和宏观经济效益最大化。

参考文献

[1] 李悦. 产业经济学 [M]. 北京：中国人民大学出版社，1998.

[2] 周振华. 产业结构优化论 [M]. 上海：上海人民出版社，1992.

[3] 方甲，等. 产业结构问题研究 [M]. 北京：中国人民大学出版社，1997.

[4] 西蒙·库兹涅茨. 各国的经济增长 [M]. 北京：商务印书馆，1985.

[5] 李善明，等. 外国经济学家辞典 [M]. 深圳：海天出版社，1993.

[6] 吴殿廷. 区域经济学 [M]. 北京：科学出版社，2009.

[7] 苏东水. 产业经济学 [M]. 北京：高等教育出版社，2000.

[8] 刘志迎. 现代产业经济学教程 [M]. 北京：科学出版社，2007.

[9] 夏大慰，等. 产业组织学 [M]. 上海：复旦大学出版社，1994.

[10] 毛林根. 产业经济学 [M]. 上海：上海人民出版社，1996.

[11] 凌云，王立军. 技术创新理论与实践 [M]. 北京：中国经济出版社，2004.

[12] 范金，郑庆武. 应用产业经济学 [M]. 北京：经济管理出版社，2004.

[13] 陈秀山，孙久文. 中国区域经济问题研究 [M]. 北京：商务印书馆，2005.

[14] 陈秀山，张可云. 区域经济理论 [M]. 北京：商务印书馆，2003.

[15] 杨云彦. 区域经济学 [M]. 北京：中国财政经济出版社，2004.

[16] 魏后凯. 现代区域经济学 [M]. 北京：经济管理出版社，2006.

[17] 郝寿义，安虎森. 区域经济学 [M]. 北京：经济科学出版社，第2版，2004.

[18] 杨公朴，夏大慰. 产业经济学教程 [M]. 上海：上海财经大学出版社，1998.

[19] 史忠良. 产业经济学 [M]. 北京：经济管理出版社，1998.

[20] 李京文，郑友敬. 技术进步与产业结构概论 [M]. 北京：经济科学出版社，1988.

[21] 丁生喜，等. 区域经济学 [M]. 西宁：青海人民出版社，2012.

第二章 chapter 2

可持续发展与绿色经济理论

第一节　区域可持续发展理论

一、可持续发展的基本内涵

可持续发展是指既满足当代人的需要，又不对后代人满足其需要的能力构成危害的发展。其核心思想是：健康的经济发展应建立在生态可持续能力、社会公正和人民积极参与自身发展决策的基础上。它所追求的目标是既要使人类的各种需要得到满足、个人得到充分发展，又要保护资源和生态环境，不对后代人的生存和发展构成威胁。

可持续发展的基本内涵包括四个方面：第一，发展的内涵既包括经济发展，也包括社会发展和保持、建设良好的生态环境。经济发展和社会进步的持续性与维持良好的生态环境密切相连。经济发展应包含数量的增长和质量的提高两部分。数量的增长是有限度的，而依靠科学技术进步提高发展的经济、社会、生态效益才是可以持续的。第二，自然资源的永续利用是保障社会经济可持续发展的物质基础。可持续发展主要依赖于可再生资源特别是生物资源的永续性。必须努力保持自然生态环境，维护地球的生命支持体系，保护生物的多样性。第三，自然生态环境是人类生存和社会经济发展的物质基础，可持续发展就是谋求实现社会经济与环境的协调发展和维持新的平衡。第四，控制人口增长与消除贫困，是与保护生态环境密切相关的重大问题。①

可持续发展思想符合经济、社会、生态环境系统相互联系、相互作用和相

① 杨云彦．区域经济学［M］．北京：中国财政经济出版社，2004：191.

互制约的内在关系和要求，是科学的、符合人类和自然界发展规律的新发展观。

二、区域可持续发展

区域可持续发展是指应用生态经济学的原理方法，寻求区域经济发展与其环境之间的最适合关系，以实现区域经济与人口、资源、环境之间保持和谐、高效、优化、有序的发展。它的实质是在区域经济发展过程中要兼顾局部利益和全局利益、当前利益与长远利益，要充分考虑到区域自然资源的长期供给能力和生态环境的长期承受能力，在确保区域社会经济获得稳定增长、发展的同时，谋求区域人口增长得到有效的控制、自然资源得到合理开发利用、生态环境保持良性循环发展。可以说，区域可持续发展是区域经济发展的最高阶段。①

（一）区域可持续发展系统的构成

区域可持续发展系统的构成是十分复杂的，它包括人类社会本身以及与人类社会有关的各种基本要素、关系和行为。根据其基本特点，可以把区域可持续发展系统概括为人口、资源、环境、经济和社会五个子系统。

1. 人口系统

人口系统是区域可持续发展系统的主体。加强科技教育，控制人口数量，提高人口素质，是实现区域可持续发展的关键。

2. 资源系统

资源系统是区域可持续发展系统的物质基础。合理地开发和利用资源是经济可持续发展的前提。

3. 环境系统

环境系统是区域可持续发展系统的重要组成部分。环境保护是可持续发展的必要条件，环境质量的好坏是可持续发展与非可持续发展的重要区别。

4. 经济系统

经济系统是区域可持续发展系统的核心内容。区域可持续发展首先是经济发展，只有经济发展才是解决资源和环境问题的根本手段。

5. 社会系统

实现社会的可持续发展是区域可持续发展的最高目标。社会系统的质量是人口、资源、环境和经济子系统实现协调发展的关键。合理的政治体制、

---

① 朱传耿，沈山，仇方道．区域经济学［M］．北京：中国社会科学出版社，2001：157.

稳定的社会环境等因素是实现区域可持续发展的保证。

（二）区域可持续发展的识别标志①

1. 区域人口数量

区域人口的出生率与死亡率应达到并保持基本的平衡。

2. 区域人均综合财富保持稳定并逐步增加

据世界银行报告，综合财富包括自然财富（土地资源、水资源、矿产资源、生物资源等）、生产财富（工矿设施、基础建设、固定资产等）、人力财富（教育水准、科技能力、管理水平等）、社会财富（如社会有序、社会保障、组织能力等）。

3. 区域科技进步

区域科技进步的贡献率应当抵消或克服投资的边际效益递减率。

4. 区域资源要素

主要指标包括区域内的森林采伐率与营造率之间保持基本平衡、草原牧养量与载畜能力保持基本一致、地下水抽取量与补给量保持稳定的动态平衡、耗竭性资源开采量与探明储量间动态平衡。

5. 区域环境演化

主要指区域人类活动与环境的协调，识别指标有人为的温室气体的产生率与环境中的固定率在长时期内保持平衡，避免全球变暖现象加剧；环境污染源的物质排放量与环境自净能力基本平衡。

6. 区域社会管理

一是要在效率与公平之间寻找均衡点与结合点；二是要在环境与发展之间寻求某种积极的均衡，并设计定量监控指标。

三、区域可持续发展评价指标体系

总体而言，区域可持续发展的战略目标包括三大部分：一是经济发展目标，包括经济总量目标、经济增长目标、经济结构目标、经济效益目标；二是社会发展目标，包括基础设施发展目标、人口发展目标、科技教育发展目标、生活质量目标等；三是资源环境发展目标，包括资源开发利用目标，环

---

① 牛文元．走向可持续发展的判断准则［J］//朱传耿，沈山，仇方道．区域经济学［M］．北京：中国社会科学出版社，2001：158.

境保护目标等。每一目标都可以通过一系列具体指标来度量，不同研究与评价角度下，可以选择不同的具体评价指标体系。

区域可持续发展评价指标体系 A 可以由经济发展指标 B_1、社会发展指标 B_2、资源环境与生态发展指标 B_3 等 3 个二级层次构成，进一步可分解为经济总量及水平指标 C_1、经济结构指标 C_2、经济增长指标 C_3、经济效益指标 C_4、人口发展指标 C_5、基础设施指标 C_6、生活质量指标 C_7、科技教育指标 C_8、社会秩序、民主与法制建设指标 C_9、资源利用指标 C_{10}、资源占有指标 C_{11}、环境污染与治理指标 C_{12}、环境发展指标 C_{13}共 13 个三级层次，最终落实为由 X_1、X_2，……，X_{113}等 113 个四级具体指标构成（见图 2-1，图2-2，图 2-3 所示）。①

（一）经济发展指标

区域可持续发展指标体系中的经济发展指标体系见图 2-1：

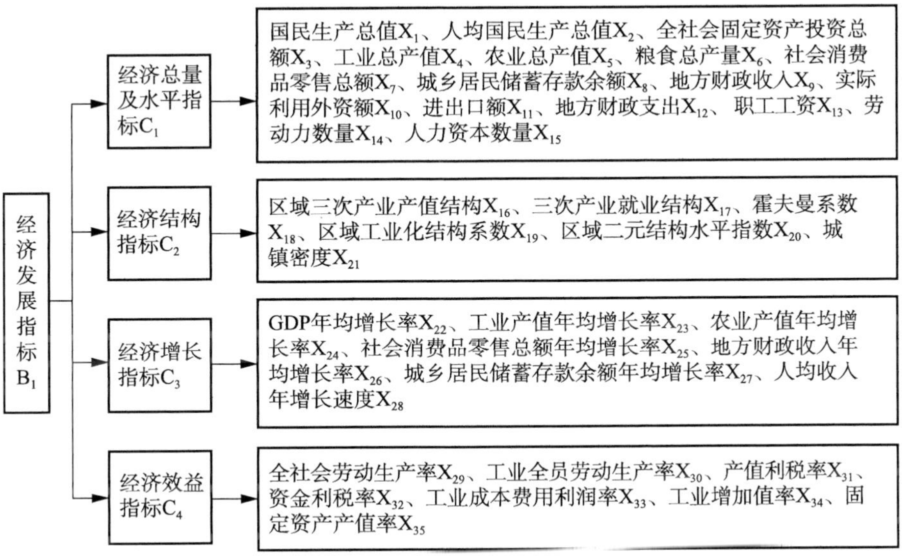

图 2-1　衡量经济发展的指标层次结构和具体指标

（二）社会发展指标

区域可持续发展指标体系中的社会发展指标体系见图 2-2：

---

① 方创琳．区域发展规划论［M］//聂华林，高新才．区域发展战略学［M］．中国社会科学出版社，2006：217-219.

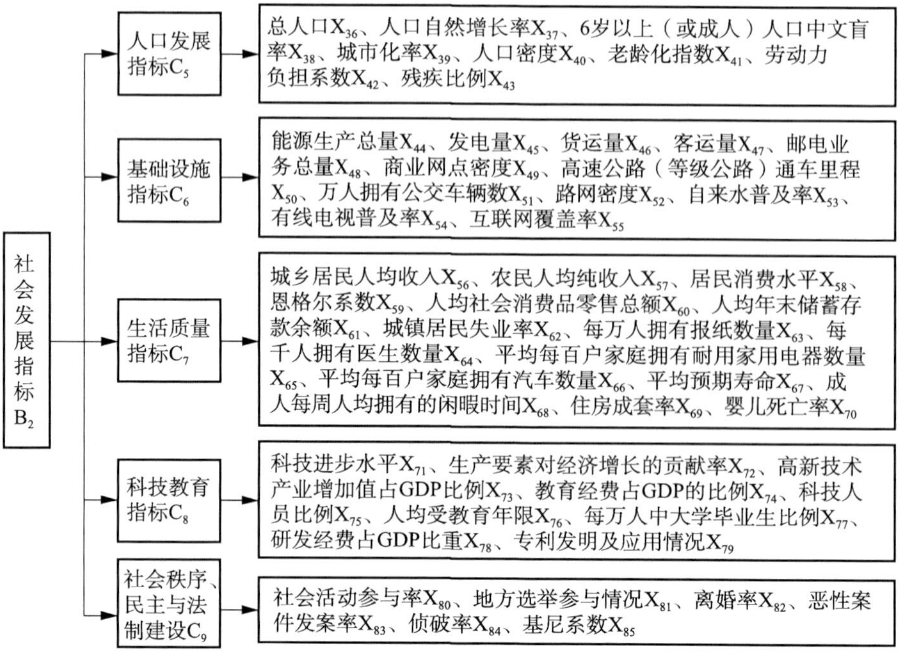

图 2-2　衡量社会发展的指标层次结构和具体指标

（三）资源环境与生态发展指标

区域可持续发展规划指标体系中的资源环境与生态发展指标体系见图 2-3 所示：

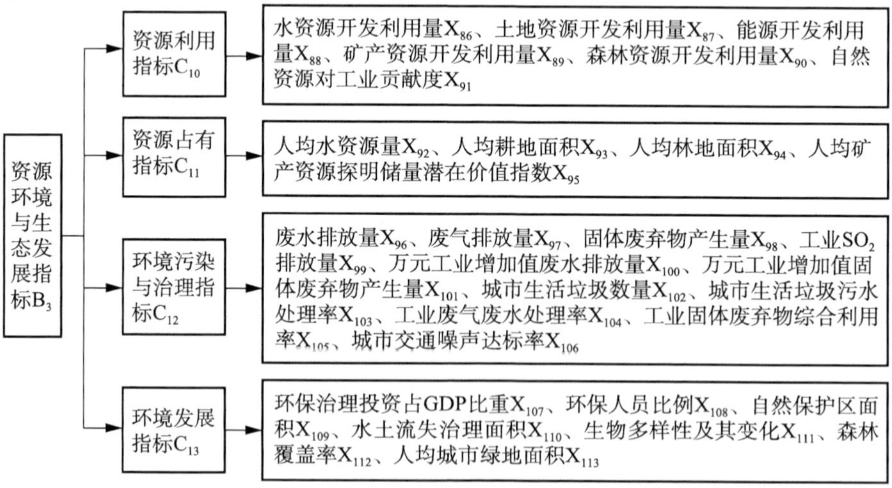

图 2-3　衡量资源环境与生态发展的指标层次结构和具体指标

区域可持续发展评价指标体系的构成并不唯一，在不同时期、不同区域可持续发展评价时，可以进行相应调整。

由于不同区域自然地理位置、区位条件、经济发展水平等方面的独特性，进行可持续发展评价的具体指标体系也会有所不同。表 2-4 为青海省牧区可持续发展评价指标体系①：

表 2-4 青海省牧区可持续发展现状评价指标体系

	指标类 A	指标组 B	指标项 X	指标项说明
总目标层 T 青海省牧区可持续发展评价指标体系	资源环境要素 A_1	自然资源 B_1	人均水资源（x_1）	人均占有的可利用水资源量
			人均草场（x_2）	人均占有可利用草场面积
			年均降雨量（x_3）	
			积温（x_4）	≥5℃年积温（℃）
			人均耕地（x_5）	
			人均农牧业后备资源（x_6）	荒山、荒坡、可垦耕地、低产草地等
		生态环境 B_2	土地沙漠化程度（x_7）	沙漠化土地占土地总面积的比例
			草场退化程度（x_8）	退化草场占土地总面积的比例
			土地盐碱化程度（x_9）	盐碱化土地占土地总面积的比例
			林地覆盖率（x_{10}）	包括乔木、灌木，以及其他沙生、盐生植被
	社会要素 A_2	人口状况 B_3	人口素质（x_{11}）	指初中以上文化人口占总人口的比例
			城镇人口比重（x_{12}）	
			人口自然增长率（x_{13}）	
			人口压力（x_{14}）	总人口/可利用土地面积
		科技教育 B_4	每千人拥有的教师数（x_{15}）	
			每千人拥有的技术人员（x_{16}）	
			科教经费占 GDP 的比重（x_{17}）	
		社会服务 B_5	社会负担系数（x_{18}）	非劳动年龄人口数/劳动年龄人口数
			非农劳动力比重（x_{19}）	
			每千人拥有医护人员数（x_{20}）	
	经济要素 A_3	产业发展 B_6	第三产业比重（x_{21}）	
			第一产业比重（x_{22}）	
			人均粮食占有量（x_{23}）	
			主要作物单产（x_{24}）	
		经济收入 B_7	经济与人口协调度（x_{25}）	GDP 增长率/人口自然增长率
			人均收入（x_{26}）	
			人均 GDP（x_{27}）	

① 王晓鹏，曾永年，曹广超，丁生喜．基于多元统计和 AHP 青藏高原牧区可持续发展评价模型［J］系统工程理论与实践，2005（6）：139-144.

第二节　绿色经济与生态文明建设理论

一、绿色经济与绿色产业的概念

发展绿色经济是21世纪全球经济发展的一个重要命题。

20世纪60年代，西方的一些学者基于工业革命对环境、生态和资源所带来的巨大污染和破坏，开始对自工业革命以来所确定的社会、文化价值观念和生产、生活方式及经济发展模式的全面反思，推动了绿色运动和可持续发展思想的兴起。中国是最早提出并实施可持续发展战略的国家之一，进入21世纪以来，以科学发展观为指导，以构建和谐社会为目标，循环经济、低碳经济、绿色发展相继进入国家发展战略与规划。

2003年，中共中央在第十六届三中全会上明确提出：坚持以人为本，树立全面、协调、可持续的发展观，促进经济社会和人的全面发展。会上还提出了五大协调发展战略，即统筹城乡发展、统筹区域发展、统筹经济社会发展、统筹人与自然和谐发展、统筹国内外发展和对外开放。科学发展观是运用历史唯物主义和辩证唯物主义理论，从中国社会主义现代化的实际出发，真正统筹人与自然的和谐发展。绿色发展，本质上就是科学发展观。当前，绿色发展正在全球兴起，发展绿色产业、创新绿色科技、生产绿色产品、开发绿色能源、倡导绿色消费，不仅有助于减缓经济发展与资源环境的矛盾，而且可以创造新的市场需求，提供新的就业岗位。经济的“绿色化”不是增长的负担，而是增长的引擎，是实现可持续发展的有效途径。应大力发展绿色经济，实现发展与可持续的共赢。

（一）绿色经济的内涵

从西方的绿色思想到国内学术界的观点，对绿色经济的内涵都从不同的角度去把握和界定。归纳起来，其共同点：一是从经济发展和人类活动与环境资源产生的矛盾冲突来理解绿色经济，把经济的“零增长”和限制人类的活动来解决环境资源的问题；二是认为环境资源作为经济大系统的子系统和经济的内在要素，把实现环境资源与经济的协调发展作为绿色经济发展的主要途径和手段；三是把实现经济、社会和环境资源的可持续发展作为绿色经济的发展目标；四是把经济活动过程和结果的绿色化、环保化作为绿色经济发展的主要内容。这些方面对我们反思现代经济发展，深刻认识环境资源危机对人类发展产生的影响，探讨经济发展的途径都产生了积极的作用。但从绿色经济的本质、功能、结构上界定绿色经济的内涵，也还存在一些缺陷：一是人类活动是不断向前的，经济的“零增长”在现实经济活动中难以实现；二是把环境资源作为现代经济的子系统和内生变量，在经济大系统内解决经济与环境资源的协调发展只能是局部的、阶段性。而从自然界和人类社会发展的历史进程来看，人类社会活动和经济活动都是在自然环境生态系统下进行的，社会、经济客观上是环境资源大系统的子系统。要根本解决经济发展与环境资源的冲突，只能把经济、社会活动置于环境资源大系统下来解决；三是经济和环境资源的协调和可持续发展是绿色经济发展的表现形式，其根本目标是人的全面发展和生活质量的提高，人类由必然王国走向自由王国。

根据以上分析和探讨，对绿色经济的内涵界定为：绿色经济是围绕人的全面发展，以生态环境容量、资源承载能力为前提，以实现自然资源持续利用、生态环境的持续改善和生活质量持续提高、经济持续发展的一种经济发展形态。

（二）绿色经济的特征

绿色经济是以节约资源、保护环境为前提，以市场为导向，以传统产业经济为基础，以科技进步为手段，以维护人类生存环境、合理保护资源与能源、有益于人体健康为特征的以可持续发展为目的经济，是产业经济为适应人类环保与健康需要而产生并表现出来的一种发展状态。发展绿色经济是转变传统经济增长方式，提高生产力，应对气候变化的必然选择。绿色经济要求生产、流通、消费等社会经济各个环节都是绿色的，都是符合节约资源、保护环境的宗旨。它具有以下一些特征：

1. 绿色经济是以人为本的经济

绿色经济的主旨是服务于人的需要和人的发展，偏离了这一目标来讨论绿色经济毫无意义。

2. 绿色经济始终强调经济发展的生态化

绿色经济始终把环境与生态因素作为经济发展的基础，明确指出，经济持续发展的关键在于生态环境与资源的永续性。

3. 绿色经济一直致力于社会更高层次的进步

绿色经济不仅追求经济发展，而且追求人与生态环境的共同进步。其一，绿色经济不仅要求社会进步而且要求国民财富的分配要相对的公平与公正，还要有益于教育、医疗卫生等公共事业和就业。其二，绿色经济理论要求，环境保护应成为社会的自觉行为而不是被动的行为，其目的在于预防、恢复或补偿由于经济行为所造成的环境损失，从而营造一种人与生态环境和谐相处的氛围。

4. 绿色经济是效率最大化的经济

绿色经济不仅包含了“绿色”，还包含了生态文明和循环经济的内容，以及以人为本，以发展绿色经济、全面提高人民生活水平为核心，保障人与自然、人与环境的和谐共存，人与人之间的社会相对公平最大化的可持续发展内容，又包含了“经济”的内容，即以最小的资源耗费得到最大的经济效益，只不过与传统经济发展模式不同，绿色经济是建立在绿色、健康、更有效的基础上使自然资源和生态环境得到永续利用和保护的效率最大化、利润最大化的经济。

（三）绿色产业的内涵

绿色产业的出现是社会经济发展到一个新的阶段后，人们对社会生活质量的要求不断提高，对环境和人体健康的关注不断增强，促进了整个社会经济的技术品质和结构质量不断改善的结果。与三次产业的出现一样，绿色产业的出现同样是人类社会经济发展阶段中的一次飞跃，它反映了人类生存方式的新的巨大变化和改善生存质量的新的要求。

绿色产业是指在绿色经济发展中，应用绿色技术生产绿色产品，提供绿色服务，有利于生态资源的保护和生态环境的改善，有利于增进人类健康，有利于人类社会经济可持续发展的产业。从一般意义上讲，一切传统产业中，凡实施绿色技术改造、采用绿色科技创新、其生产经营过程和产品有益于环境和人类健康的产业，都可以进入绿色产业之列，其外延包括绿色交通、绿色能源、绿色材料、绿色旅游、绿色医药及环保工业等。从特定意义上讲，所谓绿色产业是指一切依托于生物体的自然再生产过程，而且其产出物是不破坏环境、不危害人类健康的产业。具体而言，它是由“生物体（动、植物、微生物），环境（光、热、气、水、营养元素），人类的社会劳动”三大要素组成并相互作用的整体。生物体是把环境资源转化成产品的绿色车间；环境是提供自然资源的载体；人类社会劳动的作用主要通过社会经济资源和科技智力资源的投入，放大和提升生物体转化资源的能力和产出物的质量与数量。人的这种作用不是随意的，必须符合自然规律和经济规律，实现自然再生产与社会再生产的统一。

（四）绿色经济与绿色产业的关系

绿色经济与经济产业有着密切的联系。绿色经济的发展包括生产、流通、交换、消费的经济活动过程，绿色产业是绿色经济发展的具体体现。绿色经济的发展是通过绿色产业来实现和构筑起来的。绿色经济的发展，有力推动经济生产、流通、交换和消费过程的转化，要求产业结构的调整、提升和绿色化，促进绿色产业的培育和壮大。二者是相互促进、相互制约的关系。因此，绿色产业可理解为同绿色经济是同一的，必须遵循以下准则：一是产业发展对环境的作用必须限制在其承载力之内；二是产业发展对可再生资源的使用强度应限制在其最大持续收获量之内；三是产业发展对不可再生资源的耗竭速度不应超过寻求可再生替代品的速度；四是产业发展必须维护自身的健康安全和世代之间的公平，当代人不能损害后代人的发展权利，少数人不能为了眼前经济利益而牺牲多数人的健康；五是产业发展必须维护当代人之间的公平，在不同群体和不同区域之间实现资源利用和环境保护两者的成本与收益的公平和分配。

在绿色经济发展中，绿色产业的发展将成为绿色经济的一种内在要求，无论对社会现有的产业还是新兴产业的发展都必须满足绿色要求，即社会性的绿色标准、绿色观念成为推动产业发展和产业技术创新的重要源泉。另外，产业在绿色经济运行中的组织方式决定着产业的存在和发展，产业的绿色化要求产业组织将绿色发展理念与绿色管理融入组织的运行机制之中，融入产业技术开发、生产组织、市场营销各个环节，提高产业的绿色度和国际竞争力。

二、生态文明建设理论

（一）生态文明的含义

生态文明是人类遵循人与自然、与社会共同和谐发展这一客观规律，从而取得的物质、精神和制度的成果的总合，是人与人之间、人与自然之间、人与社会之间和谐共存、良性循环、全面、持续发展和繁荣为基本宗旨的文化伦理形态。

（1）生态文明应视为人类文明的一种新形态。生态文明是指人们在改造客观物质世界的同时，不断克服改造过程中的负面效应，积极改善和优化人与自然的关系，建设有序的生态运行机制和良好的生态环境所取得的物质、精神、制度方面成果的总和。它与物质文明、政治文明与精神文明既有密切联系又有鲜明的相对独立性。

（2）生态文明有狭义与广义之别：从狭义上讲，生态文明是指文明的一个方面，即人类在处理与自然的关系时所达到的文明程度，它是相对于物质文明、精神文明和制度文明而言的，一般仅限于经济方面，即要求实现人类与自然的和谐发展；从广义上讲，生态文明是人类文明发展的一个新的阶段，即工业文明之后的人类文明形态，囊括整个社会的各个方面，不仅要求实现人类与自然的和谐，而且要求实现人与人的和谐，是全方位的和谐”。

（3）生态文明是指人类既向自然索取又向自然还利，既要利用自然又要保护自然，以保持人与自然和谐共生的关系。

生态文明在工业文明的基础上产生，是对工业文明的一种超越。工业文明发展模式下，人和自然之间严重对立，破坏了人类的正常生产、生活和生态状态。出于对人和自然紧张关系的反思，生态文明由此而生，它以尊重和维护自然环境的平衡为主旨，以可持续发展为基准点，强调人的自觉与自律性和人与自然环境的友好关系，是一种人类文明发展的新形态、新方向。生态文明内涵丰富，涉及经济、政治、社会、文化、法律和制度等各个方面，是社会的生产方式、生活方式和价值观念的全面革新和提升，是社会进步和发展的新阶段。中国率先提出的生态文明，是以构建人与人、人与自然的双和谐关系为核心内涵的。这既是对马克思生态思想的继承与发展，也是对工业文明的全面超越。中国生态文明战略构想的提出，必将给整个社会带来一场绿色革命。

（二）中国生态文明建设的现状

生态文明建设是一项系统工程，推动生态文明建设需要社会系统全方位转型。从人们的思想观念、生产生活方式到政治经济体制等都需要彻底的改变。在精神文化价值观方面，转变“征服自然、奴役自然”的观念，确立“人与自然共生共荣”的生态文明理念。在生产生活方式方面，要转变经济发展方式，加快发展新型工业化、循环经济、低碳经济，等等。在消费方式方面，要从过度消费向适度消费转变，减少对自然资源的过度消耗。

进入21世纪，随着中国经济的持续增长、规模不断扩大，对资源的利用、能源的消耗和废弃物的排放都在同步增长，资源环境问题已经相当严峻。

党的十七大报告明确提出要建设生态文明，基本形成节约能源资源和保护生态环境的产业结构、增长方式、消费模式。循环经济形成较大规模，可再生能源比重显著上升。主要污染物排放得到有效控制，生态环境质量明显改善。生态文明观念在全社会牢固树立。由此，生态文明与物质文明、精神文明、政治文明共同构成了我国社会主义文明建设体系。

党的十八大报告提出：面对资源约束趋紧、环境污染严重、生态系统退化的严峻形势，必须树立尊重自然、顺应自然、保护自然的生态文明理念，把生态文明建设放在突出地位，着力推进绿色发展、循环发展、低碳发展，形成节约资源和保护环境的空间格局、产业结构、生产方式、生活方式，从源头上扭转生态环境恶化趋势，为人民创造良好的生产生活环境，为全球生态安全做出贡献。以生态文明理念转变经济发展方式，必须以又好又快发展为鲜明导向，以结构调整为关键环节，以自主创新为主要驱动力，以节能减排为倒逼机制，正确处理发展与资源、环境、安全、创新的关系，走资源推动型、环境友好型、安全保障型、创新支撑型发展道路。

（三）生态文明建设的重要意义

1. 建设生态文明是社会主义文明体系的重要组成部分

中国共产党最早提出建设社会主义现代化国家要从物质文明和精神文明两方面入手。

2002 年 7 月，中国共产党在物质文明、精神文明的基础上增加了政治文明这一项新内容。十六大报告强调了要不断增强可持续发展能力，需要改善生态环境，提高资源利用效率，推动整个社会走上“生态良好”的文明发展道路。这实际上已经把生态文明作为中国社会主义现代化建设的一个重要组成部分。十七大正式提出了实现全面建设小康社会奋斗目标的新要求包括了“建设生态文明”。

生态文明是现代文明观不可或缺的组成部分。生态文明建设，需要物质文明建设提供物质财富，需要精神文明建设提供智力支持，需要政治文明建设提供政治保障；而随着物质文明、精神文明和政治文明的发展，其自身也要求通过建设生态文明来协调人和自然之间的关系。生态文明是物质文明、政治文明和精神文明的基石。因此，社会文明的发展应该是由物质文明、政治文明、精神文明和生态文明四大文明交互作用而向前推进的过程。

2. 建设生态文明是实现社会主义和谐社会的内在要求

中国生态环境所面临的严峻形势就是人与自然不和谐相处的结果，这种不和谐突出表现为人的无限需求与资源短缺、生态破坏、环境污染之间的矛盾，这些矛盾已经并正在深刻地侵蚀着社会和谐的基础，对社会主义和谐社会的构建带来巨大的障碍。而生态文明建设的核心就是协调人与自然之间的矛盾，构建健康有序的生态运行机制、和谐的生态环境。

因此，建设生态文明，从而创造一个良好的生态环境，是构建社会主义和谐社会的内在要求。

生态文明价值观十分强调人与自然的平等、伙伴关系，认为自然界中的一切生命都有其存在的内在价值，它们不仅对人类有价值，而且对其自身及其他生命也是有价值的。人类只是自然界中的一个成员，人类特有的优势在于拥有主观能动性。因此，人类的存在不仅要对他人和社会承担义务和责任，而且要对自然界中的一切生命包括生命赖以存在的环境负责。深入开展生态文明建设，有利于在全社会树立公平正义的思想，确立公平正义的规范，培养公平正义的素质，使之成为构建和谐社会的基础。

3. 生态文明对物质文明、精神文明和政治文明的基础作用

自然环境和生态资源是人类生存和发展的前提条件。当今日益严重的生态环境问题，已成为危及地球生命和人类社会的“全球问题”。中国人口众多，资源相对不足，生态环境承载能力脆弱，特别是随着经济快速增长和人口的不断增加，能源、水、土地、矿产等资源不足的矛盾越来越突出，生态问题越来越严峻。因此，加强生态文明建设，统筹人与自然和谐发展，增强可持续发展能力，就成为社会整体文明建设的需要，而实现四大文明和谐发展就成为时代的主旋律。

4. 生态文明建设具有相对的独立性

生态文明所要求的人类要尊重和爱护自然，将人类的生活建设得更加美好；人类要自觉、自律，树立生态观念，约束自己的行为，在这一点上，它又是与精神文明相一致的，毋宁说它本身就是精神文明的重要组成部分。但是，生态文明又是其他文明都不能涵盖的。人与人之间应该和睦共处，这是精神文明所要求的；人与自然之间也应该和睦共处，这是生态文明所要求的。生态文明建设的相对独立性具有重大的理论和实践意义。理论意义在于构建完整的文明体系，实践意义在于推动可持续发展。

（四）发展绿色产业对生态文明建设的作用

生态文明建设是在一定的外部环境和内部条件约束下的路径依赖和制度创新的过程。

1. 绿色技术为建设生态文明提供技术支撑

科学技术是现代文明的基石，而绿色科技的发展和应用是生态文明建设的科技保障。生态文明要求科学技术既要认识、利用和改造自然，又要认识与调节人类自身、人与自然的关系及人的活动对自然的影响。通过科技的生

态化转换和经济增长方式的转变，倡导绿色技术的开发和应用，推动生态文明建设。绿色技术是以保护人体健康和人类赖以生存的环境，促进经济可持续发展为核心内容的所有技术活动的总称，包括了绿色产品、绿色生产工艺的设计、绿色制造清洁生产绿色新材料、新能源的开发等等。绿色技术是发展绿色经济、进一步开展环境保护和生态建设的重要技术保证。

2. 清洁能源为建设生态文明提供能源基础

清洁能源是不排放污染物的能源，包括核能和“可再生能源”。可再生能源是指原材料可以再生的能源，如水力发电、风力发电、太阳能、生物能（沼气）、海潮能等，可再生能源不存在能源耗竭的问题。因此，日益受到许多国家的重视，尤其是能源短缺的国家。但可再生能源也受自然条件的影响，如需要有水力、风力、太阳能资源，而且最主要的是投资和维护费用高，效率低，所以发出的电成本高，现在许多科学家在积极寻找提高利用可再生能源效率的方法。

随着世界各国对能源需求的不断增长和环境保护的日益加强，清洁能源的推广应用已成必然趋势。

3. 通过绿色经济发展，强化生态理念教育，培养全民的生态文明观

生态意识是发展生态文明的道德基础和精神动力，只有强化生态理念教育，大力培育全民的生态文明观，才能为生态文明的建设奠定坚实的基础。

发挥绿色产业示范区的作用，强化对全社会生态理念教育，广泛宣传科学发展观、生态文明观，使生态文明建设的理念潜移默化、深入人心。提高人们的生态道德修养，引导公民个体正确认识人与自然的关系，培养善待、尊重、敬畏生态的价值取向，营造培育全民生态道德意识，使全体公民在充分认识自然的存在价值和生存权利的基础上，增强对自然的责任感和义务感，从而做到热爱自然、善待自然。通过发展绿色产业，可以创建和巩固一批生态教育基地，来带动更大范围内的生态教育工作。

4. 通过绿色经济发展，促进构建环保长效机制，支撑生态文明建设

实行区域生态补偿制度，大力发展环保产业。突出抓好重点领域、重点行业和重点企业的节能环保，加快以节能环保为中心的技术改造，淘汰落后生产能力。通过广泛开展国际合作，积极参加全球环境科学综合研究，建立和完善环境保护科技支撑体系，加快高新技术在环保领域的应用，建设环保科技示范工程，培植一批环保产业，骨干企业。通过加大公共财政投入环保建设的力度，建立生态环境保护激励机制，逐步形成多元化的环保投入机制。

推动企业成为节能环保的实施主体和投入主体，形成市场化、社会化运作的多方并举合力推进的投入格局。健全社会监督机制，实行环境质量公告制度，为公众参与环保创造条件。

第三节 绿色经济发展评价研究综述

一、国外研究综述

1989 年出版的《绿色经济蓝皮书》中，英国经济学家皮尔斯首次提出“绿色经济”。他认为，绿色经济是一种人类社会和自然环境可以承受的经济，而不是盲目的以资源耗竭为代价追求产量增加的经济。他从资源环境的角度出发，既为可持续发展的内涵和发展途径做了全面论述，也为后人研究绿色经济奠定了基础。

1993 年，联合国经济和社会事务部在修订后的《国民经济核算体系》中正式提出绿色 GDP 核算指标。把 GDP 中各项生态破坏成本的治理费用减去，再加上环境效益，就是绿色 GDP。这种核算方法既能代表国民经济增长的正效应，也能更准确地反映社会经济增长水平。绿色 GDP 占 GDP 的比重越高，表明经济增长与自然环境的和谐统一程度越高。

2012 年联合国可持续发展大会——里约峰会集中讨论的两大主题之一是绿色经济，沙祖康强调此绿色经济是基于致力于消除贫困的可持续发展之上的绿色经济。会议强调发展绿色经济的首要目标是消除贫困，消除贫困是发展中国家发展绿色经济的首要目标。许多发展中国家正处于工业化和城市化快速发展的阶段，正面临着消除贫困、调整经济结构和向绿色经济过渡的三大艰巨任务。作为普遍转向绿色经济的发达国家应坚持走绿色发展道路，为发展中国家做出表率和示范，并给予资金、技术、人才等方面的援助，寻求共同发展。

目前，美国人力发展绿色建筑，即用清洁的能源和建筑材料，减少有害废弃物的排放。此外，美国通过新的电网传输计划，将减少能源在传输过程中的损耗，还试图把风能和太阳能发电也加入电网，以加强绿色智能电网的建设。法国重点发展核能和可再生能源，政府大力扶持清洁能源的研发，鼓励生产绿色环保产品。澳大利亚 Westpac 银行推出的一款储蓄型环保产品，即“土地保护储蓄”业务。该银行每收到一美元的储蓄金额，就会对外发放等额的贷款来支持农业的可持续发展。日本发展环境友好型融资业务，极大地促进了商业银行绿色信贷的发展。由此可见，发展绿色经济，既要开发清洁能源，又要鼓励金融机构积极开发绿色零售产品。

二、国内研究综述

（一）在绿色经济理论研究方面

唐啸（2014）通过对国外已有的关于绿色经济理论的分析，指出绿色经济在不同时期，随着社会经济的发展变化有着不同的含义，具体可分为三个阶段：单一的生态系统目标阶段、经济—生态系统目标阶段、经济—生态—社会复合系统阶段。并将绿色经济理论的最新进展分为效率、规模和公平三种导向，分别从经济系统的效率是核心，生态系统的极限是核心，社会系统公平是核心三个角度提出了绿色经济发展的方案。丁刚、陈奇玲（2014）通过梳理绿色经济的五种内涵，重新界定了绿色经济的含义，认为绿色经济是经济发展、资源节约、保护环境三者相结合的经济。并构建了由经济发展、资源节约、环境友好组成的三维度指标体系。

（二）在绿色经济发展评价研究方面

向书坚、郑瑞坤（2013）构建了中国绿色经济发展指数，并用数据进行测算，研究结果表明，虽然中国的绿色经济处于较低水平，但发展势头越来越强，并根据结果指出了中国绿色经济发展的后续研究方向。曾贤刚、毕瑞亨（2014）结合中国实际情况，从经济变化的有效性、绿色资源利用程度以及社会进步和繁荣的程度三个方面出发，建立了一套由经济转型有效性、资源利用绿色度、进步和福祉实现度组成的三级评价指标体系，并采用主成分分析、聚类分析等方法，分析了中国绿色经济发展状况。

何新安（2014）借鉴了赵彦云等的研究，构建了由综合发展度、资源承载力、环境容量组成的三维度指标体系，并用熵值法对广东省河源市2005—2011年的绿色经济发展状况进行综合评价。纪山山、徐天祥（2016）从规模性指标、激励性指标、约束性指标、保障性指标等构建了四个大项、十九个小项的评价指标体系，并采用熵值法和聚类分析法对江苏省13个市的绿色经济发展水平进行了实证分析。

崔如波（2010）分析20世纪七八十年代至21世纪绿色经济发展的浪潮，从西部独特的生态环境、丰富的绿色资源、当前中国发展战略的要求等实际情况出发，指出绿色经济是西部大开发新的战略选择与模式重构，并对西部地区发展绿色经济提出了对策建议。蔡绍洪、魏媛等（2017）建立了绿色经济评价指标体系，根据西部12省（区）绿色发展的相关指标，运用计量方法和GIS方法对2014年西部地区绿色发展水平及空间特征进行研究。

景芳（2011）从青海独特的地域特点出发，分析了青海发展绿色经济的优势与机遇、面临的挑战与困难，并提出实施绿色经济发展战略的政策导向。戴鹏（2015）立足于青海实际，构建了由绿色生产、绿色消费、绿色环境、绿色民生和绿色政策组成的五维度指标体系，采用德尔菲法确定权重指标进行赋值测算，并根据计算结果提出对策建议。

从以上文献研究可以看出，对绿色经济发展的相关研究各具特色。为此，本书选取能够客观评价青海省绿色经济发展水平的指标，构建合理的评价体系，运用主成分分析法，选取西部大开发以来各年数据，对青海省绿色经济发展水平进行动态分析和研究。以青海省海东市和柴达木盆地为个案，进行分区绿色经济发展和农牧业可持续发展评价体系。并在此基础上，专题研究青海省产业结构优化升级问题，测度绿色发展视角下青海省GDP产业贡献率动态趋势，并探讨基于产业发展的青海省格尔木市就业与社会保障问题研究。通过本书的系统研究，旨在加深对青海省绿色经济发展水平和特点的认识，为制定青海省绿色经济发展政策提供重要依据。

参考文献

[1] 杨国昕.生态文明应与物质、政治、精神文明并重——经济发展的视角[J].中共福建省委党校学报，2003.

[2] 高吉喜，等.21世纪生态发展战略[M].贵阳：贵州科技出版社，2000.

[3] 徐春.对生态文明概念的理论阐释[J].北京大学学报（哲学社会科学版），2010（1）.

[4] 郭强.竭泽而渔不可行——为什么要建设生态文明[M].北京：人民出版社，2008.

[5] 包双叶.当前中国社会转型条件下的生态文明研究[D].华东师范大学，2012.

[6] 胡洁，卢毅，李英杰.绿色循环低碳交通运输概念辨析[J].管理观察，2014（7）：124-125.

[7] [英] 大卫·皮尔斯.绿色经济的蓝图[M].北京：北京师范大学出版社，1996.

［8］联合国．国家统计局国民经济核算司，译．国民经济核算体系 1993［M］．北京：中国统计出版社，1995.

［9］《中国能源》编辑部．联合国可持续发展大会——里约峰会［J］．中国能源，2012（7）：1.

［10］李正图．中国发展绿色经济新探索的总体思路［J］．中国人口·资源与环境，2013，23（4）：11-17.

［11］赖梦君．结合国外经验浅谈我国绿色经济的发展［J］．劳动保障世界（理论版），2012（9）：74-78.

［12］唐啸．绿色经济理论最新发展评述［J］．国外理论动态，2014（1）：125-132.

［13］丁刚，陈奇玲．绿色经济的涵义及评价指标体系的构建［J］．太原理工大学学报（社会科学版），2014，32（1）：1-4.

［14］向书坚，郑瑞坤．中国绿色经济发展指数研究［J］．统计研究，2013，30（3）：72-77.

［15］曾贤刚，毕瑞亨．绿色经济发展总体评价与区域差异分析［J］．环境科学研究，2014，27（12）：1564-1570.

［16］赵彦云，林寅，陈昊．发达国家建立绿色经济发展测度体系的经验及借鉴［J］．经济纵横，2011（1）：11-34.

［17］何新安．粤东北山区绿色经济发展实证分析［J］．南方农村，2014（3）：36-39.

［18］纪山山，徐天祥．江苏省绿色经济发展水平评价［J］．中国环境管理干部学院学报，2016，26（5）：33-36、74.

［19］崔如波．西部绿色经济发展模式研究［J］．探索，2010，（6）：87-91.

［20］蔡绍洪，魏媛，刘显明．西部地区绿色发展水平测度及空间分异研究［J］．管理世界，2017（6）：174-175.

［21］景芳．青海绿色经济发展战略的政策思考［J］．改革与战略，2011，27（220）：65-68.

［22］戴鹏．青海省绿色发展水平评价体系研究［J］．青海社会科学，2015（3）：170-177.

第三章

chapter 3

青海省绿色经济发展水平动态评价

第一节　青海省绿色经济发展基础

青海省位于中国西部，处于“世界屋脊”青藏高原的东北部，是长江、黄河、澜沧江的发源地，被称为“三江源”，素有“中华水塔”的美称。青海省属于高原大陆性气候，具有冬长夏短、日气温普遍低、昼夜温差大、降水少、日照时间长、辐射强烈等特点。区域最大的优势是各类自然资源丰富。自2000年西部大开发以来，青海省经济总量不断增长，经济结构明显优化。

一、青海省经济发展水平

2000—2016年以来，青海省经济一直在稳步发展，且发展势头良好。从表3-1、图3-1、图3-2中可以看出，青海省人均GDP呈直线上升状态，2016年的人均GDP是2000年的8.47倍，比西北地区同期均值高1542元，但比全国水平要低1万多元。城镇居民人均可支配收入不断增加，2016年的城镇居民人均可支配收入是2000年的5.18倍，比全国平均水平低6859元。GDP增长率有增也有减，2016年比2000年减少了5.3%，但2016年的增长率高于同期西北地区和全国水平，说明青海省正处于快速发展阶段。第三产业增加值占GDP比重也在波动中发展，2016年比2000年减少了0.7%，与西北地区和全国水平差距较大。科技支出占财政支出的比重变化幅度较小，在2000—2006年逐渐下降，从2012年开始有呈上升趋势，但2016年比重不足全国水平的三分之一，仅相当于西北地区平均水平的64.5%，说明青海省在科技方面的投入不够，制约着经济的发展。

表 3-1 青海省 2000—2016 年经济增长统计表

年份	人均 GDP（元/人）	城镇居民人均可支配收入（元/人）	GDP 增长率（%）	第三产业增加值占 GDP 比重（%）	科技支出占财政支出的比重（%）
2000	5138	5170	13.3	43.51	0.71
2001	5774	5854	12.1	43.41	0.63
2002	6478	6199	12.3	43.69	0.54
2003	7346	6732	11.7	43.52	0.56
2004	8693	7219	12.8	41.56	0.54
2005	10045	8058	12.9	39.27	0.62
2006	11889	9000	13.0	38.40	0.44
2007	14507	10276	13.5	36.99	0.80
2008	18421	11648	13.5	34.94	1.09
2009	19454	12682	10.1	36.86	0.98
2010	24115	13855	15.3	34.87	0.55
2011	29522	15603	13.5	33.04	0.39
2012	33181	17566	12.3	32.67	0.62
2013	36875	20352	10.8	32.80	0.68
2014	39671	22307	9.2	37.07	0.77
2015	41252	24542	8.2	41.41	0.74
2016	43531	26757	8.0	42.81	0.71

数据来源：《2017 年青海省统计年鉴》。

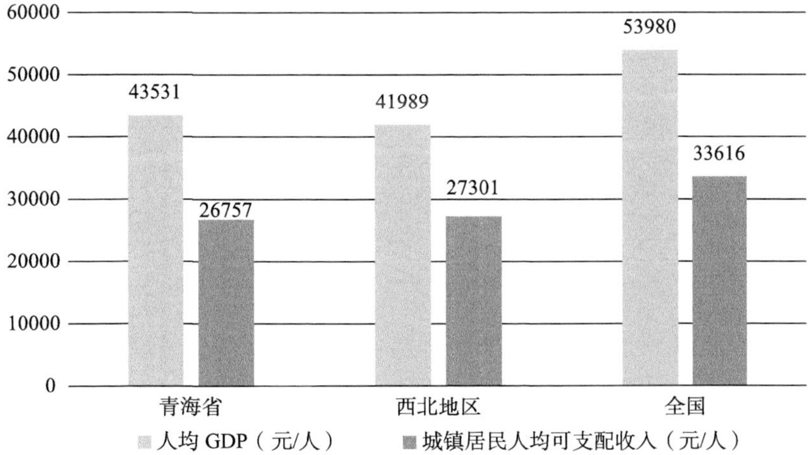

图 3-1 2016 年主要地区经济增长对比

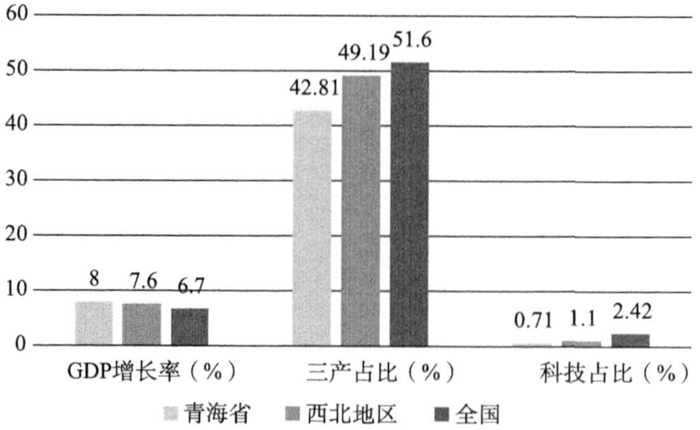

图 3-2　2016 年主要地区经济增长对比

二、青海省社会发展情况

青海省社会发展相对平稳，且增速较明显。从表 3-2、表 3-3 中可以看出，2000—2016 年青海省每万人中小学在校生人数在不断减少，2016 年比 2000 年减少了 20.81 个百分点；2016 年，青海省每万人中小学在校生人数均高于西北地区和全国水平。2000—2016 年，青海省每万人拥有医院床位数在增加，2016 年比 2000 年增加大约 2 倍；2016 年，青海省每万人拥有医院床位数略高于西北地区，是全国平均水平的近 2 倍，这意味着在政府对青海省卫生事业的投入力度不断增强，人们的医疗条件得到了提高。2000—2016 年，青海省城市化率在不断发展，城市化率从 2000 年的 34.76%增长到 2016 年的 51.63%，平均每年增长 1.23%；2016 年，青海省城市化率略高于西北地区，但比全国平均水平低 5.72%。2000—2016 年，青海省人口自然增长率有增有减，2000 年人口自然增长率为 13.10‰，2016 年为 8.52‰，总体呈下降趋势；2016 年，青海省人口自然增长率略高于西北地区，比全国水平高 2.66‰。

表 3-2　2016 年主要地区社会条件统计

地区	每万人中小学在校生人数（人/万人）	每万人拥有医院床位数（张/万人）	城市化率（%）	人口自然增长率（‰）
青海省	771.7	59.36	51.63	8.52
西北地区	695.1	56.03	51.26	8.07
全国	721.1	31.35	57.35	5.86

数据来源：《2016 年青海省统计年鉴》《2016 年中国统计年鉴》。

表 3-3　青海省 2000—2016 年社会条件统计

年份	每万人中小学在校生人数（人/万人）	每万人拥有医院床位数（张/万人）	城市化率（%）	人口自然增长率（‰）
2000	974.5	31.99	34.76	13.10
2001	959.2	31.47	36.32	12.62
2002	958.4	30.51	37.68	11.70
2003	499.6	31.19	38.18	10.85
2004	951.7	30.56	38.53	9.87
2005	933.1	29.52	39.25	9.49
2006	953.1	29.71	39.26	8.97
2007	963.1	29.70	40.07	8.80
2008	970.9	32.22	40.86	8.35
2009	956.9	34.31	41.90	8.32
2010	923.5	35.59	44.72	8.63
2011	900.6	40.78	46.22	8.31
2012	870.6	45.39	47.44	8.24
2013	820.2	51.16	48.51	8.03
2014	794.9	56.75	49.78	8.49
2015	772.1	58.20	50.30	8.55
2016	771.7	59.36	51.63	8.52

数据来源：《2017 年青海省统计年鉴》。

三、青海省生态资源状况

青海省生态资源一直处于相对平衡的状态。从图 3-3、图 3-4 可以看出，青海省人均国土面积 2000 年为 13.96 公顷，2016 年为 12.16 公顷，面积在不断减小，说明人口密度逐渐加大，也意味着国土资源的压力在增加，但是青海省的人均国土面积远远高出西北地区和全国平均水平，且地广人稀。2000—2016 年人均耕地面积在逐步减少，而且比西北地区和全国的人均耕地要少很多，主要是因为青海省非限制开发区域面积不足全省面积的一半，且大多地区不适宜耕作。2000—2016 年，青海省人均公共绿地面积在稳步增加，但是还是低于西北地区和全国的人均公共绿地面积。2000—2016 年，青海省森林覆盖率都在增加，但与西部地区和全国作对比发现，青海省的森林覆盖率要显著低于西北地区和全国总体森林覆盖率。综上所述，青海省国土资源丰富，但各绿化指标都小于西北地区和全国水平。

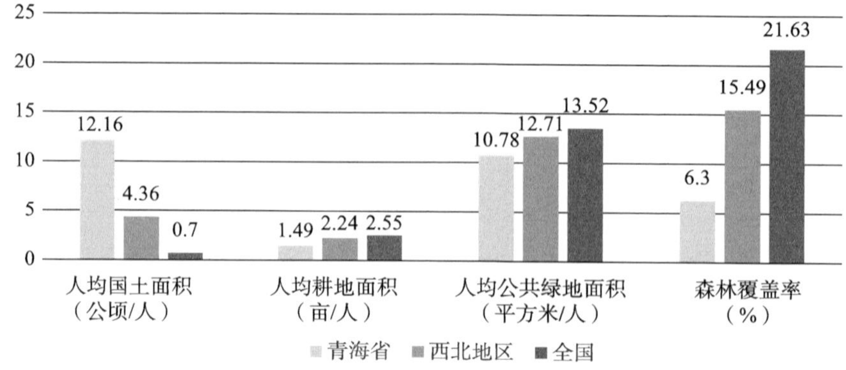

图 3-3　2016 年主要地区生态资源对比

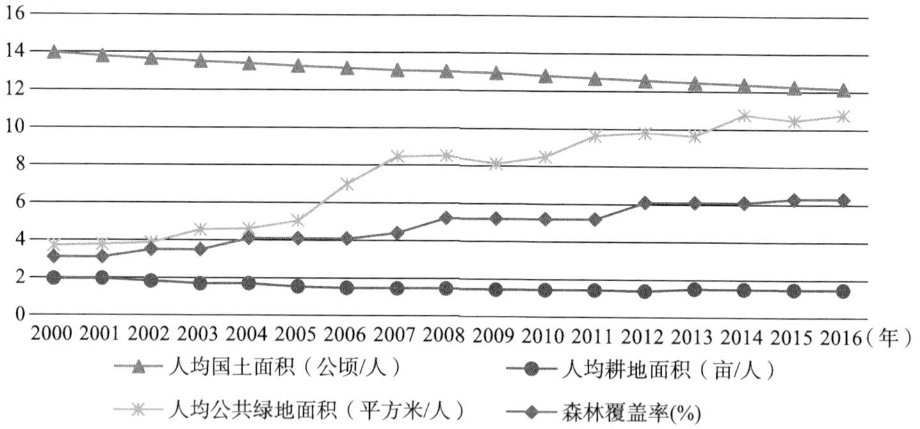

图 3-4　青海省 2000—2016 年生态资源情况

四、青海省环境保护情况

青海省环境保护一直处在不断发展中。从表 3-4、表 3-5 可以看出，2000—2016 年环境保护支出占财政支出比重保持在相对稳定的状态，有增也有减，但总体呈现波动上升的趋势，2016 年投入力度高于同期西北地区和全国水平。2000—2016 年生活垃圾无害化处理率在不断提升，2016 年青海省生活垃圾无害化处理率高于西北地区，与全国水平相当，说明生活垃圾对环境的污染变少了。2000—2016 年，万元 GDP 二氧化硫排放量在不断地减少，这意味着生产活动中污染逐步下降，但和全国平均水平相比，仍然偏高。2000—2016 年，万元 GDP 电耗减少，但仍是西北地区和全国水平的近 3 倍，这说明青海省 GDP 的增长方式逐步从粗放型转向集约生产，高耗能、高排放的生产方式正在缓慢发生改变。

表 3-4　青海省 2000—2016 年环境保护情况统计

年份	环境保护支出占财政支出的比重（%）	生活垃圾无害化处理率（%）	万元 GDP 二氧化硫排放量（吨/万元）	万元 GDP 电耗（吨标准煤/万元）
2000	2.99	46.77	0.0121	1.575
2001	2.34	47.23	0.0117	1.457
2002	1.98	53.54	0.0094	1.422
2003	3.01	67.03	0.0154	1.239
2004	3.36	78.28	0.0158	1.256
2005	4.77	86.40	0.0228	1.184
2006	4.09	77.18	0.0200	1.105
2007	6.73	94.88	0.0168	1.038
2008	5.38	89.38	0.0132	0.861
2009	5.97	65.11	0.0125	1.207
2010	4.86	67.28	0.0106	0.980
2011	4.32	89.46	0.0094	0.899
2012	3.80	89.21	0.0081	0.818
2013	5.44	84.60	0.0074	0.819
2014	4.21	86.27	0.0067	0.852
2015	5.77	87.18	0.0062	0.764
2016	4.81	96.29	0.0044	0.620

数据来源：《2017 年青海省统计年鉴》。

表 3-5　2016 年主要地区环境保护情况

地区	环境保护支出占财政支出的比重（%）	生活垃圾无害化处理率（%）	万元 GDP 二氧化硫排放量（吨/万元）	万元 GDP 电耗（吨标准煤/万元）
青海省	4.81	96.29	0.0044	0.620
西北地区	3.04	89.84	0.0045	0.211
全国	2.77	96.60	0.0015	0.244

数据来源：《2016 年青海省统计年鉴》《2016 年中国统计年鉴》。

五、青海省发展绿色经济的有利条件

（一）具备发展绿色经济的地域优势

青海省地处青藏高原腹地，相对封闭，地理位置特殊，生态价值独特。

人类经济开发活动对大部分地区生态系统的干扰破坏程度较低，水土资源几乎没有被污染，是世界公认的“超净区”之一。丰富的光照资源和冷凉的气候特征有利于喜温凉性农作物的生长。江河源区自然环境清洁度高，适宜有机绿色食品的培育种植。

（二）具备发展绿色经济的资源优势

青海省丰富的水能资源、光能资源、风能资源、化石能源、矿产资源、土地资源、牧业资源、生物资源、林业资源等是发展绿色经济的最大优势。其中，3161 万公顷可利用的牧草地、1000 余种经济植物和 50 多种名贵药材以及 120 多种矿产资源为发展绿色产业提供了雄厚的物质基础，特别是发展新能源、新材料的优势突出。资料显示，全省每日光辐射 160~175 大卡/平方厘米，每年接受的太阳能约有 1632 亿吨标准煤，是全国第二太阳能高产区；青海省冻土带发现的可燃冰储量达万亿立方米，有望成为未来的新兴能源。此外，还拥有独特的自然风光和民族风情，“大美青海”旅游资源的绝对优势，为发展生态旅游业奠定了雄厚基础。

（三）具有发展绿色经济的产业支撑

在工业方面，西宁生物科技产业区、柴达木循环经济产业区、青海国家高新技术产业区逐步建立和完善，新兴产业发展迅速，太阳能光伏产业、风能产业、生物质能产业等成为主要的绿色支柱产业。到 2020 年，省内将建成完整的光伏产业链年产值达到 1000 亿元。

在农牧业方面，通过改变农牧业发展方式和调整农牧业产业结构，大力发展生态农牧业，提高农牧业产业化经营水平。通过青南、柴达木、环湖地区的试点，已经探索出生态畜牧业发展的新模式，绿色生态畜牧业得到极大发展。

（四）具有发展绿色经济的技术支持

目前，青海省水电资源开发技术和产业相对成熟，在满足全省风能特点的风力发电设备开发方面取得突破性进展，克服了盐湖锂资源的开发难题，农牧业技术不断普及和推广，科技推广队伍逐渐成长。总之，青海省在不断提高自主创新和技术供给能力，核心技术的发展和先进技术在一些主导产业中取得了长足的进步，在一定程度上为绿色产业的可持续发展奠定了良好的科研和技术基础。

（五）具有发展绿色经济的政策环境

首先，国家有关绿色产业发展的一系列宏观政策，以及节能减排、支持循环经济的对策措施，将有效调控和引导青海的绿色经济快速发展；其次，国务院出台支持青海等藏区经济社会发展的重大政策，其中提出加快发展生态畜牧业和高原特色农业，促进优势特色产业发展，扶持高原特色加工业发展；国务院《关于进一步推进西部大开发的若干意见》以及批复《青海省柴达木循环经济试验区总体规划》给予的一些特殊政策支持。以上不同层面的政策措施将有力保障青海加快绿色经济发展进程。

第二节 青海省绿色经济评价指标体系和数据来源

一、指标选取原则

一般而言，经济发展水平评价指标体系设计应遵循全面性、动态性、科学性、可比性、可行性、结构层次性等基本原则。同时，绿色经济发展的目的是发展环境友好型产业、发展循环经济和低碳经济，使得社会经济发展与自然环境相协调。因此，在构建绿色经济发展评价指标体系时，除了遵循上述基本原则外，还应以科学发展观和可持续发展为依据，按照注重人民的生活质量、注重经济增长水平和环境效益相结合、注重教育与科技水平，以及注重政府政策支持为指导思路，把握如下原则：

（一）注重人民生活质量的原则

经济发展要注重以人为本，绿色经济发展的效果首先应该体现在人民生活质量的提高上，良好的生态环境已成为衡量民众生活质量的重要因素。

（二）注重经济增长质量和效益原则

可持续发展的核心是社会经济发展与资源环境相协调，从单纯追求数量增加的经济模式转变为追求质量增加的模式，衡量区域绿色经济发展不仅是只评判经济的增量，而是一个综合的度量，即把环境保护与经济效益相统一。

（三）注重教育与科技水平的原则

绿色经济的竞争在于人才的竞争，而人才的培养关键在于教育，尤其是高等教育。区域绿色经济发展应将教育放在优先发展的地位，大力发展教育事业，提高人民的文化素质和受教育程度，为提升绿色经济竞争力奠基。在注重教育的同时加大对科技的投入。

（四）注重政府政策支持的原则

在经济建设和发展过程中，需要政府以恰当的方式干预经济，对宏观经济进行调节、维护市场秩序、调节收入分配、提供公共服务等。绿色经济的发展也需要政府给予绿色投资、完善基础设施、加大环境治理等。

二、指标体系框架

对于绿色经济的衡量指标不同学者观点不同。张小刚指出，绿色经济发展的内在构成要素包括物质资本、人力资本、科学技术、生态环境和自然环境；“里约+20”联合国可持续发展中心对绿色经济从可持续性出发，强调地球关键资本的非减性发展等。本文认为，绿色经济是既追求经济总量的增长，对一些不可持续行为加以约束，又对有利于可持续发展的行为给予鼓励，同时加强政府政策方面的支持以及教育科技等的投入，多方面协调发展经济。目前已有不少学者从不同层面构建了衡量绿色经济发展水平的评价指标体系（见表 3-6 所示）。

表 3-6　部分学者构建的绿色经济发展指标体系统计

年份	研究者	一级指标	二级指标	三级指标
2011	张小刚	经济社会综合发展水平指标、承载力指标、环境容量指标	经济、社会、人口；自然资源、生态环境	21 项
2011	赵彦云等	低碳效率、低碳创新、低碳引导、低碳社会、和谐社会	碳排放效率等 15 项	—
2012	薛珑	绿色经济效率、绿色资源环境、绿色科技创新、绿色经济政策	生产效率等 9 项	38 项
2013	向书坚等	绿色生产指数、中国绿色消费指数、中国生态健康指数	绿色投入等 8 项	77 项
2014	丁刚等	经济发展、环境友好、资源节约	经济增长等 5 项	56 项
2014	曾贤刚等	经济转型有效性、资源利用绿色度、进步和福祉实现度	经济背景等 9 项	34 项
2015	刘倩等	经济系统、资源系统、环境系统、社会系统	人均地区生产总值等 17 项	—
2015	戴鹏	绿色生产体系、绿色消费体系、绿色环境体系、绿色民生体系、绿色政策体系	绿色增长效率等 10 项	58 项

从表3-6中可以看出，不同的学者对于衡量地区绿色经济发展水平的指标体系理解不同，但是都认为绿色经济发展是经济与资源环境相协调的发展模式。衡量绿色经济发展水平的指标有很多，但是很少对政府政策层面的指标进行衡量。为保证区域绿色经济的发展，需要政府的政策支持，也需要科研人才的技术支持。本文根据青海省绿色经济发展现状，在相关研究的基础上增加了环境治理、基础设施等相关指标，使得衡量绿色经济发展水平的指标体系更为完整。

本文将绿色经济评价指标体系设计为三级指标体系，一级指标是综合发展度、资源环境承载力、政府政策支持度；二级指标包括经济指标、社会指标、人口指标、资源丰裕度、环境承载力、环境治理指标、基础设施指标；三级指标是二级指标中的代表性指标，共有22项，其中登记失业率（%）X_4、单位GDP能耗（吨标准煤/万元）X_{14}、单位GDP电耗（吨标准煤/万元）X_{15}、单位GDP二氧化硫排放量（吨/万元）X_{16}为逆向指标，其余为正向指标。具体构建中，首先根据指标选取的四个原则提出初始指标体系，然后通过理论和经验分析进行优化处理形成完整的指标体系。（见表3-7所示）

表3-7　青海省绿色经济发展的指标体系

一级指标	二级指标	三级指标
综合发展度	经济指标	人均GDP（元/人）X_1
		第三产业增加值占GDP比重（%）X_2
		城镇居民人均可支配收入（元/人）X_3
	社会指标	登记失业率（%）X_4
		每万人拥有医院床位数（张/万人）X_5
		每万人普通高等教育在校学生人数（人/万人）X_6
	人口指标	人口自然增长率（‰）X_7
		城市化率（%）X_8
资源环境承载力	资源丰裕度	人均耕地面积（亩/人）X_9
		人均能源占有量（吨标准煤/人）X_{10}
		人均水资源占有量（立方米/人）X_{11}
		森林覆盖率（%）X_{12}
		人均公共绿地面积（平方米/人）X_{13}
	环境承载力	单位GDP能耗（吨标准煤/万元）X_{14}
		单位GDP电耗（吨标准煤/万元）X_{15}
		单位GDP二氧化硫排放量（吨/万元）X_{16}

续表

一级指标	二级指标	三级指标
政府政策支持度	环境治理指标	环保支出占财政支出比重（%）X_{17}
		环境污染治理投资占 GDP 比重（%）X_{18}
		科技支出占财政支出比重（%）X_{19}
	基础设施指标	城市生活垃圾无害化处理率（%）X_{20}
		城市燃气普及率（%）X_{21}
		城市污水集中处理率（%）X_{22}

三、数据选取

本文以青海省 2000—2016 年的绿色经济发展水平为评价对象，数据来源于相应年份的《青海省统计年鉴》《中国统计年鉴》《青海省年度统计公报》《州市统计公报》《青海省水资源公报》等，部分数据如环境保护支出占财政支出比重、环境污染治理投资占 GDP 比重、单位 GDP 能耗、单位 GDP 电耗等是根据相应的数据计算得到。

第三节　青海省绿色经济发展水平动态测度

一、主成分分析法简介

主成分分析法是一种降维的统计方法，它借助于一个正交变换，将其分量相关的原随机向量转化成其分量不相关的新随机向量，这在代数上表现为将原随机向量的协方差阵变换成对角形阵，在几何上表现为将原坐标系变换成新的正交坐标系，使之指向样本点散布最开的 p 个正交方向，然后对多维变量系统进行降维处理，使之能以一个较高的精度转换成低维变量系统，再通过构造适当的价值函数，进一步把低维系统转化成一维系统。

主成分分析是设法将原来众多具有一定相关性变量（比如 P 个指标），重新组合成一组新的互相无关的综合指标来代替原来的指标。通常数学上的处理就是将原来 P 个指标作线性组合，作为新的综合指标。最经典的做法就是用 F_1（选取的第一个线性组合，即第一个综合指标）的方差来表达，即 $Var(F_1)$ 越大，表示 F_1 包含的信息越多。因此在所有的线性组合中选取的 F_1 应该是方差最大的，故称 F_1 为第一主成分。如果第一主成分不足以代表原来 P

个指标的信息，再考虑选取 F_2 即选第二个线性组合，为了有效地反映原来信息，F_1 已有的信息就不需要再出现在 F_2 中，用数学语言表达就是要求 $\mathrm{Cov}(F_1, F_2)=0$，则称 F_2 为第二主成分，依此类推可以构造出第三、第四，……第 P 个主成分。

二、青海省绿色经济发展水平动态评价

（一）原始数据标准化处理

首先对 4 个逆向指标进行正向化处理。由于所选取的 22 个绿色经济指标存在不同的量纲，且部分指标在数量级上有很大的差异，为了避免不同的量纲及数量级带来的影响，在进行实证分析之前对原始数据进行标准化处理（SPSS18 直接处理）。

（二）提取主成分

表 3-8　解释的总方差表

成分	初始特征值			提取平方和载入			旋转平方和载入		
	合计	方差的%	累积的%	合计	方差的%	累积的%	合计	方差的%	累积的%
1	14.857	64.988	64.988	14.857	64.988	64.988	13.414	53.88	53.88
2	6.487	18.848	83.836	6.487	18.848	83.836	8.082	26.098	79.978
3	2.464	7.656	91.492	2.464	7.656	91.492	3.313	11.513	91.492

提取方法：主成分分析。

由表 3-8 可知，前三个主成分的累计贡献率已达到 91.492%，即用这三个主成分就能反映 22 个原始变量 91.492%的信息，分别称为主成分 F_1、主成分 F_2、主成分 F_3。

（三）命名主成分

从表 3-9 的数据可以看出，和第一主成分 F_1 密切相关的是 X_1、X_3、X_5、X_6、X_8、X_{20}、X_{21}、X_{22}、X_{10}、X_{11}、X_{12}、X_{13}，这些指标与经济规模、基础设施和环境资源有关，因此 F_1 命名为经济总量因子。和第二主成分 F_2 密切相关的是 X_2、X_4、X_7、X_9、X_{14}、X_{15}、X_{16}，这些与地区产业结构有关，因此 F_2 命名为产业结构因子。和第三主成分 F_3 密切相关的是 X_{17}、X_{18}、X_{19}，这些指标与政府对绿色经济的投资有关，因此 F_3 命名为政府政策支持因子。

表 3-9 成分矩阵表

指标（ZX_i）	成分		
	1	2	3
Zscore（X_1）	0.956	0.278	-0.044
Zscore（X_2）	-0.622	0.56	0.237
Zscore（X_3）	0.937	0.328	0.026
Zscore（X_4）	-0.036	0.719	0.232
Zscore（X_5）	0.812	0.555	-0.017
Zscore（X_6）	0.968	-0.144	0.028
Zscore（X_7）	-0.88	0.424	0.088
Zscore（X_8）	0.956	0.244	-0.109
Zscore（X_9）	-0.824	0.494	0.112
Zscore（X_{10}）	0.88	-0.167	-0.189
Zscore（X_{11}）	0.138	-0.535	-0.191
Zscore（X_{12}）	0.985	0.059	-0.009
Zscore（X_{13}）	0.984	-0.025	0.026
Zscore（X_{14}）	0.323	0.924	-0.064
Zscore（X_{15}）	0.354	0.916	0.065
Zscore（X_{16}）	0.679	0.686	0.094
Zscore（X_{17}）	0.665	-0.475	0.405
Zscore（X_{18}）	0.303	-0.304	0.656
Zscore（X_{19}）	0.252	-0.19	0.786
Zscore（X_{20}）	0.772	-0.254	-0.107
Zscore（X_{21}）	0.875	-0.445	0.023
Zscore（X_{22}）	0.931	0.289	-0.061
提取方法：主成分分析。			
已提取 3 个主成分。			

（四）构造综合评价模型

用三个新变量 F_1、F_2、F_3代替原来的 22 个指标。根据主成分矩阵表（见表 3-9 所示），可以得到线性组合：

$F_1 = 0.956ZX_1 - 0.622ZX_2 + 0.937ZX_3 - 0.036ZX_4 + 0.812ZX_5 + 0.968ZX_6 - 0.88ZX_7 + 0.956ZX_8 - 0.824ZX_9 + 0.88ZX_{10} + 0.138ZX_{11} + 0.985ZX_{12} + 0.984ZX_{13} +$

$0.323ZX_{14}+0.354ZX_{15}+0.679ZX_{16}+0.665ZX_{17}+0.303ZX_{18}+0.252ZX_{19}+0.772ZX_{20}+0.875ZX_{21}+0.931ZX_{22}$

$F_2=0.278ZX_1+0.56ZX_2+0.328ZX_3+0.719ZX_4+0.555ZX_5-0.144ZX_6+0.424ZX_7+0.244ZX_8+0.494ZX_9-0.167ZX_{10}-0.535ZX_{11}+0.059ZX_{12}-0.025ZX_{13}+0.924ZX_{14}+0.916ZX_{15}+0.686ZX_{16}-0.475ZX_{17}-0.304ZX_{18}-0.19ZX_{19}-0.254ZX_{20}-0.445ZX_{21}+0.289ZX_{22}$

$F_3=-0.044ZX_1+0.237ZX_2+0.026ZX_3+0.232ZX_4-0.017ZX_5+0.028ZX_6+0.088ZX_7-0.109ZX_8+0.112ZX_9-0.189ZX_{10}-0.191ZX_{11}-0.009ZX_{12}+0.026ZX_{13}-0.064ZX_{14}+0.065ZX_{15}+0.094ZX_{16}+0.405ZX_{17}+0.656ZX_{18}+0.786ZX_{19}-0.107ZX_{20}+0.232ZX_{21}-0.061ZX_{22}$

根据以上三个主成分的权重=方差贡献率/累计贡献率，构造综合评价模型：

$$F=0.713F_1+0.206F_2+0.084F_3$$

F 为综合评价模型代入得出的 17 个综合评价值，结果见表 3-10 所示。

表 3-10 综合评价值

年份	F_1	F_2	F_3	F
2000	-0.78878	-2.1789	0.14296	-0.9732
2001	-0.95502	-1.44201	-0.10172	-0.9785
2002	-0.66789	-1.05158	-1.11122	-0.7734
2003	-0.81131	-0.35124	-0.80739	-0.7257
2004	-0.80559	-0.08978	-0.42927	-0.6441
2005	-1.03118	0.91612	-0.47989	-0.6279
2006	-0.64015	0.74586	-1.00563	-0.4122
2007	-0.70409	0.80451	1.25992	-0.2718
2008	-0.42024	0.52653	2.05644	-0.0519
2009	-0.52525	0.73995	1.76724	0.1124
2010	0.0031	0.81803	0.21126	0.1701
2011	0.50348	1.04836	-0.69998	0.5078
2012	0.91402	1.1529	-1.49766	0.7701
2013	1.11696	0.26414	-0.16627	0.8327
2014	1.30146	-0.00267	-0.37043	0.9298
2015	1.5327	-0.73151	0.52559	1.0352
2016	1.97779	-1.16869	0.70605	1.2965

（五）绘出时间序列图

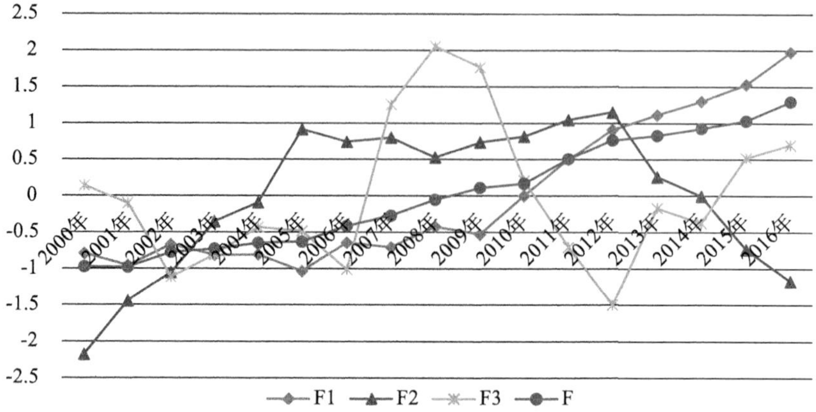

图 3-5　青海省绿色经济发展变化情况

（六）评价结果

图 3-5 直观反映出自 2000 年国家实施西部大开发以来，青海省绿色经济总体发展处于平稳上升的状态。绿色经济发展综合得分从 2000 年的-0. 9732 提高到 2016 年的 1. 2965，整个发展水平呈现出逐年上升的趋势。尤其是 2009 年以后，青海省的绿色经济发展综合得分由负值转向了正值，且增长幅度较大，充分体现出在政府政策的支持下，通过调整优化工业结构、加快基础设施建设等一系列的政策措施，对青海省绿色经济发展起到了关键性的推动作用；也充分体现了青海省进一步深入贯彻落实科学发展观，坚持走保民生、保增长、保稳定的“三保”路线，积极应对全球金融危机，并取得了经济回升、社会稳定、人民生活改善的新成绩。

从图 3-5 中也可以看出，经济总量因子 F_1 在 2000—2005 年发展规模较小且波动较小，从 2006 年开始呈上升趋势，这与青海省绿色经济发展总趋势基本吻合，说明经济总量因子对绿色经济发展起决定性作用，而经济总量提高的主要因素是经济规模扩大、基础设施不断完善和资源环境问题得到改善，人均 GDP 和城镇居民人均可支配收入的增加、城市化率和森林覆盖率的提高、单位 GDP 能耗和电耗的降低都对经济总量的提高有很大的促进作用。其他两个主因子的贡献要小得多，主要是因为经济总量的发展速度超出产业结构优化速度及政府对绿色投资的贡献力度。在 2012 年后，在国家“五位一体”总布局思想指导下，政府加大对绿色经济的投资力度，政府政策支持因子 F_3 得分迅速提高，说明绿色经济发展离不开政府宏观调控与政策支持。

图 3-5 还表明，虽然青海省绿色经济综合发展呈现较快的发展趋势，但产业结构不合理，政府对绿色经济发展的投资力度较小等因素依然制约着绿色经济的发展。说明未来青海省的绿色经济发展要在政府政策的支持下，由过去的依靠总量规模增加转向依靠产业结构调整来实现。

三、青海省各州市绿色经济发展水平对比分析

（一）原始数据标准化处理（由 SPSS18 直接处理）

（二）提取主成分

表 3-11 解释的总方差表

成分	初始特征值			提取平方和载入		
	总计	方差的%	累计的%	总计	方差的%	累计的%
1	7.607	34.578	34.578	7.607	34.578	34.578
2	5.774	26.245	60.823	5.774	26.245	60.823
3	3.601	16.367	77.190	3.601	16.367	77.190
4	2.712	12.327	89.517	2.712	12.327	89.517

由表 3-11 可知，前四个主成分的累计贡献率已达到 89.517%，即用这四个主成分就能反映 22 个原始变量 89.517%的信息，分别称为主成分 P_1、P_2、P_3、P_4。

（三）命名主成分

从表 3-12 可以看出，和第一个主成分 P_1 密切相关的是 X_1、X_3、X_8、X_{21}、X_{22}，这些指标与经济规模有关，因此 P_1 命名为经济规模因子；和第二主成分 P_2 密切相关的是 X_5、X_6、X_{12}、X_{13}、X_{20}，这些指标与社会基础设施建设有关，因此 P_2 命名为基础设施因子；和第三主成分密切相关的是 X_{17}、X_{18}、X_{19}，这些指标与政府对绿色经济的投资有关，因此 P_3 命名为政府政策支持因子；与第四主成分 P_4 密切相关的是 X_{14}、X_{15}、X_{16}，这些指标反映的是区域能源消耗和环境污染情况，因此 P_4 命名为环境压力因子。

表 3-12 成分矩阵表

指标（ZX_i）	成分			
	1	2	3	4
Zscore（X_1）	0.818	0.320	0.280	-0.361
Zscore（X_2）	-0.531	0.555	0.496	0.118

续表

指标（ZX_i）	成分			
	1	2	3	4
Zscore（X_3）	0.837	0.442	0.228	−0.073
Zscore（X_4）	0.607	−0.367	−0.122	0.594
Zscore（X_5）	0.195	0.636	0.198	0.028
Zscore（X_6）	0.364	0.722	0.148	0.489
Zscore（X_7）	−0.723	0.212	0.191	−0.615
Zscore（X_8）	0.845	0.398	0.304	0.085
Zscore（X_9）	0.103	0.516	−0.528	−0.579
Zscore（X_{10}）	0.804	−0.004	0.334	−0.444
Zscore（X_{11}）	−0.024	−0.868	0.294	−0.061
Zscore（X_{12}）	−0.473	0.690	0.254	0.347
Zscore（X_{13}）	−0.543	0.781	0.205	0.167
Zscore（X_{14}）	−0.493	0.511	−0.279	0.360
Zscore（X_{15}）	−0.709	0.349	−0.328	0.494
Zscore（X_{16}）	0.664	−0.466	0.371	0.400
Zscore（X_{17}）	−0.451	−0.168	0.850	0.074
Zscore（X_{18}）	−0.616	−0.063	0.749	0.021
Zscore（X_{19}）	−0.536	0.344	−0.377	−0.452
Zscore（X_{20}）	0.253	0.700	0.550	−0.343
Zscore（X_{21}）	0.751	0.534	−0.045	0.172
Zscore（X_{22}）	0.565	0.523	−0.618	0.091
提取方法：主成分分析。				
已提取 4 个主成分。				

（四）构造综合评价模型

用四个新的变量 P_1、P_2、P_3、P_4代替原来的 22 个指标，根据主成分矩阵表 3-12 可以得到线性组合：

$$P_1 = 0.818ZX_1 - 0.531ZX_2 + 0.837ZX_3 + 0.607ZX_4 + 0.195ZX_5 + 0.364ZX_6 - 0.723ZX_7 + 0.845ZX_8 + 0.103ZX_9 + 0.804ZX_{10} - 0.024ZX_{11} - 0.473ZX_{12} - 0.543ZX_{13} - 0.493ZX_{14} - 0.709ZX_{15} + 0.664ZX_{16} - 0.451ZX_{17} - 0.616ZX_{18} - 0.536ZX_{19} + 0.253ZX_{20} + 0.751ZX_{21} + 0.565ZX_{22}$$

$P_2 = 0.320ZX_1 + 0.555ZX_2 + 0.442ZX_3 - 0.367ZX_4 + 0.636ZX_5 + 0.722ZX_6 + 0.212ZX_7 + 0.398ZX_8 + 0.516ZX_9 - 0.004ZX_{10} - 0.868ZX_{11} + 0.690ZX_{12} + 0.781ZX_{13} + 0.511ZX_{14} + 0.349ZX_{15} - 0.466ZX_{16} - 0.168ZX_{17} - 0.063ZX_{18} + 0.344ZX_{19} + 0.700ZX_{20} + 0.534ZX_{21} + 0.523ZX_{22}$

$P_3 = 0.280ZX_1 + 0.496ZX_2 + 0.228ZX_3 - 0.122ZX_4 + 0.198ZX_5 + 0.148ZX_6 + 0.191ZX_7 + 0.034ZX_8 - 0.528ZX_9 + 0.334ZX_{10} + 0.294ZX_{11} + 0.254ZX_{12} + 0.205ZX_{13} - 0.279ZX_{14} - 0.328ZX_{15} + 0.371ZX_{16} + 0.850ZX_{17} + 0.749ZX_{18} - 0.377ZX_{19} + 0.550ZX_{20} - 0.045ZX_{21} - 0.618ZX_{22}$

$P_4 = -0.361ZX_1 + 0.118ZX_2 - 0.073ZX_3 + 0.594ZX_4 + 0.028ZX_5 + 0.489ZX_6 - 0.615ZX_7 + 0.085ZX_8 - 0.579ZX_9 - 0.444ZX_{10} - 0.061ZX_{11} + 0.347ZX_{12} + 0.167ZX_{13} + 0.360ZX_{14} + 0.494ZX_{15} + 0.400ZX_{16} + 0.074ZX_{17} + 0.021ZX_{18} - 0.452ZX_{19} - 0.343ZX_{20} + 0.172ZX_{21} + 0.091ZX_{22}$

根据权重=方差贡献率/累计贡献率，构造综合评价模型：

$$P = 0.386P_1 + 0.293P_2 + 0.183P_3 + 0.138P_4$$

P 为综合评价模型带入得出的 8 个综合评价值，结果如表 3-13 所示。

表 3-13 青海省各州市绿色经济发展水平得分排序

地区	P_1	排名	P_2	排名	P_3	排名	P_4	排名	P	排名
西宁市	0.585	2	1.518	1	0.689	3	1.478	1	2.287	1
海东市	-0.150	4	0.407	3	-0.362	4	0.547	3	1.266	3
海北州	-0.563	6	0.609	2	-0.761	6	-0.782	7	0.996	4
黄南州	-0.702	7	0.156	5	-0.510	5	-0.043	4	0.816	5
海南州	-0.303	5	0.276	4	-0.711	7	-1.065	5	0.473	6
果洛州	-1.289	8	-0.862	7	1.901	1	-0.122	6	0.439	7
玉树州	0.479	3	-1.800	8	-0.943	8	1.178	2	0.298	8
海西州	1.968	1	-0.280	6	0.728	2	-1.163	8	1.846	2

（五）评价结果

由分析可知，在青海省 8 个州市中，绿色经济发展水平综合得分西宁市排名第一，其他排名依次为海西州、海东市、海北州、黄南州、海南州、果洛州、玉树州。其中，经济规模因子海西州排名第一，基础设施因子和压力因子西宁市排名第一，政府政策支持因子果洛州排名第一。

从表 3-13 可以看出，青海省绿色经济发展存在严重的区域差异，但各州市绿色经济的发展还是由经济规模起决定性作用，这和青海省绿色经济发展的总趋势基本吻合。

P_1经济规模因子海西州表现最为突出，主要是因为青海省大部分资源型工业都集中在海西州，工业的发展带动经济规模的增长；P_2基础设施因子表现最为突出的是西宁市，西宁市凭借“省会城市”优势，在医疗、教育、绿化等方面的发展水平都比较高；P_3政府政策支持因子表现最为突出的是果洛州，近几年国家和省内出台的许多政策措施都倾向于位于三江源地区的果洛州；P_4环境压力因子表现最为突出的是西宁市，其次是海西州，这两个地区经济规模因子都比较突出，说明经济增长方式不当是造成环境问题的重要原因。

第四节　青海省绿色经济发展的制约因素

通过上述实证分析可以看出，青海省绿色经济发展主要是因为经济总量的上升，而产业结构优化和政府对绿色经济的支持度对绿色经济的贡献率不显著，区域间各因素发展不平衡，这些因素制约着绿色经济的发展。

一、发展绿色经济的保障体系不完善

现阶段，青海省尚未形成完整的能够推动绿色经济发展的地方性政策、法律法规。具体表现为：对绿色环保产业的税收优惠、财政、金融等政策体制不完善，没有突出绿色产业的特殊性，导致部分绿色经济项目融资困难；有关节能减排和环境整治的法律法规制度不完善，依然存在诸多漏洞；资源环境与经济发展之间的各项政策顾此失彼，不协调。

二、产业结构不合理，转型速度缓慢

从表 3-10 可以看出，青海省产业结构因子在 2000—2016 年波动幅度较大，发展趋势和绿色经济发展变化趋势关联性较小；表 3-10 中，经济规模因子和产业结构因子发展不一致，说明现有的产业结构不合理。

2016 年，青海省单位 GDP 能耗为 1. 60 吨标准煤/万元，虽然比上年下降了 6. 43%，但却是全国水平 0. 59 吨标准煤/万元的 2. 7 倍，说明青海省经济增长发展方式依然属于粗放型增长，而且生态旅游业、物流、信息产业、金融服务业等第三产业对绿色经济的贡献率不显著。总体上，青海省绿色经济发展的起点较低、产业间带动力不强且转型速度慢。

三、发展绿色经济相关的要素匮乏

发展绿色经济，要优化产业结构，其根本方法是将一些产能落后、污染严重、能耗大的传统产业淘汰，培育开发绿色高新技术产业和新型服务业，整个发展离不开科技创新。青海省经济虽在稳步增长，但总体规模小，财政困难，所以对科技的支出总量较小。2016 年全省在科学技术方面共支出 109010 万元，占财政支出的 0.71%，所占百分比还不到同期全国水平 2.42% 的三分之一，青海省在科技研发方面的投入力度较小，严重影响绿色经济发展。

四、绿色经济发展空间有限

青海省虽有发展绿色产业的资源优势和国土空间，但海拔 3000 米以下适宜生活和生产的区域只占全省总面积的 15.4%。特别是按照国家主体功能区划分，青海省禁止开发和限制开发区域的国土面积比重较大，仅三江源地区和青海湖流域就占了 54.54%。而生态功能区产业发展选择手段和方式必然受到很多方面的限制，加之气候与人为因素导致的水土流失、草场退化日益加重，经济贫困问题和生态破坏问题叠加，绿色农牧业发展与生态可持续性面临刚性制约，潜在的绿色资源优势难以转化为经济优势和竞争优势。

五、社会公共基础设施不完善

公共基础设施建设是经济发展的基础，对经济发展起支撑作用。从表 3-13 可以看出，基础设施因子总体水平较低，排名第一的西宁市为 1.518，排名最后的玉树州为-1.8，两地相差 3.318；而且，排名落后的玉树州、果洛州、海西州等地距省会城市西宁距离较远，其相互辐射作用较差，落后的基础设施很难满足新型工业化和社会发展的需求，严重制约着青海省绿色经济的发展。

六、区域间发展不平衡

首先，资源禀赋不均，严重限制了绿色经济的发展；其次，青海省 8 个州市工业基础、技术条件的差异也导致区域间发展不平衡；再次，生态建设政策的倾斜力度不同也是区域间绿色经济发展水平差异的原因。

第五节　促进青海省绿色经济发展的对策建议

绿色转型是一个长期、艰巨、复杂的系统工程，需要政府、企业、消费者等各部门的共同努力，也需要相应的改革和创新，通过完善经济体系、调整产业结构升级、加强区域合作、增加科技投入以及树立新的理念来共同推进青海省实现绿色经济的长效发展机制，具体建议如下：

一、充分发挥政府的宏观调控能力

首先，国家要给予制度和政策支持，为青海省各地区制定有针对性的、倾斜的政策，通过转移支付帮助完善公共基础设施，给予技术和资金的援助，为青海省绿色经济发展提供良好的发展环境。其次，发挥政府的调节作用，推进形成主体功能区，明确不同区域的主体功能，实行“区域限批”项目。加大对环保科技的投入比重，大力支持节能产品、环保产品、绿色食品等绿色产品的研发和生产，调动企业和社会各阶层发展绿色经济的积极性。对未按规定完成节能减排和降耗去污的企业依法进行处罚，如吊销生产许可证、吊销排污许可证等。尽快完善税收、财政、信贷等配套设施的建设。最后，政府应建立专项基金，开展绿色经济发展试点。

二、加快产业结构优化升级

调整传统产业结构。通过高新技术和先进实用技术对传统产业进行升级改造。推动石油、电力、有色金属和盐化工四大支柱产业在升级改造中实现新一轮扩张。加强对支柱产业在研发、生产过程中薄弱环节的扶持力度，提高生产效率，促进传统产业的绿色改造。发展壮大龙头企业，促进产业集群发展，提升市场占有率。

培育发展新型绿色产业。一是依托资源优势，发展新能源、新材料等节能环保产业，建立高效的绿色循环工业体系。二是发展特色旅游业，青海省拥有涉及自然、地理、民族、宗教、历史等众多领域的世界极品旅游资源，吸引着海内外众多旅游者。这些都是青海省发展旅游业的优势，只要青海的旅游设施改善和宣传促销得力，这些需求就会变成现实的消费市场。三是大力发展绿色农牧业，构建集约型绿色生态农牧业体系。加快绿色农牧产业基地建设，建立示范园区，健全绿色农牧业推广体系，做好农牧业技术推广工作。

三、建立绿色科技创新体系

科学技术是第一生产力，发展绿色经济，科技支撑和人才是关键。加大绿色科技研发的财政投入力度和政府政策倾斜力度，积极与青海省各大高校联合，为发展绿色经济培育高科技人才。积极建立以企业为主体、以市场为导向、产学研相结合的创新体系，加快对新能源、环保节能等绿色产业的投资与培养。把青海高新科技开发区作为发展绿色经济的创新示范区，培育新能源、新材料等节能环保产业，提高资源利用率。鼓励企业自主创新，对能自主研发新技术的企业，政府要给予政策支持和奖励。

四、积极倡导绿色发展理念

在生产领域，倡导绿色生产理念。彻底摒弃先污染后治理的思想，引导企业正确处理好环境保护与经济效益之间的关系，把环保工作融入企业中心工作之中。企业在发展过程中要注重节能减排、注重低碳环保、注重环境效益。在生活领域，倡导绿色消费理念。充分利用各种媒体，进行绿色消费的宣传，鼓励群众购买绿色环保产品。绿色消费不仅可以带动绿色产业的发展，还能提高公众的环保意识。

参考文献

[1] 张小刚．长株潭城市群绿色经济发展的制约因素及路径选择［J］．湘潭大学学报，2011，35（5）：87-90.

[2] 赵彦云，林寅，陈昊．发达国家建立绿色经济发展测度体系的经验及借鉴［J］．经济纵横，2011（1）：11-34.

[3] 薛珑．绿色经济发展测度体系的构建［J］．统计与决策，2012（18）：21-24.

[4] 向书坚，郑瑞坤．中国绿色经济发展指数研究［J］．统计研究，2013，30（3）：72-77.

[5] 丁刚，陈奇玲．绿色经济的涵义及评价指标体系的构建［J］．太原理工大学学报（社会科学版），2014，32（1）：1-4.

[6] 曾贤刚，毕瑞亨．绿色经济发展总体评价与区域差异分析［J］．环境科学研究，2014，27（12）：1564-1570.

[7] 刘倩，郭晓梅．绿色经济发展评价指标体系的构建［J］．企业导报，

2015（17）：1-2.

[8] 戴鹏．青海省绿色发展水平评价体系研究［J］．青海社会科学，2015（3）：170-177.

[9] 任海静，丁生喜，王霞．青海省绿色经济发展研究［J］．价值工程，2018（16）.

第四章
chapter 4

柴达木盆地绿色经济发展研究

第一节　青海省绿色发展与柴达木盆地发展绿色产业

绿色发展是指在经济社会从工业文明向生态文明发展过程中，将经济系统纳入生态系统来实现物质循环、能量转换、信息传递和价值增值的发展模式。这种模式能够使人类经济发展和自然生态系统相互适应、相互促进，从而达到生态与经济两个系统的良性循环和经济、生态、社会三大效益的高度统一。

一、青海省绿色发展的要求

（一）发展规律强调自然高于经济

要求把生态环境问题统筹到经济社会决策之中，使自然规律、生态规律约束经济规律、市场规律的作用得到充分发挥，按照自然规律的要求对经济社会系统进行革命性的重组和调整，按照自然生态系统物质循环和能量流动规律重构人类的经济活动和能量利用系统，使人类的活动和谐地置于自然生态系统的物质循环过程中，最终实现环境代谢的“零排放”“零污染”。

（二）发展过程强调生态健康

绿色发展的核心强调生命支持系统是财富之源，经济社会发展要以不损害生命支持系统服务功能和健康状况为前提。要求把人类福利的提高作为经济发展目的的同时，应该把“生态健康”摆在突出位置，把生态服务功能是否随着国家财富的增长而得到加强、生态系统是否实现了由被动的生态治理到主动的生态修复、由严峻的生态赤字到丰裕的生态盈余的根本转变，作为判断是否实现绿色发展的基本依据。

（三）发展结果强调环境的可持续性

绿色发展强调在各层面各领域推行有利于环境保护的生产方式、消费方式，强调人类的生产和消费活动与自然生态环境系统要协调可持续发展，强调综合运用技术、经济、管理等多种措施降低经济社会的环境影响，走清洁生产、绿色生活与绿色消费等为特征的新发展模式。

二、青海省绿色发展的重要意义

（一）绿色发展符合青海生态资源特色的全新发展理念

青海有着极其重要的生态地位，青海的生态环境极其脆弱和敏感，一旦破坏将很难恢复。随着人类社会的发展，良好的生态环境作为一种重要公共产品，越来越受到政府和民众的高度重视。青海作为中国最重要的生态功能区之一，不仅能为全国提供水源涵养、气候调节、固碳释氧等重要公共产品，其充足的阳光、清新的空气、干净的水源、无污染的环境，还能为生态产业发展提供理想条件。可见，着力发展生态产业和绿色经济，是青海发挥生态优势、实现生态价值的必然要求。因此，青海绿色发展就是要通过发展循环经济、生态经济、绿色经济，实现经济与社会、人与自然的协调、均衡、可持续发展。

（二）绿色发展为青海省和谐发展、统筹发展指明了方向

青海独特而重要的生态地位以及世界产业发展的新潮流共同决定了青海的科学发展必须强调绿色发展。一方面，青海生态地位极其重要却又脆弱，承担着保护与建设中华民族生态屏障的历史重任，这既是一份光荣，也是一种硬约束。它要求青海必须将保护自然环境、维护生态安全视为发展的基本要素，在制度安排、思想意识、生产方式和行为方式之中，发展路径、模式、举措等方面的选择上必须首先考虑环境保护与生态建设的需要。另一方面，青海是资源大省，随着要素成本上升、资源环境约束增强、产业竞争加剧，传统发展方式面临着严峻挑战，加快发展与生态保护的矛盾日益突出，实现人口、经济、资源、环境协调发展的任务十分艰巨。所以，要改变资源开发利用方式仍然比较粗放的现状，必须围绕节约资源来改善要素投入结构、发展循环经济、推进技术创新、完善体制机制，从而全面提升资源能源利用率和加工增值水平，实现资源开发利用从粗放向综合转型。因此，只有坚持绿色发展这一方向，努力在生态农牧业、生态旅游业，特别是培育壮大新能源

新材料产业上取得实质性突破，才能抓住经济结构调整的关键点，抢占绿色经济的制高点，在新一轮发展中赢得先机、把握主动，才能促进形成节约能源资源和保护生态的产业结构和消费模式，切实转变发展方式，避免传统工业化形态对生态、环境、资源等的负效应，从而落实生态立省战略。

（三）绿色发展促进青海省可持续发展

青海省结合资源节约和环境保护职能，大力发展循环经济和绿色产业，促进经济增长方式的转变，实现经济与资源、环境的可持续发展。研究区域产业与资源、环境协调发展的重大问题，组织拟定资源节约和综合利用、发展循环经济与绿色产业的规划和相关措施，并协调实施；编制环境保护、区域协调发展等规划；协调清洁生产促进和环保产业有关工作；组织协调重大节能减排示范工程和新产品、新技术、新设备的推广应用。扶持区域绿色高技术产业的快速发展，组织重大产业化示范工程的实施并推动技术创新和产学研联合，推动传统产业的优化升级，在光伏产业、新材料产业、高原优势特色生物资源开发与利用、现代农牧业等领域不断取得突破。通过以上措施，促进经济增长方式的转变，改变先污染后治理的发展状况，实现经济与资源、环境的可持续发展，提高经济发展质量。

（四）绿色发展促进青海省和谐发展

工业革命以来新兴科学技术不断发展，西方发达国家工业化程度得到了很大的提升，物质文明发展也取得了很大的进步。中国的工业化起步于20世纪50年代，飞速发展期在改革开放以后。由于我国在发展期偏重GDP的增长水平，而忽视了对生态环境的保护和自然资源的综合利用，也忽视了工业化过程中需要遵循的生态规律，伴随经济的快速发展，生态环境遭到了破坏。

青海省作为西部欠发达省份，经济发展依然落后。因此，一方面，从青海省的实际出发，仍然需要加快工业化进程；另一方面，要认真考虑生态环境的现实和可持续发展的需要。青海省自然资源富集，在实现工业化的过程中，必须以“生产发展、生活富裕、生态良好”为目标，尊重自然生态规律，将工业化纳入生态文明建设的整体中全盘考虑，让工业化具有良好的生态环境基础，让生态文明建设得到工业化的支持，走一条新型的工业化道路，实现工业化、经济发展和生态保护和谐，有机统一。

三、青海省绿色产业统筹发展的思路

青海省通过对传统生产方式进行生态化改造，按照建立资源节约型和环境友好型社会的要求，大力发展生态经济。通过发展生态产业，使生态经济在农业、工业、服务业等产业领域得到充分体现，实现工业、农业与第三产业统筹发展，实现城市与农牧区统筹发展。

（一）发展生态农牧业

以资源的永续利用和生态环境保护为前提，根据生物和环境相协调适应、物种优化组合、能量物质高效运转、输入输出平衡等原理，运用系统工程方法，依靠现代科学技术和社会经济信息的输入组织生产。通过食物链网络化、农业废弃物资源化，发挥资源潜力和物种多样性优势，建立良性物质循环体系，促进农业持续稳定的发展，实现经济、社会、生态效益的统一。

（二）发展生态工业

生态工业要求工业生产改变以往对化石能源的完全依赖，逐步使用清洁能源、可再生能源；改变以往由“资源—产品—废弃物”的线性物质交换模式，逐步向“资源—产品—再生资源”这样一种循环型物质交换模式转变；减少废弃物排放，甚至达到零排放；实现生产过程的生态化，工业产品的生态化，从而提高生产效率，降低资源的使用量，减少浪费，达到所有物质循环利用的目的。

（三）发展绿色服务业

在交通、商业、餐饮等服务行业，倡导绿色交通，杜绝餐桌浪费。在服务行业推行使用可循环消耗品等理念，使城镇成为干净、环保的聚居地。

青海省大力发展生态经济，特别是发展循环经济和绿色产业，以最有效的利用自然资源、切实保护生态环境为基础，改革生产方式，将经济社会发展建立在生态环境可以承受的基础之上，在保证自然再生产的前提下扩大经济再生产，优化产业结构，不断提高资源更新和环境承载能力，不断增强经济实力，形成生态上和经济上的良性循环，实现经济、社会、资源环境协调发展的经济体系，既不为加速经济发展而牺牲生态环境，也不为单纯保护环境而放弃经济发展。

四、柴达木盆地绿色产业发展的意义

西部大开发是国家战略，是国家实现西部地区经济发展、缩小东西差距的重要手段，对全面推进社会主义建设有着重要的意义。从国家实施西部大开发战略以来，青海经济社会进入了快速发展、结构转型的关键阶段。在经济保持较快发展的同时，工业在全省经济发展中的比重不断增加，地位持续上升，为青海省经济社会全面发展奠定了基础。柴达木盆地行政区划属于青海省海西蒙古族藏族自治州，是全国三大盆地之一，也是中国地势最高的内陆盆地。依托丰富的盐湖资源、石油天然气、有色金属和非金属等矿产资源，形成了典型的资源密集型经济结构，柴达木盆地在青海省经济发展中具有举足轻重的地位。

发展绿色产业和循环经济是柴达木地区推进新型工业化进程，优化经济结构，从根本上形成从“量”的扩张到“扩量提质”转变的必由之路，是实施生态立省战略，提高可持续发展能力，建设生态文明的客观要求，是发挥后发优势，缩小与发达地区差距的必然选择。特别是 2010 年 3 月，国务院批复实施《青海省柴达木循环经济试验区总体规划》，柴达木循环经济发展由地方发展战略上升为国家战略，进一步明确了试验区的发展定位，指出柴达木地区是国家西部大开发特色优势产业基地，是青海省经济社会发展最具活力的区域，是青海省地方实施三江源保护的主要经济来源和财力支撑地区，也是青藏高原地区重要的新型工业基地和高原特色产业发展的核心地区，是支撑全省经济社会可持续发展的重要增长极，承担着支撑青海省经济社会和谐发展的重任；试验区对全国循环经济发展特别是区域型、资源综合开发利用型循环经济发展有着重要的示范意义，对西部大开发战略的实施和青海省经济的发展有着重要意义。

从绿色发展的内涵上讲，包括资源节约、提高能源效率、绿色消费、环境友好、可持续发展、以人为本等。不断产生的生态环境破坏，既阻碍盆地经济可持续发展，也是全面建设小康社会的重大隐忧。柴达木盆地发展绿色产业有助于实现资源节约、促进环境友好、实现舒适宜居。

（一）实现资源节约

通过绿色产业发展，在生产、流通、消费等领域，在经济和社会发展方面，切实保护和合理利用各种资源，提高资源利用效率，以尽可能少的资源消耗获得大的经济效益和社会效益。在生产和消费过程中，充分利用回收各种废弃物，用尽可能少的资源、能源（或用可再生资源），创造更多的财富。

（二）促进环境友好

通过绿色产业发展，采取有利于环境保护的生产方式、生活方式、消费方式，建立人与环境良性互动的关系。主要包括：无污染或低污染的技术、工艺和产品；对环境和人体健康无不利影响的各种开发建设活动；符合生态条件的生产力布局；少污染与低损耗的产业结构；持续发展的绿色产业；人人关爱环境的社会风尚和文化氛围。

（三）实现舒适宜居

通过绿色产业发展，建设良好的居住和空间环境、人文社会环境、生态与自然环境和清洁高效的生态环境居住地。舒适宜居是一个全方位的概念，强调城市发展在经济、社会、文化、环境等各个方面的协调发展，人们在此工作、生活和居住都感到满意，并愿意长期继续居住下去。

第二节　柴达木盆地德令哈市农牧业可持续发展评价

农牧业可持续发展的核心思想是农牧业的发展，应该建立在生态可持续、社会可持续和资源环境可持续的基础上。对可持续发展评价的方法很多，如净初级生产力的人类占用法、生态足迹法、能值法、综合指标体系法等。

德令哈市位于柴达木盆地的东北缘，拥有特色的资源禀赋，平均海拔为2980米，总面积2.77万平方公里。西部大开发以来，德令哈市工业化进程加快，城镇化发展迅速，农牧业经济也得到快速发展。但是，伴随农牧业经济的发展，也存在过度消耗生态环境资源，忽略了发展过程中产生的各种环境污染问题。因此，本节通过建立德令哈市农牧业可持续发展评价指标体系，运用熵权灰色关联 TOPSIS 法对德令哈市农牧业可持续发展水平进行动态评价，并引入障碍度模型对影响德令哈市农牧业可持续发展的障碍因子进行测算，探索农牧业可持续发展的绿色道路。

一、农牧业可持续发展指标体系的构建

构建指标体系时，充分考虑经济发展的持续性可以确保德令哈市在较长时间内维持一个较高的投入产出水平，从而确保粮食安全，是可持续发展的核心；社会发展的持续性则可以保证实现农业发展所需社会环境的良性发展，是农业可持续发展的最终目标；资源环境发展的持续性是农牧业持续发展的必要条件，是实现农牧业可持续发展的根本保证。为准确评估德令哈市2000—2016年农牧业可持续发展水平的动态变化，在设置各项具体评价指标时，充分考虑指标选择的系统性、科学性和数据的可获得性原则，并借鉴学术界已有的研究成果，构建了德令哈市农牧业可持续发展评价指标体系（见表4-1），相关原始数据主要来自《青海省统计年鉴（2001—2017）》和《海西州统计年鉴（2014—2016）》。

二、评价方法及步骤

（一）熵权法确定指标权重

（1）原始数据的收集与整理：

假设农牧业可持续发展评价体系中有 m 个评价单元，n 个评价指标，设评价矩阵为：

$$X=(x_{ij})_{m\times n}, \quad (0\ll i\ll m, \; 0\ll j\ll n) \tag{4-1}$$

其中 x_{ij} 表示第 i 个评价单元第 j 项评价指标的数值。

（2）指标无量纲化处理：

指标无量纲化处理采用极值法，对于正向型指标和逆向型指标的处理方法分别如式（4-2）所示。

$$x'_{ij}=\frac{x_{ij}-x_{\min}}{x_{\max}-x_{\min}}, \quad x'_{ij}=\frac{x_{\max}-x_{ij}}{x_{\max}-x_{\min}} \tag{4-2}$$

其中 x_j 为第 j 项指标值，$x_{\max}$ 为第 j 项指标的最大值，而 $x_{\min}$ 为第 j 项指标的最小值，x'_{ij} 为其标准化值。为消除标准化后的指标值对对数计算的影响，需要对 x'_{ij} 进行坐标平移，其公式为：

$$y_{ij}=x'_{ij}+A，本文中 A 取 0.0001 \tag{4-3}$$

（3）计算第 j 项指标下第 i 年份指标值的比重 p_{ij}：

$$p_{ij}=\frac{y_{ij}}{\sum_{i=1}^{m} y_{ij}}, \quad (0\ll p_{ij}\ll 1) \tag{4-4}$$

（4）计算第 j 项指标的信息熵值 e_j：

$$e_j=-K\sum_{i=1}^{m} p_{ij}\ln p_{ij}, \quad \left(K 为常数，K=\frac{1}{\ln m}，本文 m=17\right) \tag{4-5}$$

（5）计算第 j 项指标的信息效用值 d_j：

$$d_j=1-e_j \tag{4-6}$$

（6）计算评价指标权重：

$$w_j=\frac{d_j}{\sum_{i=1}^{m} d_j} \tag{4-7}$$

$$w'_j=\frac{w_j}{\sum_{i=1}^{e} w_j} \tag{4-8}$$

式中，w_j 为第 j 项指标的总排序权重，w'_j 为各子系统（准则层）中第 j

项指标的单排序权重，e 为各准则层中评价指标的个数。

具体计算结果见表 4-1。

表 4-1 德令哈市农牧业可持续发展指标体系及指标权重

目标层	准则层	指标层	总排序权重 w_j	单排序权重 w'_j	指标属性
农牧业可持续发展水平 A	农牧业经济发展 B_1（0.5757）	地区生产总值 X_1（亿元）	0.0363	0.0630	正
		第一产业增加值 X_2（万元）	0.0558	0.0970	正
		粮食产量 X_3（吨）	0.0131	0.0227	正
		肉类产量 X_4（吨）	0.0397	0.0689	正
		工业企业 X_5（个）	0.1020	0.1771	正
		农林水事务支出 X_6（万元）	0.0619	0.1076	正
		第一产业增加值占 GDP 比重 X_7（%）	0.0298	0.0517	正
		农业科技人员数 X_8（人）	0.0239	0.0415	正
		年末金融机构存款余额 X_9（万元）	0.0519	0.0902	正
		涉农贷款 X_{10}（万元）	0.1414	0.2456	正
		农机总动力 X_{11}（万千瓦特）	0.0200	0.0348	正
	农牧区社会发展 B_2（0.2098）	地区总人口 X_{12}（万人）	0.0290	0.1381	正
		城镇化率 X_{13}（%）	0.0416	0.1983	正
		农村居民人均纯收入 X_{14}（元）	0.0524	0.2496	正
		普通中学生在校人数 X_{15}（人）	0.0218	0.1037	正
		境内通公路和铁路里程数 X_{16}（公里）	0.0164	0.0780	正
		农村用电量 X_{17}（万千瓦时）	0.0277	0.1322	正
		通电话的村所占比重 X_{18}（%）	0.0089	0.0426	正
		通有线电视的村所占比重 X_{19}（%）	0.0121	0.0575	正
	农牧区资源环境发展 B_3（0.2145）	农作物播种面积 X_{20}（公顷）	0.0469	0.2184	正
		森林覆盖率 X_{21}（%）	0.1061	0.4947	正
		人均造林面积 X_{22}（公顷/人）	0.0206	0.0962	正
		单位耕地化肥施用量（折纯）X_{23}（吨）	0.0245	0.1142	负
		单位耕地农药使用量 X_{24}（吨）	0.0164	0.0765	负

从德令哈市可持续发展水平评价指标权重分布上看，对可持续发展能力评估有重要影响的指标为涉农贷款、农林水事务支出、第一产业增加值等反

映农牧业经济发展的指标；农村居民人均纯收入、城镇化率等反映农牧区社会发展的指标；森林覆盖率等反映农牧区资源环境发展的指标。权重大于 0.04 的值有 9 个，其中农牧业经济发展的有 5 个，农牧区社会发展的有 2 个，农牧区资源环境发展的有 2 个，由此说明，在构成德令哈市可持续发展系统的子系统中，经济子系统最为重要，德令哈市实现可持续发展的首要条件是加大对农牧业的财政支持，大力发展生产力，努力提高和改善农牧民的生活水平；同时，加强人口素质建设和基础设施建设。在本次研究中，由于考虑到数据获取的准确性及方便性，对于反映资源环境发展的指标选取的数量较少，所以虽然在农牧区资源环境发展中，只有 2 个指标的权重超过了 0.04，但是如果结合农牧区资源环境发展指标的总数来看，这 2 个指标在其中所占的比重是比较大的，这表明资源环境对于德令哈市农牧业可持续发展的影响是不可忽视的，发展的可持续性是指人类的经济和社会的发展不能超越了资源和环境的承载能力，所以在研究德令哈市农牧业可持续发展时必定不能忽略资源环境的发展。

（二）基于灰色关联 TOPSIS 法的农牧业可持续发展评价模型

（1）计算加权规范化矩阵：

$$A=(a_{ij})_{m\times n} \tag{4-9}$$

（2）确定正理想解 A^+ 和负理想解 A^-：

$$A^+=\{\max a_{ij} \mid i=1,2,\cdots,m\}=\{a_1^+,a_2^+,\cdots,a_n^+\} \tag{4-10}$$

$$A^-=\{\min a_{ij} \mid i=1,2,\cdots,m\}=\{a_1^-,a_2^-,\cdots,a_n^-\} \tag{4-11}$$

（3）计算各评价单元到正负理想解的欧氏距离 l_i^+ 和 l_i^-：

$$l_i^+=\sqrt{\sum_{j=1}^{n}(a_{ij}-a_j^+)^2}\quad(i=1,2,\cdots m) \tag{4-12}$$

$$l_i^-=\sqrt{\sum_{j=1}^{n}(a_{ij}-a_j^-)^2}\quad(i=1,2,\cdots m) \tag{4-13}$$

（4）计算各评价单元与正负理想解的灰色关联系数 f_{ij}^+ 和 f_{ij}^-：

$$f_{ij}^+=\frac{\min|a_j^+-a_{ij}|+\beta\max|a_j^+-a_{ij}|}{|a_j^+-a_{ij}|+\beta\max|a_j^+-a_{ij}|} \tag{4-14}$$

$$f_{ij}^+=\frac{\min|a_j^--a_{ij}|+\beta\max|a_j^--a_{ij}|}{|a_j^--a_{ij}|+\beta\max|a_j^--a_{ij}|} \tag{4-15}$$

（5）计算各评价单元与正负理想解的灰色关联度 r_j^+ 和 r_i^-：

$$r_i^+=\frac{1}{n}\sum_{j=1}^{n}f_{ij}^+,\quad r_i^-=\frac{1}{n}\sum_{j=1}^{n}f_{ij}^- \tag{4-16}$$

（6）分别对欧氏距离l_i^+、l_i^-和灰色关联度r_j^+、r_i^-进行无量纲化处理：

$$R_i^+=\frac{r_i^+}{\max r_i^+},\ R_i^-=\frac{r_i^-}{\max r_i^-} \tag{4-17}$$

$$L_i^+=\frac{l_i^+}{\max l_i^+},\ L_i^-=\frac{l_i^-}{\max l_i^-} \tag{4-18}$$

（7）将无量纲化处理过的欧氏距离和灰色关联度进行合并：

$$k_i^+=\alpha_1 R_i^+ + \alpha_2 L_i^-,\ k_i^-=\alpha_1 R_i^- + \alpha_2 L_i^+ \tag{4-19}$$

其中，$\alpha_1+\alpha_2=1$，且α_1、$\alpha_2 \in$［0，1］，分别表示位置的接近程度与形状的相似程度所占的比重。k_i^+综合反映了评价单元与理想方案的接近程度，其值越大方案程度越优；k_i^-综合反映了评价单元与理想方案的接近程度，其值越大方案程度越劣。

（8）计算方案相对贴近度Y_i：

$$Y_i=\frac{k_i^+}{k_i^+ + k_i^-} \tag{4-20}$$

该值表示了第 i 个评价单元与最优理想解的相对接近程度，贴近度越大，方案越优；反之，贴近度越小，方案越劣[9]。

（三）障碍度模型

在农牧业可持续发展水平评估的基础上，引入障碍度模型，诊断影响农牧业可持续发展的障碍因子，有利于为实现农牧业可持续发展提供针对性的建议。具体方法是引入因子贡献度、指标偏离度和障碍度 3 个指标进行分析诊断。

$$I_j=1-x'_{ij} \tag{4-21}$$

$$O_j=\frac{I_j \times w_j}{\sum_{j=1}^{n} I_j \times w_j} \tag{4-22}$$

其中：因子贡献度即单因素对总目标的权重w_j；偏离度I_j即单项指标与农牧业可持续发展目标之间的差距；障碍度O_j表示单项指标对农牧业可持续发展的影响程度；x'_{ij}为采用极值法得到的标准化值。

三、结果与分析

（一）德令哈市农牧业可持续发展水平评价结果与分析

依据式（4-9）和式（4-20）得出表 4-2，为了反映德令哈市农牧业可持续发展水平的动态变化，根据表 4-2 中的综合评价数据做图 4-1。

表 4-2 德令哈市农牧业可持续发展及其水平

年份	综合评价		经济发展评价		社会发展评价		资源环境评价	
	贴近度	发展水平	贴近度	发展水平	贴近度	发展水平	贴近度	发展水平
2000	0. 3686	中级	0. 3420	中级	0. 3615	中级	0. 3827	中级
2001	0. 4325	中级	0. 4462	中级	0. 3735	中级	0. 3799	中级
2002	0. 4356	中级	0. 4516	中级	0. 3770	中级	0. 3737	中级
2003	0. 3609	中级	0. 3154	中级	0. 4220	中级	0. 3508	中级
2004	0. 3391	中级	0. 2941	较差	0. 3520	中级	0. 3681	中级
2005	0. 3395	中级	0. 2983	较差	0. 3405	中级	0. 3689	中级
2006	0. 3519	中级	0. 3293	中级	0. 3720	中级	0. 3500	中级
2007	0. 3461	中级	0. 3107	中级	0. 3812	中级	0. 3485	中级
2008	0. 3719	中级	0. 3502	中级	0. 3966	中级	0. 3697	中级
2009	0. 3716	中级	0. 3517	中级	0. 4142	中级	0. 3454	中级
2010	0. 3933	中级	0. 3810	中级	0. 4086	中级	0. 3841	中级
2011	0. 5319	中级	0. 5724	中级	0. 4502	中级	0. 4256	中级
2012	0. 4419	中级	0. 4362	中级	0. 4742	中级	0. 4115	中级
2013	0. 5359	中级	0. 4683	中级	0. 6452	良好	0. 6387	良好
2014	0. 5533	中级	0. 4948	中级	0. 7100	良好	0. 6341	良好
2015	0. 5623	中级	0. 5144	中级	0. 7285	良好	0. 6281	良好
2016	0. 5744	中级	0. 5350	中级	0. 7444	良好	0. 6320	良好

注：贴近度 0~0. 3 为较差水平，0. 3~0. 6 为中级水平 0. 6~0. 8 为良好水平，0. 8~1 为优质水平。

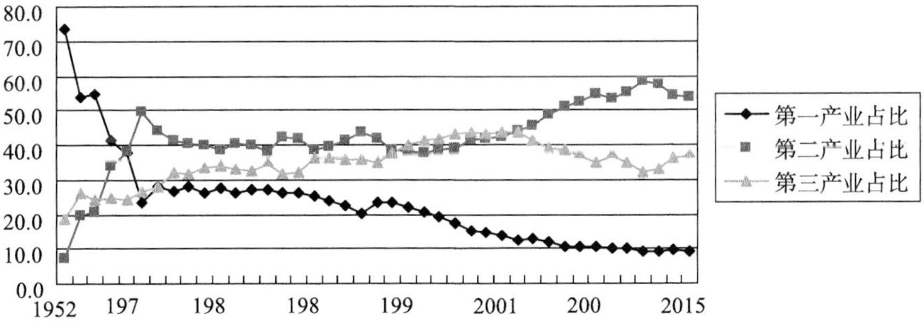

图 4-1 2000—2016 年德令哈市农牧业可持续发展水平

从图 4-1 中可以清楚地看到 2000—2016 年德令哈市农牧业可持续发展水平呈波动状，波动幅度不大且总体呈上升趋势，农牧业可持续发展状态总体较好，发展势头良好，可持续发展水平不断提高。2000 年德令哈市农牧业可持续发展指数为 0. 3686，经过几年的发展，经济状况和社会环境均有较大改善，2016 年农牧业可持续发展指数达到 0. 5744，表明了西部大开发以来农牧业可持续发展水平有所提高，不过仍然没有改变其处于中级水平阶段的状况。本节从构成农牧业可持续发展指标体系的三大子系统方面进行进一步的分析评价。

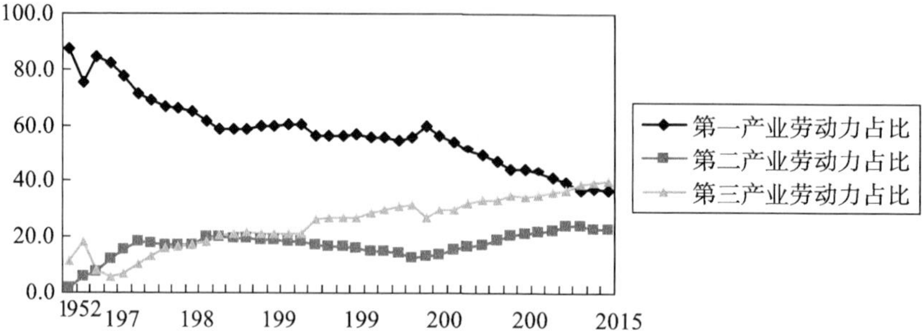

图 4-2　2000—2016 年德令哈市农牧业各子系统发展水平

1. 德令哈市农牧业经济发展水平分析

2000—2016 年德令哈市农牧业经济发展水平评价结果如图 2 所示，可以看出德令哈市农牧业经济发展水平走势与农牧业可持续发展水平走势基本相同，呈波动状，2011 年有 1 个上升的峰值，之后有小幅下降，但总体还是有所提高。结合表 4-2 可以看到，德令哈市农牧业经济发展指数由 2000 年的 0. 342 增长到 2016 年的 0. 535，增长了 56. 4%，但是德令哈市农牧业经济发展仍然处于中级水平，平均年增长率为 2. 84%。第一产业增加值占 GDP 比重的减少和农业科技人员数的不稳定性是阻碍农牧业经济发展水平提高的主要原因。

2. 德令哈市农牧区社会发展水平分析

2000—2016 年德令哈市农牧区社会发展水平评价结果如图 4-2 所示，可以看出在评价期间德令哈市农牧区社会发展指数呈较为平稳的上升趋势。表 4-2显示德令哈市农牧区社会发展水平指数由 2000 年的 0. 3615 上升到 2016 年的 0. 7444，增长了 105. 9%，发展水平由中级上升到良好。从基础指标变化来看，反映人口发展和基础设施的各项指标都有所增加，说明人口发展和基础设施建设促进农牧区社会发展。

3. 德令哈市农牧区资源环境发展水平分析

2000—2016 年德令哈市农牧区资源环境发展水平评价结果如图 4-2 所示，可以看出评价期间德令哈市农牧区资源环境发展指数呈波动状，总体为上升趋势，结合表 4-2 可以发现，资源环境发展水平指数由 2000 年的 0.3827 增长到 2016 年的 0.632，年平均增长率为 3.18%，发展水平由中级上升到良好。究其原因，西部大开发以来德令哈市政府加强对生态环境的保护，鼓励广大牧区发展生态畜牧业，通过退耕还林、减少畜牧放养等方法实现生态环境的自我修复，成效比较显著。

（二）德令哈市农牧业可持续发展障碍因子诊断与分析

德令哈市农牧业可持续发展水平评估和障碍度诊断可以为提升农牧业可持续发展水平提供参考方向，为制定相关调控政策提供参考依据。本节在农牧业可持续发展水平评价的基础上，开展农牧业可持续发展障碍度研究，通过障碍因子诊断、障碍度排序，分析影响农牧业可持续发展的主要指标，并列出各年障碍度大小排名前五的各项障碍因子，见表 4-3。

表 4-3 德令哈市农牧业可持续发展障碍因子及障碍度

年份	项目	指标排序				
		1	2	3	4	5
2000	障碍因素	X_{10}	X_{21}	X_5	X_6	X_2
	障碍度	16.60%	12.85%	11.45%	7.50%	6.68%
2001	障碍因素	X_{10}	X_{21}	X_6	X_2	X_9
	障碍度	18.78%	14.11%	8.19%	7.42%	6.83%
2002	障碍因素	X_{10}	X_{21}	X_6	X_2	X_9
	障碍度	18.88%	14.17%	8.27%	7.37%	6.79%
2003	障碍因素	X_{10}	X_{21}	X_5	X_6	X_2
	障碍度	17.11%	12.85%	10.09%	7.44%	6.53%
2004	障碍因素	X_{10}	X_{21}	X_5	X_6	X_2
	障碍度	16.58%	12.17%	11.83%	7.15%	6.31%
2005	障碍因素	X_{10}	X_{21}	X_5	X_6	$X_{14}X_2$
	障碍度	16.60%	12.22%	11.72%	7.16%	6.17%
2006	障碍因素	X_{10}	X_{21}	X_5	X_6	X_2
	障碍度	17.20%	12.66%	12.22%	7.37%	6.31%
2007	障碍因素	X_{10}	X_{21}	X_5	X_6	X_2
	障碍度	16.83%	12.55%	12.04%	6.99%	6.05%
2008	障碍因素	X_{10}	X_{21}	X_5	X_6	X_2
	障碍度	18.03%	13.45%	12.91%	6.76%	6.16%
2009	障碍因素	X_{10}	X_{21}	X_5	X_6	X_2
	障碍度	17.37%	13.43%	12.89%	6.23%	6.03%
2010	障碍因素	X_{10}	X_{21}	X_5	X_2	X_{13}
	障碍度	19.44%	13.85%	13.75%	5.65%	5.41%
2011	障碍因素	X_5	X_{21}	X_{13}	X_6	X_2
	障碍度	19.43%	19.12%	7.81%	6.73%	6.73%
2012	障碍因素	X_{10}	X_5	X_{21}	X_{13}	X_2
	障碍度	21.13%	15.71%	15.57%	6.61%	4.55%

续表

年份	项目	指标排序				
		1	2	3	4	5
2013	障碍因素	X_{10}	X_5	X_{23}	X_4	X_7
	障碍度	29.90%	21.71%	5.47%	4.45%	4.26%
2014	障碍因素	X_{10}	X_5	X_{23}	X_{22}	X_4
	障碍度	34.11%	24.34%	6.27%	4.55%	3.61%
2015	障碍因素	X_{10}	X_5	X_{23}	X_{22}	X_{24}
	障碍度	36.64%	26.24%	6.82%	4.85%	4.52%
2016	障碍因素	X_{10}	X_5	X_{23}	X_{22}	X_7
	障碍度	40.86%	28.58%	7.66%	5.34%	5.14%

从表4-3可以看出，2000—2016年障碍因子中反映经济发展水平的指标占58.33%，反映资源环境发展水平的指标占33.33%，反映社会发展水平的指标占8.33%；由此可知经济子系统中的评价指标占据了因子障碍度排名前5的大部分，而且经济子系统的障碍度一直较明显，表明其对农牧业可持续发展影响较大且较持续。具体来看，第一产业增加值X_2、工业企业X_5、农林水事务支出X_6、涉农贷款X_{10}、森林覆盖率X_{21}等5个因子在评价期间出现的频率均超过60%，可以视为德令哈市农牧业可持续发展的主要障碍因子。其中，第一产业增加值X_2、农林水事务支出X_6和森林覆盖率X_{21}3个因子虽然出现频率较高，但2013年以来不再出现，说明它们已经不是制约德令哈市农牧业可持续发展的主要障碍因子。目前来看，主要障碍因子是工业企业X_5、第一产业增加值占GDP比重X_7、涉农贷款X_{10}、人均造林面积X_{22}和单位耕地化肥施用量X_{23}。由此说明，德令哈市要促进农牧业可持续发展，必须大力发展生态农牧业，在增加产值的同时要加强对生态环境的保护。

四、结论与对策

通过构建农牧业可持续发展指标体系，运用熵权灰色关联TOPSIS模型与障碍度模型对德令哈市农牧业可持续发展水平进行测算，分析西部大开发以来，德令哈市农牧业可持续发展指数由2000年的0.3686上升到2016年到0.5744，平均年增长率为2.81%，但仍没有突破中级水平。为了进一步提高德令哈市农牧业可持续发展水平，同时促进区域经济社会发展和农牧民生活改善，从构成农牧业可持续发展的三大子系统着手提出对策建议。

（一）优化农牧业产业结构，促进农牧业经济健康发展

虽然德令哈市的农牧业经济发展水平不断提升，但仍处于中级发展阶段，

为促进农牧业经济发展，德令哈市应不断完善和优化种植业产业结构，根据市场需要，调整粮食作物与经济作物的比例。与此同时，德令哈市作为少数民族地区，也应大力发展饲料作物，推动种植业结构向粮、经、饲三元结构转变。调整和优化畜禽养殖结构、布局和规模，鼓励养殖业向适度规模集中发展，加强畜牧业与种植业的产业联系，提高农业资源利用率。在改善农牧业产业结构的同时，要加快推进一二三产业的融合，不断提高农牧业的附加值。

（二）加强人才和基础设施建设，促进社会可持续发展

农牧业经济发展需要注入更多的新鲜血液，农牧民更需要懂技术能致富的能人来带动，因此，德令哈市应重视对农牧民的教育，培养和引进农牧业专门人才。良好的基础设施是高效组织生产、提高人民生活质量的保证，是农牧业可持续发展的基础，德令哈市应加快推进城乡一体的交通基础设施建设，加强城乡间的连通性；加强农牧区通信、电力等各项配套基础设施的建设，提高农牧民聚居点的公共服务设施配套水平。在农牧业可持续发展进程中，要确保农牧民生产有技术，生活有保障，销售有渠道，发展有目标。

（三）推动生态循环农牧业，改善农牧业生态与环境

为保护农牧区生态资源与环境，在进行农牧业生产过程中，应科学使用农药、化肥，提高农药、化肥利用效率，推广使用有机肥、缓释可控化肥和高效、低毒生物农药，控制化肥、农药的使用量，改善农田生态环境。与此同时，要强化草原生态保护与建设，稳定和完善草原承包经营制度，继续实施草原生态保护补助奖励政策，保护天然草原，实行禁牧休牧、划区轮牧，恢复草原植被，控制草原虫鼠害，逐步实现草原生态系统健康稳定。坚持农牧结合、种养结合，推动生态循环农牧业发展。

参考文献

[1] 包双叶．当前中国社会转型条件下的生态文明研究［D］．上海：华东师范大学，2012.

[2] 华幸．我国生态文明建设的路径研究［D］．武汉：武汉科技大学，2010.

[3] 陈健．我国绿色产业发展研究－以珠三角为例［D］．武汉：华中农业大

学，2008.

［4］中共青海省委党校课题组．“四个发展”的内涵与特征［J］．攀登，2010（1）．

［5］孙发平，刘傲洋．“四个发展”的理论贡献与实践指导作用——青海践行科学发展观的重大创新成果［J］．青海社会科学，2011（4）．

［6］熊田田．生态文明及其构建的研究［D］．武汉：武汉科技大学，2010.

［7］丁生喜．青藏高原资源型区域新型城镇化研究—以柴达木盆地为例［M］．北京：中国经济出版社，2017.

［8］李良才，孙凌宇，郭海君．中国背景下的地方循环经济发展研究报告—聚焦柴达木循环经济试验区［J］．攀登，2011（5）．

［9］罗平．资源节约型和环境友好型社会建设与都市农业发展［J］．农业现代化研究，2009，30（06）．

［10］王迎春．农业可持续发展指数建立方法的探索［A］．中国农业资源与区划学会．2015年中国农业资源与区划学会学术年会论文集［C］．中国农业资源与区划学会，2015：9.

［11］洪雅芳，叶夏，郑昆苠，等．福建省县域农业可持续发展水平研究［J］．中国农业资源与区划，2017，38（02）．

［12］许楠，罗蕾，李蕾红．基于熵权灰色关联TOPSIS法的涉农P2P网贷项目优选研究［J］．数学的实践与认识，2017，47（03）．

［13］申开丽，王晓艺，张盈盈，等．生态屏障地区的生态补偿绩效评估研究［J］．生态经济，2018，34（06）．

［14］农业部发展计划司．促进西北旱区农牧业可持续发展的指导意见［J］．农村实用技术，2015（10）．

第五章
chapter 5

供给侧改革视角下海东市绿色经济发展研究①

第一节　绪　论

一、研究背景

21 世纪以来，世界经济发展受金融危机、气候变化以及资源短缺的严重影响，实现以传统经济增长为重心的发展模式向以经济与资源环境协调发展为重心的绿色发展模式的转变，日益受到国际社会的广泛关注。世界各国均已加快经济结构转型，调整产业布局，规划新兴产业，促进经济绿色发展的步伐。“绿色经济”已经成为实现可持续发展的战略选择。海东市建设发展绿色经济定位之一，就是要坚持生态立市、环境优先，推进资源节约型和环境友好型社会建设，建设全省生态文明示范区。而绿色经济作为生态文明之下的新的经济形态，发展绿色经济是海东市建设生态文明示范区的必然选择。

中央经济工作会议指出，稳定经济增长，要更加注重供给侧结构性改革，促进绿色经济发展。青海省地处青藏高原，只有切实遵循绿色发展理念，才能保护生态环境，实现可持续发展。青海省政府报告中关于《海东市国民经济和社会发展第十三个五年规划纲要》中对于海东市发展绿色经济提出了明确的规划，海东市政府也在 2013 年和 2015 年中国青海绿色发展投资贸易洽谈会中以“开放合作，绿色发展”为主题，吸引投资促进海东市绿色经济发展。习近平总书记视察青海时指出：“青海生态地位重要而特殊，要坚持保护优先，坚持自然恢复和人工恢复相结合，从实际出发，全面落实主体功能区

① 本部分内容是丁生喜主持的青海省社会科学规划基金项目（17016）的阶段成果。主要完成人：丁生喜。

规划要求，使保障国家生态安全的主体功能全面得到加强。扎扎实实推进生态环境保护，坚决筑牢国家生态安全屏障，确保一江清水向东流”。习近平总书记讲话为海东市更好地处理好发展与保护的关系，指明了新的方向。

二、国内外研究现状

（一）国外研究状况

1989年，英国环境经济学家皮尔斯出版的《绿色经济蓝皮书》首次提到了绿色经济一词。2012年6月，在里约热内卢举行的联合国可持续发展会议确定的主题之一就是在可持续发展和消除贫困下发展绿色经济。绿色经济的发展与清洁资源的开发和利用密不可分，美国在绿色经济发展方面，重视提高可再生能源在国内能源使用中的比例，可提升再生能源的利用效能。法国也将发展绿色经济的重点放在新能源领域上，支持清洁资源的开发和利用。

关于绿色经济的发展理论，西方理论界出现了“浅绿色”和“深绿色”两个派别。“浅绿色”一派认为，人类可以通过科技进步找到新的能源和替代旧资源，并依靠科技手段克服现在面临的种种环境问题。“深绿色”一派认为，科技进步只能够提高资源利用的效率和发现可替代的资源，而不能克服所面临的环境问题，新的环境问题会层出不穷，而且这也只能在一定的时期内缓解环境压力，并不能永远解决资源和环境的问题，因为它不能否定地球本身的资源是有限的这一问题。“深绿色”所倡导的绿色经济是以保护生态、节俭资源为基础的，以满足人类在长久的未来生活在一个十分优裕的生活环境和宽松的人均资源使用量水平为前提的、适度规模和适度技术的、区域性自给自足的经济形态或经济发展模式。

（二）国内研究状况

长期以来，在中国一直存在着资源无明确标价、原料价格低廉、产品价格高昂价格扭曲体系。原料生产与加工企业凭借对自然资源无休止地开采和不付任何费用的形式进行生产和加工，从而获得了产品的超额利润，而环境资源的破坏却没有得到任何的补偿。进而造成了严重的环境污染和生态破坏，产生了严重的外部不经济性。因此，在市场经济新体制下，尤其在供给侧结构性改革发展条件之下，除了对计划经济的经济体制进行行之有效的改革创新外，还应该从生态的角度通过经济手段将外部不经济性内部化。

陈名勇（2001）认为，绿色经济是指经济发展以节约资源、保护环境为前提，以提高人民生活质量为目的，以科技进步为手段，做到经济发展与资源环境保护同步，人与自然、人与环境的和谐共处。刘国光（2004）认为，绿色经济就是可持续发展，二者实质是一样的。从狭义角度来讲，绿色经济是建立在可再生、可更新的生态资源特别是绿色植物资源基础上的经济。从广义角度来看，绿色经济是建立在可循环利用资源，不产生环境污染和生态破坏，生态、经济能良性循环协调发展的经济状态。曲格平（2004）认为，绿色经济是以环境保护为基础的经济。这主要体现在：绿色经济是以治理污染和改善生态为特征的环保产业的兴起而出现的；是因为环境保护而引发的工业和农业生产方式的变革，从而带动了绿色产业的发展。张春霞（2006）认为，绿色经济是经济与生态环境协调发展的一种新的增长方式和新的经济发展模式，是对经济活动的过程和结果的总体评价。它是用经济增长是否符合生态资源保护标准、是否在环境容量和资源承载能力范围内、是否有利于促进生态资源保护为标准来评价的经济发展模式。李清源（2010）认为，从绿色经济的内涵来看，循环经济、生态经济、低碳经济等各种有利于可持续发展的具体经济模式，都是绿色经济在不同领域和层面的表现形式，都属于绿色经济的范畴。吴晓晨、邢巧、岳平（2012）认为，绿色经济的内涵包括以下三个方面：一是将环境资源作为经济发展的内在要素；二是把实现经济、社会和环境的可持续发展作为绿色经济的发展目标；三是把经济活动过程和结果的“绿色化”、生态化作为绿色经济发展的主要内容和途径。

第二节　供给侧改革视角下海东市绿色经济发展现状

一、供给侧改革对经济发展的新要求

供给侧改革的含义：就是从提高供给质量出发，用改革的办法推进结构调整，矫正要素配置扭曲，扩大有效供给，提高供给结构对需求变化的适应性和灵活性，提高全要素生产率，更好满足广大人民群众的需要，促进经济社会持续健康发展。供给侧结构性改革，就是用增量改革促存量调整，在增加投资过程中优化投资结构、产业结构开源疏流，在经济高速增长的基础上实现经济可持续发展与人民生活水平不断提高；就是优化产权结构，国进民进、政府宏观调控与民间活力相互促进；就是优化投融资结构，促进资源整合，实现资源优化配置与优化再生；就是优化产业结构、提高产业质量，优化产品结构、提升产品质量；就是优化分配结构，实现公平分配，使消费成为生产力；就是优化流通结构，节省交易成本，提高

有效经济总量；就是优化消费结构，实现消费品不断升级，不断提高人民生活品质。

供给侧改革的要求：三去一降一补。即去产能、去库存、去杠杆、降成本、补短板。去产能，即化解产能过剩，是指为了解决产品供过于求而引起产品恶性竞争的不利局面，寻求对生产设备及产品进行转型和升级的方法。去库存，主要是化解房地产库存。按照加快提高户籍人口城镇化率和深化住房制度改革的要求，通过加快农民工市民化，扩大有效需求，打通供需通道，消化库存，稳定房地产市场。去杠杆，“杠杆”是指特定主体通过借入债务，以较小规模的自有资金撬动大量资金，以此扩大经营规模。降成本，即帮助企业降低成本。降低制度性交易成本、降低企业税费负担、降低社会保险费、降低企业财务成本、降低电力价格、降低物流成本。补短板，补基础设施建设短板、补经济持续健康发展短板、补科技创新进步短板、补城乡统筹发展短板、补民生建设短板、补对外开放短板、补环保生态建设短板、补人才队伍建设短板。

可以看出，供给侧结构性改革与绿色经济发展息息相关，通过调整优化产业结构，节能降耗，改善生态环境，实现创新—协调—绿色—开放—共享的发展。

二、海东市经济发展概况

海东市是青海省地级市，因位于青海湖以东而得名。海东气候属半干旱大陆性气候，矿藏资源和水能资源丰富。人口相对集中，经济较为发达，是青海重要的农牧业经济区和乡镇企业较发达地区之一。自1978年建区以来，海东经济总量不断增长，经济结构明显优化，特色产业和优势产业正在培育和形成，2013年的撤区设市推动了海东跨越发展和转型升级的步伐，各产业资源潜力正在被挖掘，产业发展活力逐步增强。

2000—2015年，海东市经济一直在稳步发展，且发展势头良好。从表5-1可以看出，人均GDP呈上升状态，2015年人均GDP比2000年的11.2倍；城镇居民人均可支配收入不断增加，2015年城镇居民人均可支配收入是2000年的7.8倍。2015年海东市GDP为384.4亿元，三次产业占GDP的比重为13.8∶50.2∶36。2015年，全市常住人口145.43万人，同比上年增加1.09万人。全市人口城乡占比：城镇人口49.44万人，占34%；乡村人口95.99万人，占66%。

表 5-1 海东市 2000—2015 年经济增长统计

项目	人均 GDP（元/人）	GDP 增长率（%）	第三产业增加值占 GDP 比重（%）	城镇居民人均可支配收入（元/人）
2000	2582	13. 5	42. 82	2999
2001	2867	12. 1	37. 02	3597
2002	3222	12. 3	41. 3	4195
2003	3627	11. 7	43. 27	5793
2004	4313	12. 8	41. 31	6391
2005	4768	12. 9	40. 76	7065
2006	5417	13	42. 88	8049
2007	6493	13. 5	42. 61	9259
2008	7750	12. 6	42. 82	10655
2009	8548	12. 1	45. 07	11962
2010	12407. 2	15. 2	40. 4	13256
2011	15627	18	37. 3	15092. 37
2012	19322. 6	18. 1	34. 3	17111. 78
2013	23551. 6	18. 2	32. 01	18788. 22
2014	26281	15. 1	32. 64	20513. 62
2015	26531	11. 2	36	23373

数据来源：《2015 年海东市统计年鉴》。

三、海东市资源量统计

海东市自然资源一直处于相对平衡的状态，使自然资源得到了有效保护。从表 5-2 可以看出，2000—2015 年海东市人均公共绿地面积在稳步增加，但还是低于全省的人均公共绿地面积。2000—2015 年人均耕地面积在逐步增加，但是增加速度缓慢。2000—2015 年海东市人均国土面积保持在相对稳定的状态，有增也有减，而且增速和减速都不是很明显，但是海东市的人均耕地面积显著低于全省平均水平。2000—2015 年海东市森林覆盖率呈现波动上升趋势，具体来看，2007 年以前曾波动下降，2007 年以后稳定上升。与整个青海省对比可发现，2015 年海东市的森林覆盖率要远远高出青海省 2015 年全省总体森林覆盖率。

表 5-2 海东市 2000—2015 年资源量统计表

	人均公共绿地面积（平方米/人）	人均耕地面积（公顷/人）	人均国土面积（公顷/人）	森林覆盖率（%）
2000	4.12	0.093	0.89	27.01
2001	3.78	0.095	0.88	26.02
2002	3.68	0.1	0.90	26
2003	3.87	0.101	0.87	24.9
2004	3.99	0.103	0.85	25.01
2005	4.00	0.105	0.87	24.9
2006	4.00	0.123	0.88	25.0
2007	3.98	0.123	0.89	24.9
2008	3.98	0.131	0.83	24.9
2009	3.88	0.132	0.83	24.9
2010	3.58	0.149	0.96	28.3
2011	4.02	0.148	0.94	28.3
2012	4.77	0.147	0.92	28.3
2013	4.52	0.141	0.92	28.3
2014	4.67	0.140	0.90	28.3
2015	4.67	0.141	0.89	32
2015（青海）	5.83	1.00	12.25	6.3

数据来源：2015 年海东市统计公报和 2015 年青海省统计公报。

四、海东市环境保护情况

海东市环境保护一直处在不断发展中。从表 5-3 可以看出，2000—2015 年环境保护支出占财政支出的比重在不断攀升，2015 年环境保护支出占财政支出的比重大约是 2000 年的 7.8 倍；2000—2015 年万元 GDP 二氧化硫排放量在不断地减少，这意味着生产活动中污染逐步下降；2000—2015 年生活垃圾无害化处理率在不断提升，说明人们的生活垃圾对环境污染逐渐减少；万元 GDP 电耗下降，说明经济增长方式逐步从粗放转向集约，生产方式正在逐步改变。

表 5-3　海东市 2000—2015 年环境保护情况统计

	环境保护支出占财政支出的比重（%）	万元 GDP 二氧化硫排放量（吨/万元）	生活垃圾无害化处理率（%）	万元 GDP 电耗（万千瓦时/万元）
2000	0. 94	0. 0193	35. 65	1. 030
2001	0. 95	0. 0182	36. 77	0. 965
2002	1. 00	0. 0177	39. 88	0. 902
2003	1. 03	0. 0160	41. 03	0. 873
2004	1. 36	0. 0150	43. 02	0. 803
2005	1. 56	0. 0142	45. 06	0. 702
2006	1. 96	0. 0134	48. 37	0. 621
2007	2. 46	0. 0122	50. 26	0. 540
2008	5. 65	0. 0111	54. 32	0. 459
2009	3. 61	0. 0101	56. 06	0. 378
2010	4. 88	0. 0092	66. 00	0. 401
2011	4. 69	0. 0068	71. 13	0. 388
2012	3. 93	0. 0063	74. 85	0. 336
2013	5. 14	0. 0053	77. 88	0. 332
2014	4. 54	0. 0051	82. 25	0. 373
2015	7. 30	0. 0050	86. 63	0. 323

数据来源：《2015 年海东市统计年鉴》。

五、海东市社会发展统计

从表 5-4 可以看出，2000—2015 年海东市城市化率在波动中提高，2015 年达到 34%；人口自然增长率在下降，每万人中小学在校生人数在不断减少，每千人拥有医生护士人数在增加，2015 年比 2000 年增加 3. 2 倍，意味着人们的医疗条件得到了提高。

表 5-4　海东市 2000—2015 年社会发展统计

	每万人中小学在校生人数（人/万人）	城市化率（%）	人口自然增长率（‰）	每千人拥有医生护士人数（人/千人）
2000	23. 92	12. 56	1. 000	1. 94
2001	23. 32	12. 86	0. 990	1. 85
2002	24. 03	13. 46	0. 950	1. 96
2003	25. 32	13. 15	0. 900	2. 01

续表

	每万人中小学在校生人数（人/万人）	城市化率（%）	人口自然增长率（‰）	每千人拥有医生护士人数（人/千人）
2004	26.04	12.98	0.890	2.10
2005	28.23	23.97	0.872	2.18
2006	25.22	24.93	0.872	2.16
2007	24.93	25.47	0.879	2.13
2008	23.97	25.26	0.880	2.21
2009	23.52	25.56	0.878	2.55
2010	23.00	22.83	0.856	3.24
2011	22.81	20.83	0.833	3.99
2012	21.70	24.36	0.827	4.63
2013	20.50	28.74	0.834	4.62
2014	20.28	33.14	0.801	5.32
2015	20.19	34.04	0.790	6.32

数据来源：《2015年海东市统计年鉴》。

六、海东市绿色经济发展现状

（一）绿色农业发展

海东市发展绿色农业的条件：

1. 灌溉水量足，生产面积广

湟水是黄河的一条支流，流量较大。由于湟水谷地地势在青海相对较低，形成典型的河谷型区域—青海省湟水河流域。海东市的平安、民和、乐都等地都在这个流域，这就有利于海东市发展绿色农业经济。据统计，海东市绿色温棚农产品基地有33个。其中，集中连片百亩基地23个，千亩基地10个，农民合作社已逐步成为全市绿色农业经济的发展主体。

2. “富硒”的土壤环境

海东市耕地占全省总耕地面积的38%，而且富集稀缺的“硒矿”。2009年，青海省地矿部门在海东区内平安—乐都地区首次发现840平方公里的富硒土壤资源，为发展高原富硒农业奠定了自然基础。

3. 品牌效应日益显著

绿色农业生产规模的扩大，使得海东市绿色产品种类与数量不断增多。

成功注册循化线椒、乐都紫皮大蒜、乐都长辣椒、循化薄皮核桃、循化花椒、乐都地膜马铃薯等地理标志证明商标，引进推广航椒、长剑、津绿3号黄瓜、水果黄瓜、樱桃番茄、精选8398甘蓝、晶莹一号菜瓜、美泰飞碟碟形菜瓜、英东萝卜、春夏王白菜、福绿西兰花等50余个蔬菜优良品种，通过南果北引、东品西种的不断试种和推广，全市蔬菜品种已达13大类，284个品种。海东市的绿色产品不仅在本市内具有较高的认可度，在青海省都具有较高的认可度。

但是海东市发展绿色农业也存在短板，即经济基础薄弱、资金投入量小、自然灾害频繁、抗灾能力弱、劳动力整体素质不高、科技水平不高等因素一直阻碍绿色农业的发展。

（二）绿色工业发展

近几年来，海东市积极落实国家产业政策狠抓节能降耗，强力推进绿色产业园区建设，加快推进污染企业关停并转迁工作，控制重工业污染物的排放，减少重工业对城市空气的污染。大力发展“绿色工业”，工业经济向低碳、绿色、集聚、循环方向迈进，有效保护了生态环境和人居环境。

海东市按照“高、新、轻、优”的工业经济发展方向，积极培育和引进低碳环保的新型工业经济实体，海东工业园区中小企业园、青海中关村高新技术产业基地、“三能”光伏、安飞电子、康泰铸锻大压机、3万吨青稞原酒生产线等一批高成长性产业项目建设有序推进；春天药业、高精铝业、公伯峡电站等低能耗高附加值企业生产运营状况良好，轻工业发展势头强劲，工业产值增速较快。

2015年中国·青海绿色发展投资贸易洽谈会海东专场签约仪式中，共有51个项目进行了签约，总投资421.8亿元，其中工业总投资244.2亿元，占58%。

海东市现已形成了自己独特的工业发展模式。一是加快推进园区建设。大力推进生态环境建设，制定了有效可行的园区生态建设方案，确保苗木培育一片，成活一片。园区内电力、交通、通信等基础设施已经达到目标要求。二是加强企业环保整治。大力整治碳化硅、铁合金、水泥、黏土砖瓦等行业，关停或下令整改一大批落后产能，有效保证园区的绿色发展。大气污染防治工作扎实推进，开展了工业污染、扬尘污染、煤烟污染、油气污染等治理工作，全市污染物排放总量达到控制目标，规模以上工业万元增加值能耗得到有效控制，达到控制目标。三是加大企业扶持力度。贯彻落实省、市关于促进工业增长的有关措施，强化政企互动，开展企业帮扶。积极协调有关部门解决青稞酒市场打假整治、工业用天然气价格上涨、石膏企业铁路运力不足、建材企业融资难等问题，帮助青稞酒公司、春天药业、博强集团、金圆水泥、博川矿业等规模企业的平稳运行。海东市借助有特色的发展模式为将来绿色工业进一步发展打下了良好的基础。

（三）第三产业发展

第三产业的发展水平，是衡量一个国家、一个地区社会化生产程度和市场经济发展水平的重要标志。海东市第三产业发展表现为以下几方面：

（1）总量稳定增长，发展速度加快。“十二五”期间，海东市第三产业迅速发展，对加快城镇化建设提高城市化水平，促进城乡和谐发展，推动地区经济持续、健康、平稳的发展发挥了积极作用。随着东部城市群战略思想的实施，工业园区和城镇化建设的深入推进，强化服务业在绿色经济发展中的战略地位，对优化地区产业结构、加快地区经济发展、提高地区经济发展质量具有重大意义。2015 年底全市累计完成公路通车里程达 8887. 86 公里，比上年增长 3. 35%。完成邮政业务总量 4105. 83 万元，比上年增长 17. 31%；邮政业务收入 4940. 66 万元，增长 15. 1%；全年快递业务量 29. 19 万件，增长 66. 01%；快递业务收入 794. 11 万元，增长 88. 7%。全年通讯业务总量 6. 55 亿元，比上年增长 18. 8%。2015 年底全市累计拥有移动电话用户 112. 24 万户；互联网用户 6. 02 万户，增长 18. 04%；固定电话用户 10. 92 万户。

（2）从业人员稳步增加，社会效益明显提升。在不断提高农民收入、扩大消费过程中，促进第三产业及相关配套产业快速发展，使第三产业在农村得到长足的发展。

（3）在实现公共服务均等化的进程中发展第三产业，着力提升教育、医疗、文化、体育等公共服务水平，大力发展中介服务、社区服务等行业。

（4）旅游业发展迅速。全区围绕自然生态、民俗文化大力发展旅游业，通过加强基础设施和配套设施建设，不断改善旅游环境，旅游资源得到有效开发。截至目前，互助北山国家森林地质公园、循化撒拉族绿色家园已被评定为 4A 级景区，柳湾彩陶博物馆、乐都瞿昙寺等 8 个景区创建 3A 级景区工作全面启动。2015 年全年共接待国内外游客 836 万人次，比上年增长 10. 73%，其中，接待海外游客 17791 人次；实现旅游总收入 28. 49 亿元，比上年增长 26. 79%，其中旅游外汇收入 214. 59 万美元，比上年增长 16. 31%。说明旅游业对全市经济持续、健康、协调发展作用明显，已成为推动地区经济快速发展的主导产业。

第三节 海东市绿色经济发展评价分析

一、海东市绿色经济发展评价指标体系的构建

本文对绿色经济发展指标体系的设计主要源于上文对绿色经济含义的总结，就是以可持续发展为目标，以效率、公平为导向，从经济系统、资源系统、环境系统、社会系统四个方面设计绿色经济发展评价指标体系。

（一）设计原则

在具体构建绿色经济发展指标体系时遵守如下原则：①科学性原则：指标体系的构建必须具备一定的理论基础，要能够准确、客观地反映出绿色经济的实质和内涵。②可操作性原则：所有涉及的指标须有可靠的数据来源，应具有能够获取的现实可能性，具体处理时还应考虑数据获取及处理的难易程度。③代表性原则：指标的选取不能太多，要具有代表性，能够准确反映评价绿色经济发展水平各个方面的特征。④可比性原则：指标体系所用数据的统计口径应该一致，方便进行不同时间和空间上的对比。

（二）评价指标体系的构建

根据上述原则，按照层次分析的思路，将绿色经济发展评价指标体系设计为三层：第一层是目标层，即绿色经济发展水平；第二层为系统层，包括经济发展系统、资源系统、环境系统、社会发展系统；第三层为指标层，包括各系统层中的代表性指标。具体构建中，首先在指标体系设计原则的指导下经过理论和经验分析提出绿色经济发展评价的初始指标体系，然后进行优化处理，最后形成绿色经济综合评级指标体系。（见表 5-5 所示）

表 5-5 海东市绿色经济发展评价指标体系

目标层	系统层	指标层
绿色经济发展水平	经济系统	人均 GDP（元/人）X_1
		GDP 增长率（%）X_2
		第三产业增加值占 GDP 比重（%）X_3
		科技支出占财政支出的比重（%）X_4
		城镇居民人均可支配收入（元/人）X_5

续表

目标层	系统层	指标层
绿色经济发展水平	资源系统	人均公共绿地面积（平方米/人）X_6
		人均耕地面积（公顷/人）X_7
		人均国土面积（公顷/人）X_8
		森林覆盖率（%）X_9
	环境系统	环境保护支出占财政支出比重（%）X_{10}
		万元 GDP 二氧化硫排放量（吨/万元）X_{11}
		生活垃圾无害化处理率（%）X_{12}
		万元 GDP 电耗（千瓦时/万元）X_{13}
	社会系统	每万人中小学在校生人数（人/万人）X_{14}
		城市化率（%）X_{15}
		人口自然增长率（%）X_{16}
		每千人拥有医生护士人数（%）X_{17}

二、海东市绿色经济发展的实证分析

（一）因子分析法方法介绍

因子分析法是从研究变量内部的相关关系出发，以最少的信息缺失，把一些具有错综复杂关系的因子变量归结为少数几个综合因子的一种多变量统计分析方法。其基本思想是：根据相关性大小将可观测变量进行分组，使得同组内的变量之间相关性较高，但不同组的变量之间相关性较低；因而每一组变量可以表示为一个公共因子，以反映影响综合绩效的某一方面因素；若通过几个公共因子的方差贡献率来构造一个综合评价函数，就能简化原始变量并有效处理各个变量之间的重复信息。也就是说，因子分析法就是对所研究的问题用最少个数不可测的公共因子的线性函数与特殊因子之和来描述原来观测的每 分量。

因子分析的核心问题有两个：一是如何构造因子变量；二是如何对因子变量进行命名解释。因子分析的基本步骤和解决思路围绕这两个核心问题展开。通常因子分析有以下四个基本步骤：

（1）确认待分析的原变量是否适合作因子分析；

（2）构造因子变量；

（3）利用方差最大化正交旋转方法使因子变量更具有可解释性；

（4）计算因子变量得分。通过因子得分可以看出不同因子的重要性指标，研究者可根据这些指标的重要性决定首先要解决的问题。

（二）实证分析结果

（1）原始数据标准化。

首先对三个反向指标进行正向化处理，范围在 0 到 1 之间，因此用 1 减去原始指标进行正向处理，接下来进行标准化处理，SPSS18 直接处理。［公式为（$X_{ij}-X_{平均}$）/标准差］

表 5-5 SPSS 原始数据的标准化值

年份	Z 人均 GDPX_1	ZGDP 增长率 X_2	Z 第三产业增加值占 GDP 比重 X_3	Z 科技支出占财政支出的比重 X_4	Z 城镇居民人均可支配收入 X_5	Z 人均公共绿地面积 X_6	Z 人均耕地面积 X_7	Z 人均国土面积 X_8	Z 森林覆盖率 X_9
2000	-0.95135	-0.16813	0.80427	-0.42937	-1.28058	0.07030	-1.46688	0.03496	0.15506
2001	-0.91848	-0.76593	-0.61440	-0.77222	-1.18641	-0.86251	-1.36990	-0.24473	-0.32466
2002	-0.87755	-0.68053	0.43248	-0.55080	-1.09224	-1.13686	-1.12744	0.31465	-0.33435
2003	-0.83084	-0.93673	0.91434	-0.77222	-0.84061	-0.61559	-1.07895	-0.52442	-0.86737
2004	-0.75173	-0.46703	0.43493	-0.86651	-0.74644	-0.28636	-0.98196	-1.0838	-0.81407
2005	-0.69926	-0.42433	0.30040	-0.86508	-0.64031	-0.25892	-0.88498	-0.52442	-0.86737
2006	-0.62442	-0.38163	0.81895	-0.81508	-0.48536	-0.25892	-0.01212	-0.24473	-0.81892
2007	-0.50034	-0.16813	0.75291	-0.66508	-0.29482	-0.31379	-0.01212	0.03496	-0.86737
2008	-0.35538	-0.55243	0.80427	0.49919	-0.07499	-0.31379	0.37581	-1.64318	-0.86737
2009	-0.26336	-0.76593	1.35462	0.63490	0.13082	-0.58815	0.42430	-1.64318	-0.86737
2010	0.18168	0.55777	0.21234	2.24203	0.33458	-1.41122	1.24867	1.99280	0.78015
2011	0.55299	1.75336	-0.54591	1.46347	0.62375	-0.20405	1.20017	1.43341	0.78015
2012	0.97916	1.79606	-1.27971	-0.42937	0.94175	1.85362	1.15168	0.87403	0.78015
2013	1.46684	1.83876	-1.83984	1.29918	1.20574	1.16773	0.86073	0.87403	0.78015
2014	1.78159	0.51507	-1.68574	0.72776	1.47743	1.57926	0.81224	0.31465	0.78015
2015	1.81045	-1.15023	-0.86389	-0.70080	1.92770	1.57926	0.86073	0.03496	2.57305

年份	Z 环境保护支出占财政支出比重 X_{10}	Z 万元 GDP 二氧化硫排放量 X_{11}	Z 生活垃圾无害化处理率 X_{12}	Z 万元 GDP 电耗 X_{13}	Z 每万人中小学在校生人数 X_{14}	Z 城市化率 X_{15}	Z 人口自然增长率 X_{16}	Z 每千人拥有医生护士人数 X_{17}
2000	-1.10555	-1.56725	-1.24666	-1.74171	0.16365	-1.25667	-1.82658	-0.79108
2001	-1.10063	-1.34462	-1.16415	-1.48492	-0.11005	-1.21865	-1.68388	-0.85377
2002	-1.07603	-1.24343	-0.98343	-1.23603	0.21383	-1.14263	-1.11307	-0.77715
2003	-1.06128	-0.89937	-0.91660	-1.12147	0.80230	-1.18191	-0.39957	-0.74232

续表

年份	Z 环境保护支出占财政支出比重 X_{10}	Z 万元 GDP 二氧化硫排放量 X_{11}	Z 生活垃圾无害化处理率 X_{12}	Z 万元 GDP 电耗 X_{13}	Z 每万人中小学在校生人数 X_{14}	Z 城市化率 X_{15}	Z 人口自然增长率 X_{16}	Z 每千人拥有医生护士人数 X_{17}
2004	-0. 89895	-0. 69698	-0. 80096	-0. 84493	1. 13075	-1. 20345	-0. 25686	-0. 67962
2005	-0. 80057	-0. 53507	-0. 68242	-0. 44592	2. 12977	0. 18912	0	-0. 62389
2006	-0. 60381	-0. 37315	-0. 49008	-0. 12592	0. 75668	0. 31076	0	-0. 63783
2007	-0. 35786	-0. 13029	-0. 38025	0. 19407	0. 62439	0. 37919	-0. 09989	-0. 65872
2008	1. 21131	0. 09234	-0. 14433	0. 51407	0. 18646	0. 35258	-0. 11416	-0. 60300
2009	0. 20783	0. 29473	-0. 04322	0. 83406	-0. 01882	0. 39059	-0. 08562	-0. 36615
2010	0. 83254	0. 47688	0. 53439	0. 74320	-0. 25603	0. 04467	0. 22832	0. 11450
2011	0. 73908	0. 96261	0. 83249	0. 79456	-0. 34270	-0. 20876	0. 55654	0. 63696
2012	0. 36524	1. 06381	1. 04865	0. 99999	-0. 84906	0. 23854	2. 06918	1. 08278
2013	0. 96044	1. 26620	1. 22473	1. 01579	-1. 39647	0. 79353	0. 54227	1. 07582
2014	0. 66530	1. 30667	1. 47866	0. 85382	-1. 49683	1. 35107	1. 01318	1. 56344
2015	2. 02294	1. 32691	1. 73318	1. 05135	-1. 53788	2. 16202	1. 17016	2. 26004

表 5-6 公因子方差表

公因子方差		
	初始	提取
Zscore（人均 GDPX_1）	1. 000	0. 983
Zscore（GDP 增长率 X_2）	1. 000	0. 744
Zscore（第三产业增加值占 GDP 比重 X_3）	1. 000	0. 864
Zscore（科技支出占财政支出的比重 X_4）	1. 000	0. 868
Zscore（城镇居民人均可支配收入 X_5）	1. 000	0. 993
Zscore（人均公共绿地面积 X_6）	1. 000	0. 861
Zscore（人均耕地面积 X_7）	1. 000	0. 971
Zscore（人均国土面积 X_8）	1. 000	0. 835
Zscore（森林覆盖率 X_9）	1. 000	0. 790
Zscore（环境保护支出占财政支出比重 X_{10}）	1. 000	0. 876
Zscore（万元 GDP 二氧化硫排放量 X_{11}）	1. 000	0. 982
Zscore（生活垃圾无害化处理率 X_{12}）	1. 000	0. 995
Zscore（万元 GDP 电耗 X_{13}）	1. 000	0. 976
Zscore（每万人中小学在校生人数 X_{14}）	1. 000	0. 737

续表

公因子方差		
	初始	提取
Zscore（城市化率 X_{15}）	1.000	0.887
Zscore（人口自然增长率 X_{16}）	1.000	0.767
Zscore（每千人拥有医生护士人数 X_{17}）	1.000	0.974
提取方法：主成分分析		

表 5-7　解释的总方差表

解释的总方差									
成分	初始特征值			提取平方和载入			旋转平方和载入		
	合计	方差的%	累积%	合计	方差的%	累积%	合计	方差的%	累积%
1	11.835	69.619	69.619	11.835	69.619	69.619	7.028	41.341	41.341
2	1.741	10.240	79.859	1.741	10.240	79.859	5.164	30.375	71.716
3	1.527	8.985	88.844	1.527	8.985	88.844	2.912	17.128	88.844
提取方法：主成分分析									

表 5-8　成分矩阵表

成分矩阵[a]			
	成分		
	1	2	3
Zscore（人均 GDPX_1）	0.977	-0.070	-0.152
Zscore（GDP 增长率 X_2）	0.606	0.614	-0.018
Zscore（第三产业增加值占 GDP 比重 X_3）	-0.754	-0.194	0.509
Zscore（科技支出占财政支出的比重 X_4）	0.542	0.561	0.510
Zscore（城镇居民人均可支配收入 X_5）	0.984	-0.155	0.030
Zscore（人均公共绿地面积 X_6）	0.736	-0.323	-0.464
Zscore（人均耕地面积 X_7）	0.900	0.094	0.389
Zscore（人均国土面积 X_8）	0.493	0.747	-0.183
Zscore（森林覆盖率 X_9）	0.803	0.102	-0.366
Zscore（环境保护支出占财政支出比重 X_{10}）	0.880	-0.151	0.280
Zscore（万元 GDP 二氧化硫排放量 X_{11}）	0.970	-0.072	0.188
Zscore（生活垃圾无害化处理率 X_{12}）	0.996	-0.050	0.026
Zscore（万元 GDP 电耗 X_{13}）	0.888	-0.112	0.419
Zscore（每万人中小学在校生人数 X_{14}）	-0.814	-0.098	0.256

续表

成分矩阵[a]			
	成分		
	1	2	3
Zscore（城市化率 X_{15}）	0.812	-0.450	0.158
Zscore（人口自然增长率 X_{16}）	0.849	-0.184	0.111
Zscore（每千人拥有医生护士人数 X_{17}）	0.951	-0.110	-0.240
提取方法：主成分			
a. 已提取了 3 个成分			

表 5-9　成分得分系数矩阵表

成分得分系数矩阵			
	成分		
	1	2	3
Zscore（人均 GDPX_1）	0.015	0.133	-0.021
Zscore（GDP 增长率 X_2）	-0.091	0.001	0.345
Zscore（第三产业增加值占 GDP 比重 X_3）	0.189	-0.291	-0.084
Zscore（科技支出占财政支出的比重 X_4）	0.119	-0.275	0.357
Zscore（城镇居民人均可支配收入 X_5）	0.103	0.043	-0.052
Zscore（人均公共绿地面积 X_6）	-0.070	0.300	-0.189
Zscore（人均耕地面积 X_7）	0.187	-.164	.108
Zscore（人均国土面积 X_8）	-0.189	0.072	0.399
Zscore（森林覆盖率 X_9）	-0.112	0.225	0.048
Zscore（环境保护支出占财政支出比重 X_{10}）	0.193	-0.092	-0.033
Zscore（万元 GDP 二氧化硫排放量 X_{11}）	0.147	-0.045	0.005
Zscore（生活垃圾无害化处理率 X_{12}）	0.081	0.040	0.004
Zscore（万元 GDP 电耗 X_{13}）	0.239	-0.167	-0.001
Zscore（每万人中小学在校生人数 X_{14}）	0.068	-0.168	-0.055
Zscore（城市化率 X_{15}）	0.200	-0.013	-0.205
Zscore（人口自然增长率 X_{16}）	0.132	-0.003	-0.065
Zscore（每千人拥有医生护士人数 X_{17}）	-0.013	0.180	-0.051
提取方法：主成分 旋转法：具有 Kaiser 标准化的正交旋转法			

从表 5-10 的数据可以看出，和第一主因子 F_1 密切相关的是 X_5、X_7、X_{10}、

X_{11}、X_{12}、X_{13}、X_{15}、X_{16}，这些指标与经济规模、基础设施有关，因此 F_1命名为经济发展基础因子。和第二主因子 F_2密切相关的是 X_1、X_3、X_6、X_9、X_{17}，这些指标与资源和经济结构有关，因此 F_2命名为经济结构因子。和第三主因子 F_3密切相关的是 X_2、X_4、X_8、X_{14}，这些指标与科技有关，因此 F_3命名为科技因子。

表 5-10　旋转成分矩阵表

旋转成分矩阵			
	成分		
	1	2	3
Zscore（人均 GDPX_1）	0. 646	0. 709	0. 250
Zscore（GDP 增长率 X_2）	0. 219	0. 306	0. 776
Zscore（第三产业增加值占 GDP 比重 X_3）	-0. 181	-0. 831	-0. 375
Zscore（科技支出占财政支出的比重 X_4）	0. 503	-0. 147	0. 771
Zscore（城镇居民人均可支配收入 X_5）	0. 788	0. 577	0. 195
Zscore（人均公共绿地面积 X_6）	0. 373	0. 843	-0. 107
Zscore（人均耕地面积 X_7）	0. 854	0. 214	0. 442
Zscore（人均国土面积 X_8）	-0. 007	0. 355	0. 842
Zscore（森林覆盖率 X_9）	0. 334	0. 757	0. 323
Zscore（环境保护支出占财政支出比重 X_{10}）	0. 859	0. 317	0. 194
Zscore（万元 GDP 二氧化硫排放量 X_{11}）	0. 843	0. 434	0. 287
Zscore（生活垃圾无害化处理率 X_{12}）	0. 758	0. 576	0. 296
Zscore（万元 GDP 电耗 X_{13}）	0. 934	0. 205	0. 250
Zscore（每万人中小学在校生人数 X_{14}）	-0. 408	-0. 676	-0. 338
Zscore（城市化率 X_{15}）	0. 841	0. 406	-0. 123
Zscore（人口自然增长率 X_{16}）	0. 748	0. 436	0. 132
Zscore（每千人拥有医生护士人数 X_{17}）	0. 589	0. 768	0. 192

提取方法：主成分

旋转法：具有 Kaiser 标准化的正交旋转法，旋转在 6 次迭代后收敛

（2）根据成分得分系数矩阵计算出 F_1、F_2、F_3的值，其中：

$F_1 = 0.015X_1 - 0.091X_2 + 0.189X_3 + 0.119X_4 + 0.103X_5 - 0.07X_6 + 0.187X_7 - 0.189X_8 - 0.112X_9 + 0.193X_{10} + 0.147X_{11} + 0.081X_{12} + 0.239X_{13} + 0.068X_{14} + 0.2X_{15} + 0.132X_{16} - 0.013X_{17}$

$F_2 = 0.133X_1 + 0.001X_2 - 0.291X_3 - 0.275X_4 + 0.043X_5 + 0.3X_6 - 0.164X_7 +$

$0.072X_8+0.225X_9-0.092X_{10}-0.045X_{11}+0.04X_{12}-0.167X_{13}-0.168X_{14}-0.013X_{15}-0.003X_{16}+0.180X_{17}$

$F_3=-0.021X_1+0.345X_2-0.084X_3+0.357X_4-0.052X_5-0.189X_6+0.108X_7+0.399X_8+0.048X_9-0.033X_{10}+0.005X_{11}+0.004X_{12}-0.001X_{13}-0.055X_{14}-0.205X_{15}-0.065X_{16}-0.051X_{17}$

其中 X_1、X_2、X_3、X_4、X_5、X_6、X_7、X_8、X_9、X_{10}、X_{11}、X_{12}、X_{13}、X_{14}、X_{15}、X_{16}、X_{17}是对应的标准化数据。

综合得分 $F=f_1*F_1+f_2*F_2+f_3*F_3$

$f_1=41.341/88.844$，$f_2=30.375/88.844$，$f_3=17.128/88.844$，即：以旋转的贡献率为权重的综合得分。海东市 2000—2015 年绿色经济发展水平综合得分见表 5-11 所示：

表 5-11　三个主因子得分及综合得分表

年份	F_1	F_2	F_3	综合得分 F
2000	-1.766063163	0.266595519	0.090207137	-0.713249188
2001	-1.709606626	0.341533863	-0.069462822	-0.692140335
2002	-1.317017498	-0.18261627	0.17163582	-0.642181934
2003	-0.799652645	-0.404833659	-0.575874303	-0.621525792
2004	-0.666412673	-0.279982736	-0.716928487	-0.544034407
2005	-0.238730059	-0.463807153	-0.832977391	-0.430245352
2006	0.068222842	-0.567989509	-0.599172623	-0.277958099
2007	0.192440817	-0.636963184	-0.365073445	-0.198606984
2008	1.182973103	-1.242233507	-0.751158399	-0.019060291
2009	1.28932923	-1.398187907	-0.754302994	-0.023496234
2010	0.635377791	-1.085355563	2.149348337	0.338948208
2011	0.406299564	-0.158249857	1.882420658	0.49786244
2012	0.286646407	1.388241917	0.46835062	0.698302723
2013	0.446749763	1.024054144	1.220379315	0.793271163
2014	0.72065337	1.438317923	0.066882776	0.839978015
2015	1.268794563	1.96148058	-1.384288722	0.994137066

三、海东市绿色经济发展的评价结果

从表 5-11 和图 5-1 中可以看出，海东市 2000—2015 年绿色经济发展综合得分 F 平稳上升，反映出海东市在自然资源利用、环境保护、经济发展方面都取得了显著成效，在发展经济的同时注重了环境保护。但从各因子得分情况来看，差异较大。F_1经济发展基础因子得分变动可以看出，海东市经济发展与绿色发展基本是相同的变动趋势，在2005—2010年经济发展超过绿色发展水平，说明这一时期，经济发展比较快，为绿色发展奠定了基础。随后，经济发展因子得分略低于绿色经济发展综合得分，则反映出海东市绿色发展水平得以保持和提升的主要动力不再主要依赖经济基础。F_2经济结构因子得分变动可以看出，2000—2010年，经济结构不尽合理，制约绿色经济发展水平的提升。2010—2015年，海东市逐步加大了结构调整力度，对绿色经济发展水平起到有效支撑作用。F_3科技因子得分变动可以看出，2000—2009年科技因子基本稳定，略有下降，特别是2004—2009年科技因子得分低于绿色经济综合得分，反映出海东市科技水平已经不适应绿色经济发展的要求。2010—2015年海东市科技因子得分迅速上升，然后又迅速下降，由此可以看出，未来海东市绿色经济发展的主要制约来自科技投入。

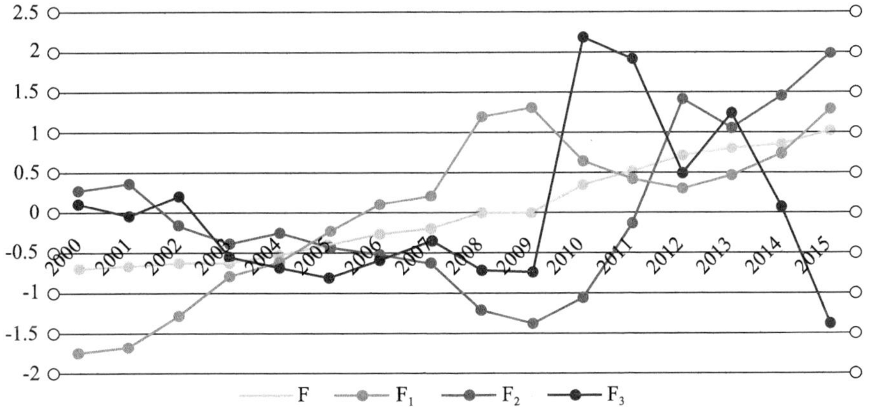

图 5-1 海东市绿色经济发展因子评价结果图

第四节 海东市绿色经济发展的影响因素

一、生态环境容量和自然资源承载能力下降，限制绿色经济发展

长期以来由于受气候和人为因素的影响，海东市的生态系统功能整体呈退化趋势。加之海东市正处于工业化快速推进时期，高能耗、高污染产业仍然占主导，使生态环境容量与资源承载力下降，已成为绿色经济发展的限制

因素。

二、科技投资不足，限制绿色经济发展

加快发展和培育绿色产业、低碳产业，需要强有力的科技支撑，而海东市的科技教育水平相对较低，科技人才缺乏。科研单位和机构较少，科技研发能力弱，探索新的经济增长点、发掘绿色增长潜力等方面创新能力明显滞后。科技支出占财政支出的比重不稳定，2015 年科技支出额低于 2000 年的水平，明显反映出对科技创新的研发投资不足，制约绿色经济发展。

三、人口规模与经济结构转换的压力，制约绿色经济发展

海东市人口总量较大，人均资源占有量相对不足。海东撤地设市，短时间内城镇化率迅速上升，一方面缓解了农业资源环境压力，但同时又转换成了城市和非农产业发展的压力。此外，2000—2015 年海东市的城镇居民人均可支配收入的水平也不高，制约居民消费结构的绿色转化。海东市在产业结构和消费结构方面的滞后，制约绿色经济发展。

四、经济总量水平较低，影响绿色经济发展

2000—2015 年，海东市人均 GDP 从 2582 元增长到 26531 元，总体水平不高。海东市的 GDP 增长率 2000 年为 13. 5%，2015 年则为 11. 2%，经济增长速度放缓。2015 年海东市第二产业增加值占 GDP 的比重为 50. 2%，第三产业增加值占 GDP 的比重为 36%，仍然以工业为主，经济发展水平较低，影响绿色经济发展。

第五节　促进海东市绿色经济发展的对策建议

一、强化政府的引导作用

切实转变政府职能，建立服务型政府，为绿色发展提供全方位支持。转变经济发展方式，实现又好又快发展。要遵循经济发展规律，必须把经济建设同资源合理开发利用、生态环境保护结合起来，绝不以破坏生态、污染环境，甚至危及人民群众生命健康为代价来谋求一时的发展，不能以浪费资源、

破坏环境和牺牲子孙后代的利益为代价。从更广视野、更宽领域、更高层次上推进生态建设。针对海东目前面临的高投入、高消耗、高污染、低水平、低效益等突出问题，要重点处理好产业间协调发展的关系、当前利益与长远利益的关系，要从追求速度转向追求结构、质量、效益，增强发展的协调性，实现又好又快发展。

二、加大绿色发展的宣传推广力度，营造绿色发展氛围

发展绿色经济是一项需要政府、企业、居民和社会各界的共同努力的事业。因此，要借助国家倡导发展绿色经济的时机，大力倡导绿色生产方式和绿色消费观念，引导企业和居民积极参与绿色经济发展。通过创新环保宣传活动载体，强化媒体宣传，组织环保文艺宣传队，在各县（区）开展巡回演出活动等各种方式，使更多的群众接受环保宣传教育，进一步提高全民生态保护意识。在企业中要发挥高新技术在绿色产业发展中的引领作用，大力发展和推广无污染、安全、优质的绿色产品。

三、以投资促结构调整，提升海东市绿色经济发展水平

发展绿色经济需要大量投资，必须拓宽融资渠道，争取多方面的资金支持。政府的引导作用要充分利用起来，要多方筹资，充分利用社会资金。政府应通过财政资助、贴息、担保等方式吸引省内外国企、民企等参与绿色经济项目建设。充分发挥海东市自然资源、劳动力、土地和区位等优势，引进先进技术，推动绿色经济发展。争取绿色信贷的支持，充分利用银行信贷资金，通过银行、政府、企业间的合作，将生态农业、循环经济、新能源三大绿色产业作为优先扶持项目，实现产融结合发展，促进产业结构优化、绿色化。

四、加强绿色技术研究

重视科技，提高创新能力。绿色技术是绿色经济水平得到快速提升的根本保障，提高绿色生产技术的研究力度势在必行。应结合地方特色和发展绿色经济的技术需要，建立一套集研发、试验、应用为一体的科研体系，强化自主创新能力，同时要引进国外先进技术，吸收、消化并创新。通过提高经济发展的技术含量，提高资源利用效率，包括对传统的产业进行改造，淘汰落后产能，降低单位产品的资源消耗和污染物排放。通过政府直接投资和社会联合投资的方式，加大科技研发投资规模，促进绿色生产技术的研发。

参考文献

[1] 张春霞．绿色经济发展研究［M］．北京：中国林业出版社，2002.

[2] 胡鞍钢，周绍杰．绿色发展：功能界定、机制分析与发展战略［J］．中国人口·资源与环境，2014，(1)：20-25.

[3] 梁慧刚，汪华方．全球绿色经济发展现状和启示［J］．新材料产业，2010，(12)：22-31.

[4] 陈勇鸣．绿色经济与可持续发展［J］．上海企业，2001（5）：38-40.

[5] 吴晓晨，邢巧，岳平．海南发展绿色经济的对策研究［J］．生态经济（学术版），2012，(2)：76-78.

[6] 中央经济领导小组．中央经济领导小组工作会议全文［R］．2016.

[7] 青海省海东市政府．海东市2016年经济数据［OL］．www.haidong.gov.cn，2016.

[8] 孙凌宇．资源型产业绿色转型的生态管理模式研究［J］．青海社会科学，2012，(4)：53-56.

[9] 李清源．“十二五”时期青海省加快发展绿色经济问题研究［J］．攀登，2010，(5)：101-106.

[10] 景芳．青海绿色经济发展战略的政策思考［J］．改革与战略，2011，(12)：65-68.

[11] 顾兆农，郅振璞，陈沸宇，等．生态保护与绿色经济发展驱动大美未来［J］．青海科技，2015，(2)：12-15.

[12] 牟大志，李洋．我国绿色经济发展面临的机遇与挑战［J］．西南石油大学学报（社会科学版），2009（6）：46-49.

[13] 葛丽亚，丁生喜．供给侧改革视角下海东市经济发展研究［J］．价值工程，2018，(8)：78-80.

第六章 chapter 6

青海省产业结构优化升级问题研究①

第一节　研究背景与概况

一、研究背景

随着新经济时代的到来，经济全球化与产业结构新一轮大调整正在逐步演进，并得到进一步的彰显。在新的历史背景下，世界各国为取得先发优势，纷纷发展本国高新技术产业，加速推进对传统产业的升级改造，进而带动全球性产业结构优化升级。

中国作为新兴经济体的代表，产业结构的优化升级正面临着国内、国外两个市场的考验。从外部市场来看，中国作为传统劳动密集型产业集聚地的资源禀赋优势正在逐步消失。从国内市场来看，国民的产品需求结构已发生较大变化，其中居民整体消费层次已由温饱型向小康型提升，甚至一部分高收入群体其消费已进入“宽裕型”范畴。相应的产品需求结构也由基本生存型向享受型转变。随之而来的，是投资需求的相应变化。随着需求结构的不断变化与提升，中国应该放弃改革初期粗放型经济增长模式，通过产业结构的优化升级以适应新的消费需求，促进经济增长，提高经济发展质量，实现经济的可持续增长。

青海省位于中国西部青藏高原之巅，素有“中华水塔”之美誉。随着西部大开发政策的实施，青海省也走向了轰轰烈烈的经济大发展时期，国民生产总值由2000年的263.68亿元增长至2017年的2642.80亿元，年均增长率

① 本部分内容是郑永琴主持完成的青海省社会科学规划基金项目成果。主要完成人：郑永琴。

为10%左右，实现了经济的快速增长。然而在经济的快速增长与发展过程中，由于青海省经济基础薄弱，生产技术水平较低，在经济建设的过程中，出现了严重的“三高一低”的粗放型开发模式，导致自然生态环境退化、恶化现象较为严重，生物多样性锐减，水土流失严重，土地沙化、盐碱化现象严重，大气污染加剧，空气质量严重下滑等一系列生态环境问题，其严重阻碍了青海省社会经济的可持续发展。党的十六大提出要全面建设小康社会，这不仅需进一步提高经济发展质量，也需进一步促进经济转型，从而实现人与人、人与社会、人与自然的和谐发展，提高人们的生活质量，全面实现小康。党的十七大提出了进一步调整产业结构，推进产业结构的优化升级。十八大提出了大力发展第三产业服务行业，以实现国民经济持续、稳定的增长。为顺应新的历史发展要求，把握产业结构优化升级的新特征，我们有必要对青海省产业结构优化升级进行系统的研究。

二、国内外研究概况

（一）国外研究理论概述

产业结构理论的思想起源于17世纪中叶，形成于20世纪三四十年代，到了五六十年代得到了较快的发展。国外产业结构理论的研究大致可分为三个体系：产业结构演变理论、产业结构调整理论和产业结构演变模式。其中，产业结构演变理论主要涉及三次产业结构（产值结构与劳动力就业结构）以及工业内部结构的演变规律与发展特征问题，其代表性的理论有配第—克拉克定理、库兹涅茨法则、霍夫曼定理和钱纳里“标准结构”理论；产业结构调整理论主要研究一国或地区如何通过产业结构优化与升级来推动区域经济发展的问题，其代表性的理论是刘易斯的“二元结构”理论和罗斯托的主导产业理论；产业结构演变模式则从“发展模式”的角度研究了一国（地区）如何运用成型的产业发展模式推动地区工业化进程和经济发展的问题，其代表性的理论主要是赤松要的雁行模式和弗农的产品循环发展模式。

（二）国内研究理论概述

与国外产业结构理论发展速度相比，国内产业结构理论发展十分缓慢。直到20世纪下半叶，中国才正式开始研究产业结构问题。其主要研究方向大致可分为：一是引进相关理论和方法；二是应用西方的研究成果解决中国的实际问题；三是对理论、产业发展机制等进行创新。其中，第二层次是国内研究的主要方向。如我国学者孙尚清和马建堂（1988）运用产业结构演进理论首次系统地阐述了中国产业结构演变的历程、机制及其规律。周振华（1992）在充分考虑本国经济发展特点的基础上，提出了以增长后劲、市场需求和瓶颈制约等作为发展中国家和地区主导产业选择的基准，这就是比较著名的“周振华三基准”理论。申飞通过构建经济增长质量评价指标体系，分析了产业结构变动对经济增长质量的贡献。王兵、陈雪梅采用 VAR 模型进行动态分析，发现产业结构与经济增长居于长期稳定的均衡关系。梁潇蕾运用回归分析法定量分析了区域贸易对本地区产业结构的影响，得出了贸易结构是区域产业结构升级不可替代的推动力量。卓锰刚建立了基于节能减排的产业结构优化评价指标体系，并运用 Shift-share Method 模型实证分析浙江基于节能减排的产业结构优化，提出了具体的优化对策和措施。黎志成（2005）在完全信息动态条件下，通过构建粮食流通产业结构优化的博弈模型，分析了这一产业结构调整在中央与地方政府之间的博弈过程。唐辉荣（2009）认为，随着经济全球化进程的推进和知识经济时代的到来，应赋予产业结构转换升级的活力，产业结构优化升级是中国经济发展与创新的最优选择。徐冗（2010）认为，未来中国产业结构调整要科学合理地确定结构调整的目标和进度，在淘汰落后生产力的同时要鼓励先进生产力的发展；运用科技创新手段，对传统技术进行改造和革新，以改变传统的生产力发展方式，从而促进地区产业竞争力的提升。

三、产业结构优化升级的理论基础

（一）产业结构优化升级的含义及内容

产业结构优化升级是指通过产业调整，逐步提高产业结构效率和产业结构水平，促进产业结构合理化和高级化的过程。一方面，产业结构优化升级是一个相对概念，在不同国家或地区有着不同的内容。它是指以国民经济效益最优为目标，根据本国或本地区的地理环境、资源条件、人口规模、经济发展阶段、生产力水平、国际贸易和国际投资等特点，通过对产业调整，使产业结构与本国或本地区的发展实际相适应，最终实现各产业的协调发展。另一方面，它是一个动态的概念，在不同的经济发展阶段和时点上，产业结构优化升级的方向与目标是不同的。它是指通过不断地调整产业结构，使一国或地区的资源配置效率达到最优的过程。

由于产业结构的优化升级会受到内因和外因等各种因素的共同影响，故产业结构的优化升级可以概括为影响产业结构各种因素的优化。根据优化对象的不同，其主要包含以下几方面内容：供给结构的优化、需求结构的优化、技术结构的优化、国际贸易结构的优化、国际投资结构的优化。

（二）产业结构优化升级标志及其判定标准

在产业优化升级的过程中，产业结构的合理化和高度化是衡量产业结构优化的两个重要标志。其中，产业结构合理化是产业结构优化的基础和前提，产业结构高度化是产业结构优化的目标与方向。

1. 产业结构的合理化及其判定标准

产业结构合理化主要是指产业与产业之间协调能力的增强和关联水平的提高，是依据产业关联技术经济的客观比例关系，调整资源在各产业部门之间的合理配置，促进国民经济各产业间协调发展的过程。它是一个动态的、相对的概念，要求的是相对的均衡和协调。一般而言，产业结构合理化的内容主要包括产业结构的协调和产业结构的均衡两个方面。协调是产业结构合理化的核心内容。

目前，理论界主要的判断标准有以下几方面：一是国际标准，即以钱纳里等人倡导的标准产业结构为依据，来判断经济发展不同阶段上的产业结构是否达到了合理化；二是需求结构标准，即以产业结构和需求结构相适应的角度判断产业结构是否合理；三是产业间比例平衡标准，即以产业间的比例是否平衡作为判断产业结构是否合理。本文在分析产业结构合理化时，主要采用国际标准和产业间比例平衡标准分析。

2. 产业结构的高度化及其评判标准

产业结构的高度化，又称产业结构高级化、现代化，是指产业结构从较低级状态向较高级状态转换的动态发展过程，也是产业结构向高技术化、高知识化、高加工度化和高附加值化发展的过程。它是一个相对的、动态的概念。包括两个方面：一是产业结构比例的高度化，二是产业结构水平的高度化。

衡量一国产业结构高级化的两种基本方法：一是标准结构法，即根据库兹涅茨、钱纳里、塞尔奎因等人做出的“标准结构”了解一国经济发展到哪一阶段以及产业结构高级化的程度；二是相似系数法，即以某一国的产业结构为参照系，通过相似性系数法的计算，将本国的产业结构与参照国产业结构进行比较，以确定本国产业结构高级化程度的一种方法。本文主要采用标准结构法分析青海省产业结构的高度化。

3. 产业结构合理化与高度化的关系

产业结构合理化和产业结构高度化是相互联系、相互影响的。产业结构合理化是产业结构高度化的前提条件和首要保证，产业结构合理化促进产业结构高度化，以高度化推动产业结构在更高层次上实现协调。同时，产业结构合理化也是一定高度基础上的合理化，产业结构合理化主要从静态状况或在一定阶段上要求优化产业结构，产业结构高度化主要从动态趋势要求优化产业结构，它是一个渐进的长期发展过程。产业结构高度化是产业结构从一种合理化状态上升到更高层次合理化状态的发展过程，因此，产业结构高度化是产业结构合理化的必然结果。

第二节　产业结构优化模型及影响因素

影响产业结构调整的因素很多，在现实经济的随机波动下，这些因素又显现出不确定性，针对此种情况，可以选择随机规划的方法来研究区域产业结构优化问题。投入产出表是在整个经济体系的均衡生产基础上构建得来的，是对产业间关系以及产业内部关系进行研究的一个很有价值的工具。本节将投入产出分析与多目标数学规划相结合，在此基础上，建立产业结构优化模型。

一、产业结构优化模型

产业结构的优化，实际上就是对现实经济中不确定的随机波动作的一个优化处理，即在有限的投入约束下，通过怎样的变化，尽可能地达到所要求的目标。据此，我们可以构建一个产业结构优化模型进行具体分析。

对一地区的产业结构优化进行分析，就是分析在有限要素投入下，有没有更大的产出，或者说有没有更高的产出增长率。钱纳里、库茨涅茨等人“标准产业结构”的研究思想，都是针对经济发达国家或地区在一定时间段内的产业结构表现形式进行分析的基础上得来的。而这些国家或地区的经济之所以取得较快、较好发展，是因为相对于比较落后的国家和地区而言，他们在各个产业的生产效率上都具有一定的优势。从这个角度而言，本文认为区域产业结构优化的最终落脚点应该是对各个产业投入产出的生产效率进行更进一步的优化。通过对各产业投入产出的计量，可以对各个产业生产的相对效率进行优化，减少生产效率相对低下部门（关乎国计民生或区域安全、稳定的部门除外）的投入，将减少的这部分要素投入增加到生产效率相对较高的部门，以促进其相关产业的发展，以此带动产业结构的变化。从经济学的角度上看，这个产业结构的优化，实际上就是帕累托改进，其对社会、经济的发展都起到了一定的促进作用。

理论上用来衡量特定区域产业结构优化的目标有很多，但是具体到经济模型中可以用来进行计量分析的无外乎只有这么几种：产出最大，就业最大，人均收入最大和污染最小等等。在此，我们可以选取这些目标作为区域产业结构优化的目标函数。而相应的约束条件就是投入要素最小。那么区域产业结构优化的过程就是如何生产才能达到在投入最小的情况达到所要求的目标。据此，我们利用数学规划的方法，建立关于区域产业结构优化的理论模型。

（一）模型的提出

一般的数学规划可以描述为以下的形式

$$\begin{cases}\max f(x)\\ s.t.\ g_i(x)\geqslant 0,\ i=1,\ 2,\ 3,\ \cdots,\ n\end{cases}$$

其中，$\max f(x)$ 表示目标函数，而 $g_i(x)\geqslant 0$ 则表示约束条件。

Charnes 和 Cooper 在此基础上进行演变，提出了能够对具有多个投入、多个输出的决策单元的相对效率进行评价的数据包络分析方法（简称 DEA 方法）。

DEA 方法一般都是基于一定的生产可能集来讨论各 DMU 的生产有效性的。设某个 DMU 在一项经济活动中的输入向量为 $X=(x_1,\ \cdots,\ x_m)^T\in E_+^{\ m}$，输出变量为 $Y=(y_1,\ \cdots,\ y_s)^T\in E_+^S$，我们可以用生产可能集 T 来表示这个 DMU 的整个生产活动：

$T=\{(x,y)|$ 产出 Y 能用输入 X 生产出来$\}$

生产可能集反映了生产过程中投入、产出和技术的关系。在实际应用中，根据经济环境和经济特性，以及生产可能集刻画具体事物和表述的特征不同，在 CCR 模型基础上，又演变出了 BCC，FG 和 ST 等 DEA 模型。令 T_{CCR}，T_{BCC}，T_{FG}和 T_{ST}分别为 DEA 模型 CCR，BCC，FG 和 ST 的生产可能集，则有：

$$T_{CCR}=\{(X,Y)\mid \sum_{j=1}^{n}\lambda_jX_j\leqslant X,\sum_{j=1}^{n}\lambda_jY_j\geqslant Y,\lambda_j\geqslant 0\} \quad (6-1)$$

$$T_{BCC}=\{(X,Y)\mid \sum_{j=1}^{n}\lambda_jX_j\leqslant X,\sum_{j=1}^{n}\lambda_jY_j\geqslant Y,\lambda_j\geqslant 0\},\sum_{j=1}^{n}\lambda_j=1 \quad (6-2)$$

$$T_{FG}=\{(X,Y)\mid \sum_{j=1}^{n}\lambda_jX_j\leqslant X,\sum_{j=1}^{n}\lambda_jY_j\geqslant Y,\lambda_j\geqslant 0\},\sum_{j=1}^{n}\lambda_j\leqslant 1 \quad (6-3)$$

$$T_{ST}=\{(X,Y)\mid \sum_{j=1}^{n}\lambda_jX_j\leqslant X,\sum_{j=1}^{n}\lambda_jY_j\geqslant Y,\lambda_j\geqslant 0\},\sum_{j=1}^{n}\lambda_j\geqslant 1 \quad (6-4)$$

结合 DEA 模型生产可能集的公理体系可以知道，这四个模型最大的区别在于对规模收益情况的界定。其中，CCR 模型由于满足 DEA 模型生产可能集的“锥性公理”，它所描述的是规模报酬不变的情形；而 BCC 模型则对此有所放宽，没有严格意义上满足“锥性公理”，就可以用来描述规模报酬变化的情形；FG 模型和 ST 模型则分别对应规模报酬非递增和规模报酬非递减的情形。因此，DEA 模型的演变使得对于相对生产效率的研究更加精确了，可以针对不同情形选择不同的模型。

（二）模型的建立

基于上文对 DEA 方法的介绍，我们选择 BCC 模型应用于区域产业结构的优化。因为，BCC 模型考虑到了生产的规模报酬问题，而 CCR 模型却是基于规模报酬不变的假设条件来研究各个决策单元生产的相对生产效率。这个严格的假设条件在现实经济中很难实现，并且对产业结构优化，规模报酬是必须要考虑到的重要因素之一。因此，我们选择更加符合要求的 BCC 模型。

1. BCC 模型

设有 n 个 DMU：BCC 模型的线性规划方程为：

$$\begin{cases} \min \theta \\ \sum_{j=1}^{n} X_j\lambda_j \leqslant \theta X_0 \\ \sum_{j=1}^{n} Y_j\lambda_j \geqslant Y_0 \\ \sum_{j=1}^{n} \lambda_j = 1 \\ \lambda_j \geqslant 0 \end{cases} \tag{6-5}$$

利用公式（6-5）检验 DUM_{j0} 的 DEA 有效性，它表示在生产可能集 T_{BCC} 内，当产出 Y_0 保持不变的情况下，尽量将投入 X_0 按同一比例 θ 减少。如果投入量 X_0 不能按同一比例减少，即线性规划的最优值 $\theta^0=1$，在单输入和单输出的情况下，DUM_{j0} 为 DEA 有效；如果投入量 X_0 能按同一比例减少，即线性规划的最优值 $\theta^0<1$，则说明可以用比 DUM_{j0} 更少的投入而保持相同的产出不变，即 DUM_{j0} 不为 DEA 有效。

引入剩余变量和松弛变量 S^+，$S^- \geqslant 0$，公式（6-5）可被表述为如下形式：

$$\begin{cases} \min \theta \\ \sum_{j=1}^{n} X_j\lambda_j + S^- = \theta X_0 \\ \sum_{j=1}^{n} Y_j\lambda_j - S^+ = Y_0 \\ \sum_{j=1}^{n} \lambda_j = 1 \\ \lambda_j \geqslant 0 \end{cases} \tag{6-6}$$

根据线性规划对偶理论中的“紧松定理”，需要判断式（6-6）所有的最优解 λ_0，S^{-0}，S^{+0}，θ^0都满足：$\theta^0=1$，$S^{-0}=0$，$S^{+0}=0$。无论利用线性规划式（6-5），还是利用其对偶规划式（6-6），直接判断 DEA 有效性都存在技术上的困难。因此，引入非阿基米德无穷小的概念。

令 $\varepsilon>0$ 是一个非阿基米德无穷小量（non-Archimedean），ε 是一个小于任何正数且大于 0 的数。考虑具有非阿基米德无穷小 ε 的 BCC 模型：

$$\begin{cases}\min[\theta-\varepsilon(\hat{e}^T S^- + e^T S^+)] \\ \sum_{j=1}^{n} X_j\lambda_j + S^- = \theta X_0 \\ \sum_{j=1}^{n} Y_j\lambda_j - S^+ = Y_0 \\ \sum_{j=1}^{n} \lambda_j = 1 \\ \lambda_j \geqslant 0 \end{cases} \tag{6-7}$$

式中，$\hat{e}=(1, 1, \cdots, 1)^T\in E^m$，$e=(1, 1, \cdots, 1)^T\in E^s$。

设 λ_0，S^{-0}，S^{+0}，θ^0为式（6-7）的最优解。我们便可利用具有非阿基米德无穷小的式（6-7）来检验 DUM_{j0}的 DEA 有效性。

若 $\theta^0<1$，则 DUM_{j0}不为 DEA 有效；

若 $\theta^0=1$，$\hat{e}^T S^- + e^T S^+>0$，则 DUM_{j0}为弱 DEA 有效；

若 $\theta^0=1$，$\hat{e}^T S^- + e^T S^+=0$，即 $S^-=0$，$S^+=0$，则 DUM_{j0}为 DEA 有效

判断决策单元的有效性，本质上是判断它是否位于生产可能集的有效前沿面上。那么，对于非 DEA 有效的决策单元，类似于图 6-1 中的 DUM_4，不位于任何一个生产可能集的有效前沿面上，对于这样的非有效决策单元我们如何分析其非有效的原因和程度以及如何对原有的投入向量和产出向量进行调整，使其成为 DEA 有效，就需要通过决策单元在 DEA 有效前沿面上的“投影”来实现。

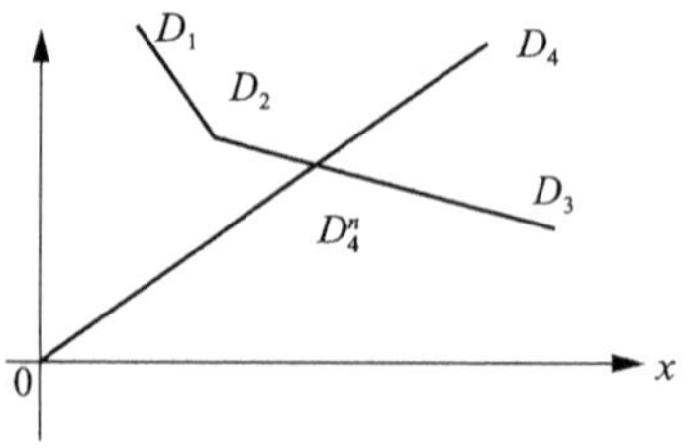

图 6-1　决策单元在有效前沿面上的投影

如图 6-1 所示，其为一个三维输入可能集，其中 DUM_1，DUM_2，DUM_3是 DEA 有效的，而 DUM_4非 DEA 有效，现将 DUM_4与原点连线，交等量线于 DUM_4^n，则 DUM_4^n 是 DEA 有效的。

设 λ_0，S^{-0}，S^{+0}，θ^0是线性规划（6-7）的最优解，令

$$\hat{X}_0=\theta_0 X_0-S^{-0}$$

$$\hat{Y}_0=Y_0-S^{+0}$$

定义（$\hat{X}_0$，$\hat{Y}_0$）为 DUM_{j0}对应的（X_0，Y_0）在 DEA 有效前沿面上的“投影”。

不难看出

$$\hat{X}_0=\theta_0 X_0-S^{-0}=\sum_{j=1}^{n} X_i\lambda_j^0$$

$$\hat{Y}_0=Y_0+S^{+0}=\sum_{j=1}^{n} Y_j\lambda_j^0$$

若 DUM_{j0}为弱 DEA 有效，则 $\hat{X}_0=\theta_0 X_0-S^{-0}$，$\hat{Y}_0=Y_0+S^{+0}$

若 DUM_{j0}为 DEA 有效，则 $\hat{X}_0=X_0$

$$\hat{X}_0=Y_0$$

并且可以看出，DUM_{j0}的投影（$\hat{X}_0$，$\hat{Y}_0$）构成了一个新的决策单元，它是 DEA 有效的，即（$\hat{X}_0$，$\hat{Y}_0$）是位于生产可能集的生产前沿面上的。从这里可以看出，DEA 方法有助于估计未知的经济生产函数。

一般记 $\Delta X_0=X_0-\hat{X}_0=(1-\theta^0)X_0+S^{-0}\geqslant 0$ 为输入剩余，$\Delta Y_0=Y_0-\hat{Y}_0=S^{+0}\geqslant 0$ 为输出亏空，（ΔX_0，ΔY_0）分别表示当决策单元想要转变为 DEA 有效时，输入和输出变化的估计量。

决策单元在 DEA 有效前沿面上的投影，实际上为改进非有效决策单元提供了一个可行的方案，同时也指出了非有效的原因。若原（X_0，Y_0）非有效，则通过对其“投影”，得到（$\hat{X}_0$，$\hat{Y}_0$），可以在不减少输出的前提下，使原来的输入减少，或在不增加输入的前提下，使输出增加。

2. 指标体系的确定

根据国民经济体系中的生产关系，结合投入产出表，本文选取固定资本投资，劳动的投入和能源消耗作为输入变量；输出变量为产出和人均产出；各产业部门为决策单元。相应的指标矩阵表述如下：

输入矩阵：$I=(K, L, S)$

$$K=(k_1, k_2, \cdots, k_i)^T, (i=1, 2, \cdots, m)$$
$$L=(l_1, l_2, \cdots, l_j)^T, (j=1, 2, \cdots, m)$$
$$S=(s_1, s_2, \cdots, s_u)^T, (u=1, 2, \cdots, m)$$

输出矩阵：$O=(Y, W)$

$$Y=(y_1, y_2, \cdots, y_h)^T, (h=1, 2, \cdots, m)$$
$$W=(w_1, w_2, \cdots, w_v)^T, (v=1, 2, \cdots, m)$$

决策单元：

$$\mathrm{DUM}=(dum_1, dum_2, \cdots, dum_g)^T, (g=1, 2, \cdots, m)$$

向量 K 就是各决策单元在某一经济核算周期内固定资本的投入；向量 L 则表示各决策单元在相同周期内劳动力的投入；向量 S 是各决策单元的能源消耗；向量 Y 是相应的各决策单元的总产值；向量 W 是各决策单元的人均产出；向量 DMU 则表示是各个行业。根据研究的需要，在此 DMU 只有第一、二、三产业。根据中国统计局公布的 GB/T 4754-2011 总共将三大产业细分为 42 个行业，那么，此处的 DMU 总共就有 42 个。

由此，我们构建了区域产业结构优化的 BCC 模型，如式（6-8）所示。

$$\begin{cases} \min[\theta-\varepsilon(\overset{\wedge T}{e}S^-+e^TS^+)] \\ \sum_{j=1}^{42} I_j\lambda_j+S^-=\theta I_0 \\ \sum_{j=1}^{42} O_j\lambda_j-S^+=O_0 \\ \sum_{j=1}^{42}\lambda_j=1 \\ \lambda_j\geqslant 0 \end{cases} \tag{6-8}$$

式中，I 表示投入矩阵，O 表示产出矩阵。

运用此模型，结合选取的指标数据，就可以利用 DEA 方法实证分析区域内各产业的生产效率，进而对区域产业结构优化进行分析。

二、产业结构优化的影响因素

产业结构优化是一个长期的、动态的过程，是对不合理的产业结构进行调整的过程。因此，其影响因素会涉及诸多方面。依据本章产业结构的推动力量分析，可以从影响政府主导作用和影响市场机制作用两个方面来分析影响产业结构优化的因素，这对于更好地实现产业结构优化有着十分重要的意义。

（一）政府主导方面的因素

政府部门在主导区域内产业结构优化时，受经济发展战略、产业发展政策、经济、社会、法律、文化等外部环境，以及制度等因素的制约。

1. 经济发展战略

经济发展战略通常是指由区域政府部门制定，用来指导本区域内经济发展的战略性方针政策。只有在正确认识本区域的具体情况，并依据经济发展的规律，制定出的经济发展战略才能更好地推动区域内产业结构优化。与由市场自发进行产业结构优化对比，这一时间周期可以缩减很多，对于发展中地区或欠发达地区的经济发展而言，可以更快地追赶发达地区的经济水平。

2. 产业发展政策

产业发展政策对某一国家或地区产业的发展壮大是至关重要的，任何层面的政策倾斜都会严重影响到该产业的发展。由于经济社会中资源是稀缺的，因此某一产业资源要素的流入不仅受产业当前利润的影响，还与政府部门对这一产业政策的扶持息息相关。当政府部门对某一产业的发展制定出较优惠的政策扶持时，例如税收减免，财政支持，融资便利等，就会导致这一产业的飞速发展；而当政府部门对某一产业的发展在税收、融资等方面给予一定的约束时，逐利的本性使得部分企业会退出这一行业，引起行业规模萎缩，进而带动产业发展不前。如中国在进入 21 世纪时，受能源资源的约束和循环经济发展战略的影响，大力发展风力发电项目，并对这一行业的发展予以很大的政策倾斜，引起很多企业纷纷进入，从以前整个行业的无人问津到现在陆续出现了华锐风电、金风科技、湘电股份、特变电工等近 40 家上市公司，带动了整个风电行业的蓬勃发展。近几年来，受风电使用技术和设备市场饱和的限制，整个风电行业产能过剩，国家又相应取消政策层面的支持，各企业相继出现严重亏损，纷纷退出风电行业，行业规模在逐渐萎缩。由此可见，政府部门对某一产业政策层面的支持，对产业的发展是十分重要的。

3. 外部环境

这里的外部环境包括经济、社会、法律、文化等方面。一区域的外部环境对该区域内产业结构优化也是有很大的影响。这些外部环境的好坏与政府部门有着直接的关系。好的经济环境会带动区域内消费和投资的增加，促进各产业蓬勃发展；而经济环境的恶化会引起区域内产业的萎缩或倒闭，进而影响到区域内的产业结构。

社会环境的好坏对产业结构的影响与之相似。好的法律环境在市场竞争、产权保护等方面可以起到促进作用，推进技术进步，实现区域内产业结构优化。文化环境在消费习惯等方面对产业结构优化也起到一定的作用。

4. 制度

制度对产业结构优化也具有重要的作用。合规、合理的制度在很大程度上会促进区域内产业结构的优化。例如，人口制度、财产制度、财税制度、市场制度以及相关的行政制度等都能够对区域内产业结构优化起到直接的作用，而企业制度、收入分配制度、技术制度等则通过影响需求和供给等方面，间接地影响区域内产业结构的变化。

（二）市场机制方面的因素

市场机制对于产业结构优化的影响可以从需求和供给两个方面来分析。其中，需求方面有消费需求和投资需求；供给方面主要是资源要素禀赋。

1. 消费需求

消费需求对产业结构变化的影响，最直观的表现就是可以影响最终产品和中间产品的生产结构和生产规模，进而带动区域内产业结构的变化。其具体表现在，随着居民收入水平的提高，人们的消费需求总量会进一步扩大，相应的消费结构也会随之发生变化。这种消费需求总量的变动和消费结构的多样化变动会带动产业也发生相应的变化。市场的这种自发作用机制会带动区域内产业结构的变化。

2. 投资需求

投资需求是最终消费的一部分，也是新的生产能力形成的主要基础。它主要有固定资产投资和流动资产投资两种形式。对产业结构变化影响最大、最直接的是固定资产的投资，它对区域产业结构变化有直接影响，而流动资产的投资只是在此基础上起到辅助的作用。对现有的部分产业进行投资，可以促进这些产业部门比其他产业部门发展更快，进而改变当前的区域内产业结构现状；对现有的全行业的投资，可以带动整个产业的发展，进而也会影响到目前区域内的产业结构；对新兴产业的投资，新的产业将会出现，进而改变区域内现有的产业结构现状。随着市场的自发作用，这些投资将会带动区域内产业结构进行相应的变化。从这个方面来说，投资需求也是影响产业结构变化的一个因素。

3. 资源要素禀赋

一区域的资源要素禀赋在该区域产业结构的形成、产业结构的优化方面会产生重要的影响。这里的资源要素禀赋不仅包括自然资源禀赋，还包括其他的非自然资源禀赋，例如人力资源等。在市场机制条件下，一区域的经济发展都偏向于资源禀赋优势产业，其产业结构或多或少都带有资源开发型的特征，例如中国的山西、内蒙古等省份，是煤炭、金属等自然资源丰富的地区，这两个省份都凸显出以优势资源形成相应的生产加工产业结构。其产业结构的变化也是围绕着这些优势产业在生产规模、生产方式以及产品品种等方面进行相应的递进升级。因此，从这个方面来讲，区域的产业结构优化与本地区的资源禀赋有很大的关系。当然，资源禀赋对产业结构优化的影响主要体现在经济发展的初期阶段，随着区域经济水平的上升，资源禀赋对产业结构优化的影响力度会相应的减小。

当然，由于产业结构优化是动态的发展过程，在这个过程中可能还有一些因素会对其造成影响。以上几个影响因素主要是从产业结构优化的动力分析方面来综合概括的，也是在优化产业结构过程中影响较大的因素，其他的影响因素在此就不再综合叙述了。

第三节　青海省产业结构现状及优化升级问题分析

青海省位于中国西部地区青藏高原之巅，素有“中华水塔”之称，是澜沧江、黄河、长江的发源地。从新中国成立初期到2017年，历经十三个“五年发展规划”，青海省地区生产总值从1952年的1.63亿元增长到2017年的2642.80亿元，按可比价格计算，比上年增长7.3%，增速在全国位居第12位。分产业看，第一产业增加值为238.41亿元，比上年增长4.9%，占地区生产总值比重为9.0%，对地区生产总值贡献率为5.7%；第二产业增加值为1180.38亿元，增长7.2%，占地区生产总值比重为44.7%，对地区生产总值的贡献率为49.21%；第三产业增加值为1224.01亿元，增长7.9%，占地区生产总值比重为46.3%，对地区生产总值贡献率为45.1%。2017年青海省完成全社会固定资产投资3897.14亿元，比上年增长10.3%。2017年全省地方财政收入达408.70亿元，人均地区生产总值也从1952年的101元上升到2017年的44348元。人均耕地面积2017年达到1.42亩。常住人口在2017年上升到598.38万人，城镇人口与农村人口的比例大约是1∶1。

一、青海省产业结构演变历程

新中国成立以后，历经60多年的发展，青海省经济取得较大的成就，经济总量迅速提升，尤其是实施西部大开发政策以来，经济增长速度十分显著。伴随着经济的快速发展，产业结构状况也得到一定的改善，其具体变动过程如图 6-2 所示。

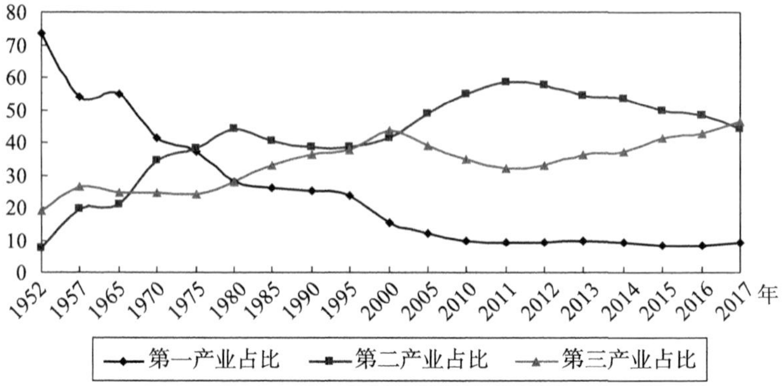

图 6-2　青海省产业结构变动图（1952—2017 年）

（一）第一阶段（1952—1979 年）

从新中国成立初期到改革开放是中国工业化发展战略的初始阶段，在这个阶段，整个国民经济的产业结构呈现出优先发展工业的特点。这也是由中国当时的国情决定的。与此相对应的青海省产业结构也呈现出这样的规律特点，即第一产业处于下降趋势，第二、第三产业却飞速上升。如图 6-2 所示，1952 年青海省三次产业的产值比重为 73.6 ：7.4 ：19.0，到 1979 年，这个比值结构变化为 26.14 ：50.95 ：24.88。其中，第一产业产值下降了 47.46 个百分点，第二产业产值上升了 43.55 个百分点，第三产业产值上升了 5.88 个百分点。这个阶段我们可以看成是青海省工业发展的初步形成阶段。产业结构由以前的第一产业占主导的结构慢慢演变成以第二产业为主的格局。产业结构的这种变化并不是完全由市场机制所导致的，而是中国实行计划经济的产物。如，工农业产品的“剪刀差”，严格限制农产品的价格，并把一切资源倾斜到工业的发展上来，导致对工业的投入远远超出对第一产业的投入。随着工业发展带来的是交通运输业的发展，从而促进第三产业的发展。相对应的产值结构就呈现出第二、第三产业飞速发展，而第一产业却处于下降的发展阶段。

（二）第二阶段（1980—1999 年）

自改革开放以来，中国由以前的计划经济逐步向市场经济进行过渡，价格管制逐步放开，产业发展政策开始慢慢趋于平衡。这就导致三次产业结构也发生相应变化。青海省在这 20 年间，第一产业仍然呈逐步下降趋势，由 1980 年的 28. 1%下降到 1999 年的 17. 6%，下降了近 11 个百分点；第二产业处于上下波动阶段，变化幅度不大，由 1980 年的 44%下降到 1999 年的 39. 3%，下降了近 5 个百分点；第三产业的产值比由 1980 年的 27. 9%上升到 1999 年的 43. 2%，上升幅度近 16 个百分点。综合而言，在这个阶段，第一、第二产业在国民经济体系中的占比都呈下降趋势，其中第一产业比重下降的幅度大大超过第二产业的下降幅度，而第三产业的比重却飞速上升。这主要是因为改革开放以后，中国大力发展生产力，追求经济增长速度，并逐步放开计划经济时代的一些产业发展政策，使得市场在资源配置中起到更好的作用，产品能够自由流通，再加上前期长时间的经济积累，使得交通、商贸等传统服务业也得到较快发展，进而带动产业结构的变化。在这种经济形势和产业政策下，青海省的产业结构发生了相应的变化。

（三）第三阶段（2000—2003 年）

在这个阶段，第一产业在国民经济中的比重仍呈下降趋势，由 2000 年的 15. 2%下降到 2003 年的 12. 4%，下降幅度近 3 个百分点；第二产业产值比重总体呈上升趋势，由 2000 年的 41. 3%上升到 2003 年的 44. 1%；而第三产业发展较为滞缓，变化幅度不大，基本处于 43. 5%左右。这一阶段的总体特征是，第二产业稳步上升，产业结构仍呈“二三一”的发展模式。

（四）第四阶段（2004 年至今）

在这一阶段中，三次产业的产值结构发生了新的变化。其中，第一产业的产值比重由 2004 年的 13. 0%下降到 2017 年的 9. 0%；第二产业的产值比重由 2004 年的 45. 4%上升到 2011 年的 58. 4%，2012 年又开始小幅下降，到 2017 年第二产业产值比重下降为 44. 3%；第三产业产值比重在 2011 年达到最低值 32. 3%后出现了上升趋势，到 2016 年上升为 46. 6%。

二、青海省产业结构现状分析

（一）青海省三次产业内部发展现状分析

1. 青海省第一产业发展现状分析

青海省是个畜牧业大省，其独特的自然地理环境条件决定了第一产业以畜牧业为主，是中国重要的畜牧业产品生产基地。近年来，随着科学技术的发展和农作物品种的引进，其他经济作物品种也相对较为丰富，形成了以畜牧业、农业为主，适度发展林业、渔业的第一产业发展格局。

表 6-1 显示了 1980—2017 年间青海省第一产业内部各行业占比的变动情况。农业占比呈下降趋势，而渔业、畜牧业和林业的占比有所上升。青海省农业占比虽呈下降趋势，由 1980 年的 50. 29%下降至 2017 年的 44. 6%，但仍占半壁江山之位；畜牧业近年来随着“退耕还草”政策实施，畜牧业总产值由 1980 年的 47. 23%上升到 2017 年的 50. 26%，上升了近 3 个百分点，占据了第一产业主导地位。而渔业和林业则成为“星星产业”，仅占第一产业总产值的 3%~4%。渔业起先由 1980 年的 0. 16%下降至 2009 年的 0. 05%，后因青海省采取渔业休养生息——禁渔政策，2017 年又上升至 0. 94%。由于“退耕还林”政策的执行，林业也由 1980 年的 0. 9%上升至 2017 年的 2. 48%。随着渔业、林业的发展，青海省部分地区生态环境得到改善与发展。

表 6-1　1980—2017 年青海省第一产业各行业份额

	农业（%）	林业（%）	畜牧业（%）	渔业（%）
1980	50. 29	0. 90	47. 23	0. 16
1985	47. 96	4. 26	42. 75	0. 17
1990	48. 22	3. 35	43. 02	0. 15
1995	48. 25	2. 61	48. 84	0. 30
2000	46. 66	3. 70	49. 48	0. 16
2005	38. 75	1. 86	54. 97	0. 07
2010	45. 74	1. 87	50. 40	0. 06
2011	44. 58	1. 81	51. 70	0. 09
2012	44. 38	1. 73	51. 95	0. 21
2013	45. 29	1. 83	50. 89	0. 41
2014	44. 03	2. 02	51. 65	0. 68
2015	45. 42	2. 33	49. 60	0. 87
2016	45. 90	2. 45	48. 91	0. 96
2017	44. 60	2. 48	50. 26	0. 94

资料来源：《2018 年青海省统计年鉴》。

2. 青海省第二产业发展现状分析

自 20 世纪 80 年代以来，青海省第二产业产值呈迅猛上升趋势。由 1980 年的 44. 1%上升至 2017 年的 48. 6%。其中建筑业占比自 1980 年的 12. 1%开始逐年上升，到 2017 年建筑业在第二产业占比上升至 14. 7%，工业则由 1980 年的 31. 9%上升到 2016 年的 37. 5%，2017 年又小幅下降致 29. 6%。从这个角度来看，说明青海省工业占第二产业的份额呈逐年上升趋势。这主要是由于近年来青海省一直在强力推行新型工业化和加快建筑产业发展，突破发展高新技术产业，做大做强支柱产业。形成了以冶金、盐湖化工等工业产业为支柱，大力发展盐湖化工、生物制药、新能源以及新材料行业等高新技术产业，由此拉动了第二产业在三次产业中所占份额新一轮的上升。

在工业内部，近年来青海省轻、重工业产值上升十分迅速，轻工业总产值由 2008 年的 66.66 亿元上升至 2017 年的 355.29 亿元，重工业总产值由 2008 年的 1036.43 亿元上升到 2017 年的 2139.00 亿元，青海省重工业总产值明显高于轻工业，这标志着青海省工业仍以重工业为主。（具体见表 6-2 所示）

表 6-2 青海省轻、重工业总产值 单位：亿元

	2008 年	2009 年	2010 年	2011 年	2012 年	2013 年	2014 年	2015 年	2016 年	2017 年
轻工业	66.66	87.56	117.67	145.22	200.02	271.31	364.52	447.93	526.20	355.29
重工业	1036.43	992.79	1364.32	1748.32	1999.79	1623.30	2291.34	2070.19	2309.37	2139.00

资料来源：《2009—2018 年中国工业统计年鉴》。

3. 青海省第三产业发展现状分析

青海省第三产业发展是自改革开放以后才有所起色的。多年来，优先发展工业的经济发展战略为其服务业的发展奠定了良好的基础，服务业发展也结束了以往长期徘徊的局面，步入了正常的发展轨道。30 多年来，交通运输、批发零售贸易、餐饮等传统服务业稳步发展，旅游、房地产、信息、计算机服务及软件、科研等新兴服务业也不断拓展。1978 年—2017 年，全省服务业生产总值由 4.16 亿元增加到 1224.01 亿元，第三产业在三次产业中的占比情况由 1978 年的 26.8%上升到 2017 年的 46.6%，比上年增长了 7.3%。

在服务业行业中，传统的交通运输、批发零售、住宿餐饮业在保持稳定发展的同时，金融保险业、房地产和科学教育事业、社会服务业得到了较快发展，新兴的服务业行业更加突出，发展速度较迅猛。分行业来看，到 2017 年，交通运输仓储及邮政业、批发零售、住宿餐饮等传统服务业占青海省第三产业的 26.27%（如表 6-3 所示），而金融、房地产等新兴服务业则占第三产业的七成以上，已经成为服务业中的支柱。尤其是金融行业发展较快，从 2008 年的 8.56%提高到 2017 年的 22.43%，增长近 14 个百分点，各类金融服务机构在国民经济中的地位也愈加突出。此外，其他新兴服务业也获得了全面发展，其在第三产业中所占比重由 2008 年的 46.84%增长到 2009 年的 50.15%，2010 年又开始下降，2017 年这一比重为 46.33%。

表 6-3　青海省第三产业各行业产值所占份额

	传统服务行业			现代服务行业		
	交通、仓储和邮政服务（%）	批发零售（%）	住宿餐饮（%）	金融业（%）	房地产（%）	其他新兴服务业（%）
2008	11.44	14.97	3.90	8.56	6.03	46.84
2009	12.38	16.59	3.65	11.45	5.78	50.15
2010	13.01	17.30	3.46	11.58	5.40	49.26
2011	12.50	17.35	3.50	11.58	5.38	49.69
2012	11.51	17.53	3.43	13.41	4.65	42.99
2013	10.77	18.32	3.41	13.69	4.96	48.84
2014	9.58	17.66	4.37	20.54	5.74	41.71
2015	9.10	15.50	4.30	22.10	5.40	48.70
2016	8.63	14.8	4.19	22.32	5.10	44.96
2017	8.47	13.8	4.00	22.43	4.97	46.33

资料来源：《中国统计年鉴（2009—2018 年）》。

（二）三次产业就业构成分析

从《2018 年青海省统计年鉴》中，我们可以得到 1952—2017 年近 60 多年来青海省三次产业的从业人数占全省从业人员总数的比重，如图 6-3 所示。从图 6-3 可以看出，自 1952 年以来，青海省第一产业就业比重持续下降，从 1952 年的 87.1%下降为 2017 年的 35.1%；第二产业比重稳中有升，从 1952 年的 1.5%上升到 2017 年的 22.4%；第三产业就业比重上升较为迅猛，从 1952 年的 11.4%上升为 2017 年的 42.5%。就业结构呈“三一二”的发展趋势。

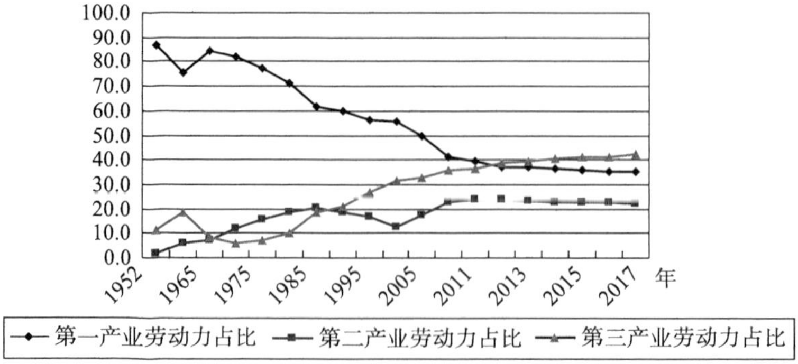

图 6-3　青海省劳动就业结构图（1952—2017 年）

（三）产业增加值及其构成分析

1. 农业增加值及其构成分析

根据《2018 年青海省统计年鉴》可以得到 2008—2017 年青海省农业增加值数据。2008 年青海省农业增加值为 1534004 万元，到 2017 年农业增加值为 3640974 万元，年均增长率为 16.44%。从农业增加值内部构成比例来看，2008 年农业为 38.29%，林业为 1.34%，牧业为 58.12%，渔业为 0.09%，农林牧渔服务业为 2.16%，到 2017 年农业、林业、渔业增加值所占比例均有所上升，农业为 44.60%，上升近 6 个百分点；林业为 2.48%，上升近 1.2 个百分点；渔业为 0.94%，上升 0.8 个百分点；而牧业与农林牧渔服务业所占比例有所下降，到 2017 年牧业增加值所占比例为 50.26%，下降 8 个百分点；农林牧渔服务业增加值为 1.72%，下降 0.4 个百分点。农业增加值上升比例较快是因为近年来青海省大力发展绿色生态冷凉型种植业，带动农业经济发展，而牧业有所下降是因为青海省实施“三江源”生态环境保护政策，进行生态移民，将移出的农牧民进行城镇化，从而大大减少牧场、草场的载畜量，牧业经济有所下降。

表 6-4　2008—2017 青海省农业增加值　　单位：万元

行业＼年份	2008	2009	2010	2011	2012	2013	2014	2015	2016	2017
农业	587381	613081	920725	1029100	1170875	1405389	1442060	1449985	1555179	1623826
林业	20477	23051	37745	41700	45709	56768	66092	74330	82775	90382
牧业	891517	900931	1014535	1193388	1370758	1579041	1691371	1583747	1657165	1829822
渔业	1439	714	1236	2000	5583	12628	22172	27755	32526	34402
农林牧渔服务业	33190	35207	38932	42000	45687	49194	53221	56837	60332	62542
增加值	1534004	1572984	2013173	2308188	2638613	3103020	3274916	3192654	3387977	3640974

资料来源：青海省统计局官网《2018 年青海省统计年鉴》。

2. 工业增加值及其构成分析

从《2018 年青海省统计年鉴》中，我们可以得到 2008—2017 年青海省工业增加值数据，通过计算可以得出每年的增长速度，结果如图 6-4 所示。青海省工业增加值比重在第二产业中占绝对地位，对青海省地区生产总值的贡献已超过 34.07%。如图 6-4 所示，2008—2017 年青海省工业增加值始终保持着增长态势，到 2017 年工业增加值为 790.63 亿元，比上年增长 6.8%。工业增加值的高速增长加之其占青海省地区生产总值将近一半的比重，这都说明工业对青海省的经济发展起着至关重要的作用。

工业增加值按行业类型的构成数据来看，近年来，青海省轻重工业增加值均呈现出增长趋势，如图 6-4 所示，重工业在整个工业中占有绝对的优势地位，规模以上工业企业重工业产值始终占有 90%以上的比重，轻工业仅占 10%左右的比例。近年来随着青海省产业结构调整，轻工业也得到相应发展，2017 年规模以上轻工业增加值比上年增长了 22.8%，而重工业比上年仅增加 4.5%，轻工业增幅明显快于重工业。

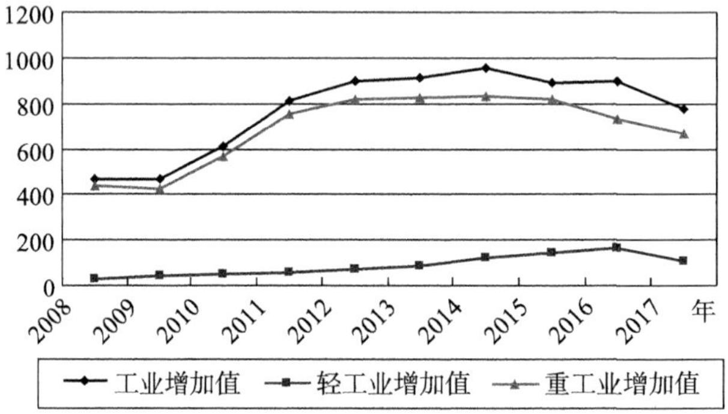

图 6-4　青海省轻重工业增加值

从工业产值构成——按行业大类划分，青海省工业由采矿业，制造业，电力、燃气及水的生产和供应业三大类构成，青海省工业部门中制造业占据着主导地位，2017 年，其增加值占到了当年工业总增加值的 54.89%，电力、燃气及水的生产和供应业及其他占整个工业增加值的比重为 21.99%，采矿业增加值占到整个工业增加值的比重为 23.12%。

3. 第三产业增加值及其构成分析

根据《2018 年青海省统计年鉴》资料整理可得 2008—2017 年第三产业增加值的发展趋势。青海省第三产业增加值由 2008 年的 355.93 亿元，增长到 2017 年的 1224.01 亿元，年均增长率为 11.4%。其中，金融业发展较快，金融业由 2008 年的 8.6%上升到 2017 年的 22.4%，批发、零售贸易由 2008 年的 15.0%下降到 2017 年的 13.8%，下降了 2 个百分点。房地产业、住宿和餐饮、租赁和服务业、居民服务和其他服务业增加值虽有所上升，但上升幅度不大。与此同时，教育、科学研究、技术服务和地质勘探、卫生社会保障及交通运输仓储和邮政业等行业增加值所占比重有所下降，下降幅度达 2~3 个百分点。

具体见表 6-5 所示。

表 6-5 青海省第三产业（2008—2017 年）增加值及其构成 单位：亿元

年份	总计	交通运输、仓储及邮政业（%）	信息传输、计算机服务和软件业（%）	批发、零售贸易业（%）	住宿和餐饮业（%）	金融业（%）	房地产业（%）	租赁和商务服务业（%）
2008	355.93	11.4	7.7	15.0	3.9	8.6	6.0	3.1
2009	398.54	12.4	8.8	16.6	3.7	11.5	5.8	3.7
2010	470.88	13.0	9.2	17.3	3.5	11.6	5.4	3.6
2011	540.18	12.5	9.1	17.4	3.5	11.6	5.4	3.9
2012	624.29	11.5	8.7	17.5	3.4	13.4	4.7	3.8
2013	766.06	10.8	5.3	18.3	3.4	13.7	5.0	4.2
2014	853.08	9.6	5.3	17.7	4.4	20.5	5.7	4.2
2015	1000.81	9.1	5.3	15.5	4.3	22.1	5.4	4.2
2016	1101.32	8.63	5.3	14.8	4.2	22.3	5.1	4.2
2017	1224.01	8.47	7.2	13.8	4.0	22.4	5.0	4.4
年份	科学研究、技术服务和地质勘探业（%）	水利、环境和公共设施管理业（%）	居民服务和其他服务业（%）	教育（%）	卫生、社会保障和社会福利业（%）	文化、体育和娱乐业（%）	公共管理和社会组织（%）	
2008	4.3	1.1	1.0	8.1	4.9	2.3	20.0	
2009	3.7	0.9	1.0	7.1	4.4	2.5	18.1	
2010	3.5	0.8	0.9	6.7	4.2	2.4	17.9	
2011	3.3	0.8	1.0	6.4	4.0	2.6	18.6	
2012	3.2	0.8	1.0	6.1	3.8	2.6	19.2	
2013	2.7	0.7	1.9	5.6	3.1	1.8	17.0	
2014	2.6	0.7	1.9	5.5	3.0	1.8	16.8	
2015	2.8	0.7	1.9	6.0	3.2	1.8	17.7	
2016	2.9	0.7	1.9	6.1	3.7	1.9	20.2	
2017	2.9	0.7	2.0	6.1	3.4	1.9	17.3	

资料来源：青海省统计局官网《2018 年青海省统计年鉴》。

第四节 青海省产业结构高度化与合理化分析

结合上文对区域产业结构高度化和合理化判断方法的分析，选取“标准结构”比较和计算产业偏离度，影响力系数，感应度系数来对青海省产业结构的合理化和高度化进行定性和定量的综合分析。

一、“标准结构”比较

（一）产值标准

表 6-6 给出了钱纳里和赛尔奎因的产值标准结构，在该标准结构中均以 1980 年的美元为单位，给出了相应人均地区生产总值对应的三次产业在国民经济体系中的比重。例如，在人均地区生产总值为 300 美元的区域，其较为合理的三次产业比重为 36.0∶19.6∶44.4，当人均地区生产总值为 2000 美元的地区其较为合理的产业构成是 21.8∶29.0∶49.2。由此我们可以看出，随着人均收入水平的提高，三次产业的比重是不断优化的。其中，第一产业的比重长期处于下降的趋势，而第二、第三产业的比重却是不断上升的，且第三产业的占比上升速度远远高于第二产业的速度，并逐渐在国民经济体系中占据主导地位，当人均收入达到 4000 美元时，第三产业的占比就超过了整个国民经济的 50%。也就是说，三次产业在整个经济体系中的比重由初始的“一二三”逐渐演变成“三二一”结构。

表 6-6　塞尔奎因和钱纳里的产值标准结构

	人均区域生产总值的基准水平（1980 年美元）					
	300 美元以下	300 美元	500 美元	1000 美元	2000 美元	4000 美元
第一产业占比	46.3	36.0	30.4	26.7	21.8	18.6
第二产业占比	13.5	19.6	23.1	25.5	29.0	31.4
第三产业占比	40.1	44.4	46.5	47.8	49.2	50.0

资料来源：史忠良．产业经济学［M］．北京：经济管理出版社，2005，63.

表 6-7 给出了青海省在 1980—2014 年，三次产业的产值占比在国民经济中的变化情况。为了便于对比，均将青海省当期的人均地区收入换算成 1980 年的美元单位。

表 6-7　青海省三次产业在国民经济中所占比重、人均地区生产总值

	第一产业占比	第二产业占比	第三产业占比	人均地区生产总值（元）	人均地区生产总值（1980 年美元）
1980	28.1	44.0	27.9	473	203.18
1985	26.2	40.6	33.2	808	370.98
1990	25.3	38.4	36.3	1558	761.49
1995	23.6	38.5	37.9	3513	1767.55

续表

	第一产业占比	第二产业占比	第三产业占比	人均地区生产总值（元）	人均地区生产总值（1980 年美元）
2000	15.2	41.3	43.5	5138	2550.51
2005	12.0	48.7	39.3	10045	4669.92
2010	10.0	55.1	34.9	24115	10921.65
2011	9.3	58.4	32.3	29522	13034.00
2012	9.3	57.7	33.0	33181	13529.46
2013	9.6	54.3	36.1	36875	14393.05
2014	9.4	53.6	37.0	39671	14916.71
2015	8.6	50.0	41.4	41252	15120.71
2016	8.6	48.6	42.8	43531	15956.07
2017	9.1	44.3	46.6	44047	16081.17

资料来源：《2018 年青海省统计年鉴》。

注：1980 年美元兑人民币汇率，1 美元=1.5 元人民币。

对比表 6-6 和表 6-7 可知，青海省三次产业的产值结构从合理化和高度化两个角度来看，均不是最优的，都有进一步优化升级的空间。例如，在 1980 年，青海省人均地区生产总值折合成 1980 年的美元是 203.18 美元，而三次产业的产值占比情况是：28.1∶44.0∶27.9，钱纳里和赛尔奎因的标准结构人均收入在 300 美元的三次产业占比却是 36.0∶19.6∶44.4。两相对比，我们可以发现，青海省在第一产业所占份额低于标准结构 7.9 个百分点，第二产业产值的份额高于标准结构 24.4 个百分点，第三产业的份额低了 16.5 个百分点。出现这种产业结构不合理的现象可能是由于计划经济时代大力发展重工业的经济发展政策导致的。各种资源要素和产业发展政策的倾斜，使得当时重工业得到优先发展，相对应的，其产值在国民经济中所占比重较大。单独以 1980 年的产值结构来判断青海省产业结构状况有失偏颇，因此，对于青海省三次产业产值结构是否合理，还要考察市场经济实行若干年后几大产业的产值结构。在 2005 年，青海省人均地区生产总值达到了 4669.92 美元（折合成 1980 年美元），此时，三次产业的产值结构是：12.0∶48.7∶39.3，对比钱纳里和赛尔奎因的标准结构人均收入 4000 美元一栏，三次产业的占比是 18.6∶31.4∶50.0。三次产业的产值占比均出现了偏差：2005 年青海省第一、第三产业产值占比均低于标准结构，第二产业却高于标准结构约 17.3 个百分点。也就是说，青海省三次产业间的比例结构在当年并没有达到最优化的程度，还有优化的空间。并且，第三产业占比严重低于标准结构中的比例，这也说明，2005 年，青海省的产业结构在高度化方面不是处于最优的地位，可以进一步提升。到了 2017 年，青海省人均地区生产总值达到 16081.17 美元，三次产业的产值结构演变成 9.1∶44.3∶46.6，对应的标准结构中人均收入 4000 美元的产值结构为 18.6∶31.4∶50.0。青海省第一、第二产业和第三产业的产值占比还是存在较大的差距。第一产业比重低于标准结构 9 个百分点，第二产业的比重还是高于标准结构约 13 个百分点，第三产业的比重低了 4 个百分点。通过 8 年时间的演变，虽然青海省产业结构有所改善，但其改善的幅度并不大，国民经济体系中占据主导地位的仍然是第二产业，整个产业结构呈现出“三二一”的态势，与国际产业结构演变规律并不一致。

（二）劳动力结构

在前文的分析中就提出，用劳动力结构来衡量某一区域产业结构的合理化和高度化有一个前提条件，即劳动力要素能够自由流动。而中国长期以来一直存在的户籍制度给劳动力的自由流动带来了很大的制约。虽然，这个户籍制度伴随着中国区域发展战略实施有所松动，但是，在某种程度上还是对劳动力的自由流动有着一定的阻碍作用。因此，我们在采用劳动力结构来判断某个地区产业结构合理化和高度化时，其结果只能起到一定的参考作用，并不能像上文用产值结构来衡量产业结构现状那样，可以做出一定的定性分析结果。

表 6-8 和表 6-9 分别给出了钱纳里和赛尔奎因的劳动力标准结构和青海省近 30 多年来三次产业从业人数的比重。我们选择人均收入折算成 1980 年美元等于 1000 美元为例，在钱纳里和赛尔奎因的标准劳动力结构中，三次产业吸纳的劳动力比重为 51.7∶19.2∶29.1，而青海省对应人均地区生产总值为 1000 美元的年份的劳动力结构是 56.1∶16.9∶27.0。由这两个比值我们可以看出，青海省第二产业和第三产业在劳动力占比方面差别不大，均低于标准结构 2 个百分点左右；第一产业劳动力占比高于标准结构 5 个百分点左右。通过对比分析可知，青海省三次产业在吸纳劳动力方面偏重于第一产业，第二、第三产业略显不足。

表 6-8 赛尔奎因和钱纳里的劳动力标准结构

	人均区域生产总值的基准水平（1980 年美元）					
	300 美元以下	300 美元	500 美元	1000 美元	2000 美元	4000 美元
第一产业占比	81.0	74.9	65.1	51.7	38.1	24.2
第二产业占比	7.0	9.0	13.2	19.2	25.6	32.6
第三产业占比	12.0	15.9	21.7	29.1	36.3	43.2

资料来源：史忠良．产业经济学［M］．北京：经济管理出版社，2005，63.

表 6-9 青海省三次产业劳动力结构

	第一产业占比（%）	第二产业占比（%）	第三产业占比（%）	人均地区生产总值（1980 年美元）
1980	68.7	17.9	13.4	203.18
1985	61.4	20.1	18.5	370.98
1990	60.0	18.8	21.2	761.49
1995	56.1	16.9	27.0	1767.55
2000	55.8	12.6	31.6	2550.51
2005	49.5	17.4	33.1	4669.92
2010	41.4	22.6	36.0	10921.65
2012	37.0	24.0	39.0	13034.00
2013	37.1	23.2	39.7	13529.46
2014	36.6	22.9	40.5	14393.05
2015	35.8	23.0	41.2	15120.71
2016	35.5	22.9	41.6	15956.07
2017	35.1	2.4	42.5	16081.17

资料来源：《2018 年青海省统计年鉴》。

（三）比较劳动生产率标准

对于采用“标准结构”对比分析某一区域产业结构的合理化和高度化，除了常用的产值结构和劳动力结构外，还经常会用到比较劳动生产率标准。表 6-10 给出了钱纳里和赛尔奎因的比较劳动生产率标准。因为在比较劳动生产率的计算中也出现了劳动力，因此，上文中阐述的劳动力标准的弊端在此依然存在。我们在用比较劳动生产率标准时也只能将其结论作为衡量一地区产业结构状况的参考意见。在大多数国家中，第一产业的比较劳动生产率都小于 1，而第二、第三产业都大于 1。从动态变化来看，三次产业的比较劳动生产率都随着人均地区生产总值的上升而呈现出下降的态势。如表 6-10 所示，随着人均地区生产总值从 300 美元提升至 4000 美元，第一产业的比较劳动生产率从 0.59 下降到 0.40；第二产业由 3.00 变化到 1.40；而第三产业是从 2.58 下降到 1.03。

表 6-10 赛尔奎因和钱纳里的比较劳动生产率标准结构

	人均区域生产总值的基准水平（1980 年美元）					
	300 美元以下	300 美元	500 美元	1000 美元	2000 美元	4000 美元
第一产业占比	0.59	0.53	0.49	0.44	0.40	0.40
第二产业占比	3.00	3.07	2.53	2.04	1.70	1.40
第三产业占比	2.58	2.04	1.59	1.30	1.13	1.03

资料来源：史忠良．产业经济学［M］．北京：经济管理出版社，2005，63.

表 6-11 给出了青海省近 30 年三次产业比较劳动生产率的变化情况。与标准结构类似，第一产业的比较劳动生产率都小于 1，第二产业大于 1，第三产业自 2010 年以后均小于 1。从动态变化来看，青海省第一产业的比较劳动生产率整体呈下降趋势；第二产业呈上下波动的态势，从 1980 年的 2.46 下降到 1985 年的 2.02，然后又上升至 2000 年的 3.28，此后呈逐年下降趋势，到 2017 年下降为 2.31；第三产业的比较劳动生产率整体趋势呈单边下降的趋势，由 1980 年的 2.08 下降到 2017 年的 0.94。第二产业与标准结构发展趋势不符的情况可能与当时区域内实行的产业发展政策相关。优先发展重工业使得第二产业的比较劳动生产率较大，当政策改变时，其比较劳动生产率又开始下降。

表 6-11 青海省三次产业比较劳动生产率结构

	第一产业占比（%）	第二产业占比（%）	第三产业占比（%）	人均地区生产总值（1980 年美元）
1980	0.41	2.46	2.08	203.18
1985	0.43	2.02	1.79	370.98
1990	0.42	2.04	1.71	761.49
1995	0.42	2.28	1.40	1767.55
2000	0.27	3.28	1.38	2550.51
2005	0.24	2.80	1.19	4669.92
2010	0.24	2.44	0.97	10921.65
2012	0.25	2.40	0.85	13034.00
2013	0.29	2.34	0.91	13529.46
2014	0.26	2.34	0.91	14393.05
2015	0.27	2.33	0.93	15120.71
2016	0.26	2.29	0.95	15956.07
2017	0.24	2.31	0.94	16081.17

资料来源：青海省统计局官网《2018 年青海省统计年鉴》。

综合上文，从“标准结构”对比的角度来综合评判青海省产业结构情况，我们可以知道：现阶段青海省的产业结构还不够合理，应当对其进行优化。当然，仅依靠“标准结构”对比这一方法来衡量青海省产业结构的合理化和高度化还不够全面，下文将通过定量分析的方法，具体计算能够衡量产业结构合理化的指标，结合定性分析的结论，对青海省产业结构现状做出综合判断。

二、产业偏离度

产业偏离度是指各产业的增加值比重和就业比重之比与 1 的差。如果某个产业的结构偏离度为负，即就业比重高于产业增加值比重，就说明该产业相对劳动生产率比较低，存在劳动力可能转出，反之则劳动力转入。本文根据青海省 2000—2017 年的产业结构比重和就业比重来分别计算产业结构偏离度并进行分析。

表 6-12 青海省 2000—2017 年产业结构偏离度

年份	第一产业（%）	第二产业（%）	第三产业（%）
2000	-0. 7272	2. 2754	0. 3769
2001	-0. 7498	2. 1338	0. 6018
2002	-0. 7537	2. 1191	0. 4563
2003	-0. 7704	1. 7886	0. 4458
2004	-0. 7479	1. 7291	0. 3019
2005	-0. 7570	1. 7989	0. 1864
2006	-0. 7797	1. 6656	0. 1463
2007	-0. 7639	1. 5510	0. 0538
2008	-0. 7672	1. 5676	0. 0216
2009	-0. 7691	1. 4297	0. 0501
2010	-0. 7587	1. 4398	-0. 0314
2011	-0. 7619	1. 4238	-0. 1093
2012	-0. 7476	1. 4038	-0. 1546
2013	-0. 7399	1. 3384	-0. 0907
2014	-0. 7432	1. 3406	-0. 0864
2015	-0. 7386	1. 3541	-0. 0876
2016	-0. 7216	1. 3165	-0. 0842
2017	-0. 7436	1. 2967	-0. 0617

数据来源：青海省统计局官网《2018 年青海省统计年鉴》。

（一）青海省第一产业结构偏离度分析

青海省第一产业结构偏离度从2000—2017年一直处于负值状态，而第一产业所要求的知识和技能水平并不高，因此青海省第一产业就业比例是三次产业中最高的，而这个负值状态说明青海省第一产业劳动生产率低，劳动“挤出效应”明显，存在劳动力转移出去的趋势。

（二）青海省第二产业结构偏离度分析

青海省第二产业结构的偏离度一直是正值，说明青海省第二产业劳动生产效率高，吸纳就业的能力强，存在劳动迁入的趋势。但自2002年后，青海省第二产业结构偏离度开始呈下降趋势，说明青海省第二产业就业结构日趋合理，劳动力逐渐饱和。

（三）青海省第三产业结构偏离度分析

青海省第三产业结构偏离度在2010年前为正值，说明青海省第三产业劳动生产效率高，就业结构合理，但自2010年开始为负值，说明第三产业劳动力就业已产生“挤出效应”。

三、产业关联的度量

经常用来衡量产业间关联的指标有两个，即影响力系数和感应度系数。结合《青海省投入产出表2007》的数据，分别计算青海省各行业的影响力系数和感应度系数，如表6-13所示。

表6-13　青海省各行业影响力系数和感应度系数

年份 / 行业	2002	2007	2002	2007
	影响力系数	影响力系数	感应度系数	感应度系数
农林牧渔业	1.000703189	1.00124	1.000693021	1.000699
煤炭开采和洗选业	1.000712444	0.999697	1.000692991	1.000398
石油和天然气开采业	1.000675673	0.999808	1.000787251	1.000717
金属矿采选业	1.000736655	1.002646	1.000084629	1.000898
非金属矿采选业	0.974011877	1.008576	1.000687967	0.993493
食品制造及烟草加工业	1.000684188	0.999937	1.000692997	0.999888
纺织业	1.0006948	1.000253	1.011138075	0.993418
服装皮革羽绒及其制品业	1.001178042	1.004403	0.959932644	1.009355
木材加工及家具制造业	1.000559251	1.001094	1.00069247	0.946928

续表

行业 \ 年份	2002 影响力系数	2007 影响力系数	2002 感应度系数	2007 感应度系数
造纸印刷及文教用品制造业	1.000806739	1.000541	0.997487643	1.001425
石油加工、炼焦及核燃料加工业	1.000771013	1.00042	1.000692854	1.000837
化学工业	1.000697479	1.001788	1.000693002	1.000767
非金属矿物制品业	1.000669205	0.999974	1.000693003	1.000735
金属冶炼及压延加工业	1.000692987	1.000215	1.000693001	1.000655
金属制品业	1.000853658	1.001508	1.000692997	1.001777
通用、专用设备制造业	1.000689213	0.999211	1.000693	1.001378
交通运输设备制造业	1.000577219	1.006558	1.000693256	0.999192
电气、机械及器材制造业	1.000719717	0.999081	1.000070501	1.000153
仪器仪表及文化办公用机械制造业	1.00075608	0.995819	1.009020012	0.998156
电力、热力的生产和供应业	1.000661906	1.000351	1.000693002	1.0006
水的生产和供应业	1.000733624	1.007765	1.000692943	1.004688
建筑业	1.000660018	0.998425	1.000693	1.000693
交通运输及仓储业	1.00062977	0.9985	1.000693003	1.000574
邮政业	1.000677058	1.013107	1.000693146	0.999956
信息传输、计算机服务和软件业	1.000296776	1.000905	1.000693005	1.000862
批发和零售贸易业	1.00070684	1.01253	1.000692999	1.000811
住宿和餐饮业	1.000740439	0.997167	1.000692998	1.000731
金融保险业	1.000706862	1.000329	1.000692949	1.000633
房地产业	1.000765841	1.002046	1.000693004	1.000082
租赁和商务服务业	1.000640969	1.005107	1.000689283	0.999612
旅游业	1.000718293	0.9879	1.000697205	1.027498
科学研究事业	1.000676618	1.009191	1.000693948	1.000754
综合技术服务业	1.000582497	1.015425	1.000692352	1.001232
其他社会服务业	1.000601706	0.984657	1.000693804	1.002732
教育事业	1.000743605	0.997991	1.000693002	1.002338
卫生、社会保障和社会福利业	1.001136448	0.9914	1.000692998	1.000517
文化、体育和娱乐业	1.000692624	0.899653	1.000693045	1.004481
公共管理和社会组织	1.000438672	1.054781	1.000692999	1.000335

根据投入产出表中的 42 个行业的分析可知，对于用来度量产业间后向联系的影响力系数大于社会平均水平的行业数量达到了 19 个，其中第二产业有

10个，第三产业有9个，这说明青海省各产业通过10年的发展，产业之间的关联程度反而下降了，这在一定程度上也反映了青海省产业结构存在一定的不合理性。但是，非金属矿采选业、金属矿采选业这两个行业的影响力系数反而有所增大，分别从2002年的0.974011877和1.000736655上升到2007年的1.008576和1.002646，说明这两个行业在青海省整个产业体系中的作用和影响力正在逐步上升，很有可能成为新时期的主导产业。而感应度系数一般是用来衡量产业间前向关联程度的，其评价方式和影响力系数一样，也是其数值大于1时，说明这一行业受其他行业的影响大于社会平均水平。与影响力系数不同之处就在于，感应度系数可以理解成多个行业对一个行业的影响，而影响力系数则是一个行业对多个行业的影响。从表6-13中可以直观的看到，青海省各行业中感应度系数大于社会平均水平的行业有14个，其中第二产业有7个行业，第三产业有6个行业。这在一定程度上反映出了青海省产业之间的前向关联程度较低。

综上所述，通过对青海省产业结构的综合分析可以知道，青海省的产业结构现状在当期还是显示出一定的不合理，无论是从与“标准结构”的对比分析，还是通过测算产业之间的关联程度和产业转换的速度，都体现出了这样一个特征。因此，为了保证青海省经济在“十三五”期间能够持续、稳定的增长，有必要对青海省的产业结构进行优化。

四、各产业关联交叉分析

根据影响力系数和感应度系数是否大于（或小于）1，将42个产业划分为四个类别，结果见表6-14所示。按照投入产出表“增加值”栏的数据计算得四类产业部门。

第一类产业为影响力及感应度系数均大于1的产业。该类产业部门具有强辐射、强制约的双重属性，它们在生产过程中既大量消耗其他部门的产品，对其他部门有较强的带动力，同时也是其他部门生产所需中间产品的主要提供者，经济快速发展时该类部门会面临较大的社会需求压力，往往成为经济进一步增长的瓶颈产业。如表6-14所示，青海省该类产业共有8个，共占青海省地区生产总值的19.87%。

第二类产业为影响力系数小于1、感应度系数大于1的产业。该类产业部门具有弱辐射力和强制约性特征，即它们主要功能在于提供其他产业快速发展中所需要的中间产品或服务，经济快速发展对它们的需求会急剧上升，但它们的发展对其他产业的带动作用并不明显，一般属于前向关联型产业。如表6-14所示，青海省该类产业共有 6 个，约占青海省地区生产总值的 2.8%。

第三类产业为影响力系数大于 1、感应度系数小于 1 的产业。此类产业的辐射力较强，对经济的制约性较弱，即他的发展对其他产业有较强的带动力，但其他产业对该类产业的需求较小，属于后向关联型产业。如表 6-14 所示，青海省该类产业共有 11 个，该类产业占青海省地区生产总值的 70.03%。

第四类产业为影响力及感应度系数均小于 1 的产业。该类产业辐射力及感应度均低于社会平均水平，辐射力及制约性均较弱，处于青海省产业体系的边缘。如表 6-14 所示，青海省这类产业共有 17 个，共占青海省地区生产总值的 7.30%。

表 6-14　青海省 38 个产业部门的感应度系数、影响力系数分布表

	影响力系数>1	影响力系数<1
感应度系数>1	第一类：金属矿采选业，金属冶炼及压延加工业，电力、热力的生产和供应业，金融保险业，造纸印刷及文教用品制造业，化学工业，交通运输及仓储业，住宿和餐饮业（共 8 个）	第二类：农林渔业，通用、专用设备制造业，石油加工、炼焦及核燃料加工业，信息传输、计算机服务和软件业，批发和零售贸易业，房地产业（共 6 个）
感应度系数<1	第三类：卫生、社会保障和社会福利事业，煤炭开采和洗选业，建筑业，电气、机械及器材制造业，邮政业，木材加工及家具制造业，租赁和商务服务业，水利环境和公共设施管理业，居民服务业和其他服务业，废品废料，食品制造及烟草加工业（共 11 个）	第四类：纺织业，文化、体育和娱乐业，教育事业，石油和天然气开采业，非金属矿物制品业，仪器仪表及文化办公用机械制造业，服装皮革羽绒及其制品业，金属制品业，综合技术服务业，水的生产和供应业，公共管理和社会组织，交通运输设备制造业，通信设备、计算机及其他电子设备制造业，工艺品及其他制造业，研究与试验发展业，燃气生产和供应业，非金属矿采选业（共 17 个）

第五节　青海省三次产业生产效率分析

依据第二节对于区域产业结构优化 DEA 方法的介绍，本节对青海省产业结构优化进行实证研究。选择每个产业的劳动力投入和全社会固定资产作为投入指标体系，每个产业的产值作为输出指标，构建 DEA 分析的输入输出指标体系，考虑到只选取三次产业作为决策单元有点单一，对分析结果有一定的影响。因此，对第二产业和第三产业进行拆分：将第二产业拆分为工业和建筑业；将第三产业拆分为交通、仓储、邮政服务，批发零售，住宿餐饮，

金融业和房地产。将拆分后的第二、第三产业和第一产业共八大行业作为决策单元，分别表示为 DUM_j（$j=l$，2，…，8），对2015—2017年青海省产业结构进行实证分析。其中，各指标数据来源于《青海省统计年鉴》（2016—2018）和《中国第三产业统计年鉴》（2016—2018）。

运行DEAP2.1软件，计算青海省2014年三次产业间投入产出的相对效率值。如表6-15所示，表中给出了基于投入导向型的DEA分析结果。

表6-15 青海省三次产业投入产出的DEA分析结果

	2015			2016			2017		
	相对效率值	规模效益	相对效率值排序	相对效率值	规模效益	相对效率值排序	相对效率值	规模效益	相对效率值排序
第一产业	1	规模效益不变	1	1	规模效益不变	1	1	规模效益不变	1
工业	0.385	规模效益递减	5	0.439	规模效益递减	4	0.590	规模效益递减	3
建筑业	0.445	规模效益递减	4	0.437	规模效益递减	5	0.534	规模效益递减	4
交通、仓储、邮政业	0.462	规模效益递减	3	0.459	规模效益递减	3	0.533	规模效益递减	5
批发零售	0.126	规模效益递增	8	0.205	规模效益递增	7	0.264	规模效益递增	7
住宿餐饮	0.232	规模效益递增	6	0.252	规模效益递增	6	0.298	规模效益递增	6
金融	1	规模效益不变	1	1	规模效益不变	1	1	规模效益不变	1
房地产	0.168	规模效益递增	7	0.186	规模效益递增	8	0.207	规模效益递增	8

一、横向分析青海省三次产业的生产效率

2015年，青海省批发零售业的相对效率值只有0.126，是所选择八大行业中生产效率值最小的，即相对于第一产业和第二产业来说，批发零售业的生产是最没有效率的，也就是说在生产条件相同的假设条件下，对其存在过多的投入冗余。建筑业、交通运输业相对于其他四个行业生产效率值较高，但仍未达到DEA有效，说明他们的生产过程有待改进。

从规模效益的角度来看，有 3 个行业的规模收益呈现出规模收益递减的状态，分别是：工业，建筑业，交通、仓储、邮政业。其他的行业是规模收益不变或规模收益递增，并且规模收益递减的行业主要在第二产业。也就是说，过多的投入反而会引起产出的下降。产业结构的优化过程就是将这些在生产中没有效率的投入转移到生产效率较高的部门，以达到资源的优化配置，进而优化产业结构。综合 2015 年三次产业的生产相对效率分析，可以看出，第一产业的生产效率要优于第二产业，而第二产业的生产效率优于第三产业。因此，基于 2015 年的青海省产业结构的优化应该是减少第三产业中的投入冗余，增加到生产有效率的第一、第二产业中去，实现资源的优化配置，得到帕累托改进。

2016 年，农业和金融业依然是达到 DEA 有效的 2 个产业。第二产业中的工业的生产效率值有所提高。第三产业中房地产业，批发零售业和住宿餐饮业生产效率值略有上升，而交通、仓储、邮政业的生产效率值略呈下降趋势。究其原因，与青海省产业发展政策有关。青海省近年来大力发展生态旅游，实施生态立省政策，为提升青海省生态旅游形象，加大对餐饮、批发零售及房地产业的政策倾斜，使这些部门在优惠政策指导下得到蓬勃扩张。从规模收益的角度来看，呈现规模收益递减的产业仍然是工业，建筑业和交通、仓储、邮政业。而第一产业，住宿餐饮业，批发零售业，房地产业和金融业却是规模报酬不变或递增。综合 2016 年青海省三次产业的生产效率来看，依然是第一产业的相对生产效率高于第二产业，第二产业的相对生产效率高于第三产业。工业虽然获得较大的支持，生产效率得到很大的提高，依然处于规模报酬递减阶段，存在一定的投入冗余。因此，对于 2016 年青海省的产业结构情况，应减少第二、第三产业的投入冗余，增加第一产业的投入，进而带动整个青海省区域经济更大的产出。

2017 年，相对效率值达到 DEA 有效的依然是第一产业和第三产业的金融业，其他行业均未达到 DEA 有效。它们的相对效率值排序情况是：第一产业，金融业，工业，建筑业，交通、仓储、邮政业，住宿餐饮业，批发零售业，房地产业。第三产业中只有金融业达到 DEA 有效，其他均未达到。其中，住宿餐饮业的生产相对效率值为 0. 298，交通、仓储、邮政业的生产相对效率值达到了 0. 533，批发零售业的生产效率值达 0. 264，得到了很大的提高。从现实经济情况来看，交通、仓储、邮政业效率的提升，受益于前一年青海省基础设施的建设以及国家和省内对于交通物流业的重视，加大在这个行业的投资，进而使得这个处于规模报酬递减阶段行业的生产效率值得到提高。

在第二产业中，工业的生产效率值达到了 0.590，建筑业的生产效率值是 0.534，提升幅度较高，但两大行业的生产效率值依然没有达到 DEA 有效，建筑业生产的 DEA 弱有效依然受益于现实经济中对基础建设的大力投资。第一产业的生产效率值仍然处于三次产业中生产效率最高的状态，同样是三次产业中生产最有效率的产业。

从规模效益的情况来看，工业、建筑业、交通仓储邮政业处于规模报酬递减阶段，住宿餐饮业和批发零售、房地产业处于规模报酬递增的阶段，剩下生产达到 DEA 有效的金融业处于规模报酬不变。综合 2017 年青海省三次产业的生产效率分析，依然是第二产业的生产效率优于第三产业，第一产业的生产效率优于第二产业。因此，基于 2017 年的青海省产业结构优化应该是减少第二、第三产业的投入冗余，增加第一产业的投入，进而带来更大的产出。

二、纵向分析青海省三次产业的生产效率

从时间序列来看，从 2015—2017 年，第一产业的相对效率值一直处于 DEA 有效值。在三次产业中，相对效率排序也是长期处于第一位置，也就是说，在三次产业中，第一产业的生产是最有效率的。并且，其规模效益也都是呈现出规模收益不变，这说明，对于青海省的第一产业而言，长期存在投入适宜。从产业结构优化的角度来看，维持现有投入或适度增加投入有利于提高全生产效率，带来更多的产出，也使得产业结构更加合理。

第二产业中，工业的生产效率值变化较大，其生产效率值的排序呈逐年上升的趋势，这说明，在青海省工业生产变得更加有效率的同时，其相对位置日益上升。但工业的规模效益却长期处于递减阶段，其在投入要素方面存在一定的冗余，并不是最合理的。2015—2017 年，青海省建筑业生产效率变化较小，其效率值从 2015 年的 0.445 上升到 2017 年的 0.534，并且在 2016 年呈下降趋势，为 0.437。通过上文的分析知道，这是由于国家和青海省在面对全球金融危机采取扩张性财政政策，加大基础设施的建设带来的。虽然，这种较大的政策层面倾斜使得建筑业的生产效率得到提升，但其仍未达到 DEA 有效，并且在规模收益方面同工业一样也是处于递减阶段。因此，更好的改进方法就是减少投入。对比第一产业而言，第二产业的生产效率低于第一产业的生产效率，第二产业处于规模收益递减阶段，最好的改进方法就是减少冗余的要素投入，这样不仅会使第二产业生产效率得到提升，还可以为其他产业的发展提供更多的要素投入。在第三产业中，金融业的生产效率一直处于 DEA 有效状态，而交通、仓储、邮政业，住宿餐饮业，房地产业和批发零

售业的生产效率值却时有波动。住宿餐饮业在 2015 年 DEA 值仅为 0. 232，2016 年就获得一定的改进，DEA 达到 0. 252，2017 年 DEA 为 0. 264，这说明青海省的住宿餐饮业受外在经济影响很小，波动较小，仍处于稳步发展阶段。而交通、仓储、邮政业的生产效率值由 2015 年的 0. 462 逐步上升到 2017 年的 0. 533，并且一直是处于规模报酬递减阶段，这说明了青海省的交通、仓储、邮政业长期处于投入冗余。

从三次产业生产效率的对比来看，青海省第一产业的生产效率要远远高于第二产业和第三产业。因此，对于青海省第三产业的发展最优的方式就是加大对第一产业的投入，这样会带来更大的产出。

综上所述，通过对青海省 2015—2017 年三次产业生产效率的分析，我们可以得出青海省产业结构优化的纲要：减少相对生产效率值低下并且处于规模收益递减阶段的第二产业的要素投入；增加生产尚未达到 DEA 有效且处于规模报酬递增或规模报酬不变阶段的第三产业的要素投入。这样，通过对第二产业中的要素投入冗余的转移，第一产业和第三产业的生产效率会得到提升，进而可能带来更大的产出。并且通过对第三产业要素投入的增加也会得到更大的产出。这样，在不影响全社会要素投入量的情况下，会带来产出的增加，实现了资源的有效配置和帕累托改进，进一步优化了产业结构。而且，这种一、二、三产业之间投入和产出的变化也是完全合乎产业结构演进规律的。所以，对于青海省产业结构的优化就是将减少的第二产业的投入增加到第一产业和第三产业中去，力争达到产出效益的最大化。

第六节　产业部门能源消费状况和碳排放量情况分析

一、青海省产业部门能源消费状况分析

（一）青海省产业部门分类

表 6-16　青海省的工业部门划分

序号	11 个产业	38 个部门
1	采选业	煤炭开采和洗选业；石油和天然气开采业；黑色金属矿采选业；有色金属矿采选业；非金属矿采选业；其他采矿业
2	食品制造及加工业	农副食品加工业；食品制造业；酒、饮料和精制茶制造业

续表

序号	11 个产业	38 个部门
3	纺织及服装业	纺织业；纺织服装、服饰业；皮革、毛皮、羽毛及其制品和制鞋业
4	木材制品业	木材加工和木、竹、藤、棕、草制品业；家具制造业
5	造纸印刷及文教用品制造业	造纸和纸制品业；印刷和记录媒介的复制业；文教、工美、体育和娱乐用品制造业
6	石化产业	石油加工、炼焦及核燃料加工业；化学原料及化学制品制造业；医药制造业；化学纤维制造业；橡胶和塑料制品业
7	非金属矿物制品业	非金属矿物制品业
8	金属制品、冶炼及压延加工业	黑色金属冶炼及压延加工业；有色金属冶炼及压延加工业；金属制品业
9	装备制造业	通用设备制造业；专用设备制造业；汽车制造业；电气机械及器材制造业；通信设备、计算机及其他电子设备制造业；仪器仪表制造业；其他制造业
10	电力、燃气及水的生产和供应业	电力、热力的生产和供应业；燃气生产和供应业；水的生产和供应业
11	其他工业部门	金属制品、机械和设备修理业；废弃资源综合利用业

由于能源消费数据与产业经济数据对产业部门的分类并不一致，为了便于研究，有必要对产业部门加以合并调整，因此本文参考国家统计局的《三次产业划分规定》并根据实际研究需要，将产业划分为：第一产业（农业），第二产业（工业、建筑业），第三产业（交通运输业、仓储和邮政业、批发零售业和住宿餐饮业以及其他服务业），其中工业划分为 11 个产业部门（采选业、食品制造及烟草加工业、纺织及服装业、木材制品业、造纸印刷及文教用品制造业、石化产业、非金属矿物制品业、金属制品、冶炼及压延加工业、装备制造业、电力、燃气及水的生产和供应业以及其他工业部门）。工业部门的具体划分见（表 6-16）所示。

（二）青海省产业能源消费量

根据《2018 年青海省统计年鉴》的能源消费数据，可以得出 2017 年青海省综合能源消费总量为 4202.46 万吨标准煤，比 2000 年增长了近 5 倍。三次产业能源消费量为 3764.67 万吨标准煤，占总量的比重为 89.58%，其中第二产业能源消费量最多，达 3253.64 万吨标准煤，占三次产业总消费量的比重为 86.43%（其中工业占 98.42%）；其次是第三产业，能源消费量为 487.24

万吨标准煤，占三次产业总消费量的比重为 12.94%。能源消费量最少的是第一产业，为 23.79 万吨标准煤，仅占三次产业总消费量的比重的 0.63%。2017 年，青海省工业企业能源消费量排名前 5 位的产业依次是：有色金属冶炼及压延加工业、化学原料及化学制品制造业、黑色金属冶炼及压延加工业、非金属矿物制品、石油天然气开采业等，上述产业的能源消费量约占整体工业部门总消费量的 91.10%，可以看出这些产业能源消费的变化将对青海省能源消费总量产生重要影响。

（三）青海省产业能源消费结构

表 6-17 青海省能源消费结构

年份	煤炭%	天然气%	石油%	电力%	年份%	煤炭%	天然气%	石油%	电力%
1994	40.27	1.3	8.24	50.19	2006	45.18	8.64	7.75	38.61
1995	41.64	1.13	8.42	48.81	2007	47.56	8.29	8.09	36.06
1996	40.75	2.07	8.57	48.61	2008	43.72	12.20	8.95	35.13
1997	45.45	3.77	19.15	31.63	2009	42.99	12.69	7.79	36.53
1998	39.78	4.40	17.92	37.90	2010	34.14	11.21	7.61	47.04
1999	37.29	4.38	16.84	41.49	2011	28.58	12.97	10.68	47.77
2000	30.18	4.83	18.96	46.03	2012	31.43	14.60	9.40	44.57
2001	28.02	7.52	18.05	46.41	2013	31.67	13.95	8.24	46.14
2002	26.42	13.25	15.77	44.56	2014	29.77	12.86	8.21	49.16
2003	28.72	15.07	13.47	42.74	2015	32.53	14.28	8.52	44.67
2004	27.56	15.79	14.07	42.58	2016	36.28	14.97	9.92	38.83
2005	44.20	8.00	8.63	39.17	2017	32.12	15.69	11.12	41.07

资料来源：《2018 年青海省统计年鉴》。

通过查看《2018 年青海省统计年鉴》的能源消费数据，可以得到每年青海省消费的各种能源数量，通过计算可以得出历年每种能源消费占总能源消费量中的比例，从而形成青海省能源消费结构（如表 6-17 所示）。2017 年青海省能源消费结构为：煤炭占 32.12%，石油占 11.12%，电力占 41.07%，天然气占 15.69%；2000—2017 年青海省低碳能源（包括水电、天然气等）在能源消费总量中所占比例较高，而煤炭、石油这些高碳能源在能源消费总量中一直维持相对较低比重。

从产业部门来看，2017 年三次产业部门的能源消费结构分别为：第一产业所占比重为 0.63%，第二产业所占比重为 86.43%，第三产业所占比重为 12.94%。可以看出，在三次产业的能源消费总量中，第二产业所占的比重最高。在工业能源消费总量中，制造业的综合能源消费量所占比重最高，2017年所占比重达89.38%，其次是采矿业。在工业内部，电力类能源消费所占比重较高，2017年达到59.97%；其次是煤炭，占有18.94%；再次是天然气和油料。而煤炭类能源消费主要分布在电力、热力的生产和供应、有色金属冶炼和压延加工业、非金属矿物制品业、化学原料和化学制品制造业、黑色金属冶炼及压延加工业，2017年这些行业的消费量占工业总煤炭类能源消费量的98.03%；电力类能源消费主要分布在电力、热力的生产和供应业、化学原料及化学制品制造业、黑色金属冶炼及压延加工业、有色金属冶炼及压延加工业、非金属矿物制品业、非金属采矿选业，2017年它们所占的比重达到95.29%。

从青海省统计年鉴中除了知道青海省历年消费的各种能源数量外，同样可以得到工业内部各个产业消耗的各种能源数量，结果如表6-18所示。

表6-18 2017年青海省工业部门各种能源消费的产业分布

行业名称	煤炭（万吨）	汽油（万吨）	电力（亿千瓦小时）
工业消费总量	418.02	3.88	594.10
煤炭开采和洗选业	2.42	0.12	1.01
石油和天然气开采业	0.07	0.25	4.73
黑色金属矿采选业	0.06	0.10	1.15
有色金属矿采选业	0.65	0.11	4.13
非金属矿采选业	1.43	0.02	15.32
农副食品加工业	406.44	3.23	546.79
食品制造业	0.74	0.22	1.24
酒、饮料和精制茶制造业	0.48	0.22	0.32
纺织业	0.08	0.10	0.27
纺织服装、服饰业	—	0.10	0.05
家具制造业	—	0.10	0.13
造纸及纸制品业	—	—	0.01
印刷业、记录媒介的复制	—	0.10	0.04
文教体育娱乐用品制造业	—	0.11	—
石油加工、炼焦及核燃料加工业	0.11	0.20	2.84
化学原料及化学制品制造业	241.08	0.55	48.74
医药制造业	0.23	0.11	0.42
化学纤维制造业	—	—	0.44
橡胶和塑料制品业	0.01	0.11	0.47
非金属矿物质制品业	146.47	0.23	30.44

续表

行业名称	煤炭（万吨）	汽油（万吨）	电力（亿千瓦小时）
黑色金属冶炼及压延加工业	11.60	0.22	123.02
有色金属冶炼及压延加工业	4.66	0.24	332.25
金属制品业	—	0.23	0.75
通用设备制造业	—	0.16	0.21
电气机械及器材制造业	—	0.01	1.92
通信设备、计算机及其他电子设备制造业	—	—	0.26
仪器仪表制造业	—	—	1.02
其他制造业	—	0.10	0.64
废弃资源综合利用业	—	—	0.10
电力、热力的生产和供应业	5.96	0.04	16.35
燃气生产和供应业	—	—	1.51
水的生产和供应业	—	0.01	2.07

二、青海省产业部门碳排放量情况分析

（一）碳排放估算方法

CO_2排放量的估算方法有很多，如模型估算法包括宏观模型和微观模型，前者如 RRM-AM 模型、MARKAL 模型、系统动力学模型等，后者如生命周期模型、投入产出模型等，这些方法得出的估算结果虽相对准确，但由于其十分复杂，对计算要求较高，本文采用 IPCC/OECD 推荐的方法，即根据消耗的能源数量以及能耗排放系数来估算 CO_2排放量（也称为碳排放量），该种方法计算结果也比较准确，而且其思想比较直观，易于理解与操作，而且对数据的计算能力要求相对较低，一般个人研究者可以采用。

CO_2排放量的估算分为两步：

首先，依据 IPCC 提供的方法估算出碳排放的量，CO_2排放量的估算分两步，用公式表达如下：

$$C' = \sum_{i=1}^{n} EQ_i \cdot EF_i \tag{6-9}$$

式中，C'表示估算的碳排放量，EQ_i表示第 i 种能源的消费量，EF_i表示第 i 种能源消耗的碳排放系数，$i=1$，2，…，n。其中，碳排放系数可以从表 6-19 中获取。

其次，在获得碳排放量的估算值后，需将其转化为 CO_2排放量，转化的方法为：

$$C = C' \times 44/12 \tag{6-10}$$

式中，C 即为最终估算的 CO_2 排放量（简称碳排放量）。

表 6-19　各种能源的碳排放系数

燃料类型	平均低位发热值		碳排放系数		碳氧化系数	折标煤系数	
	数值	单位	数值	单位	数值	数值	单位
原煤	20934	kJ/kg	1.9003	$kgCO_2/kg$	0.94	0.7143	kg 标煤/kg
焦炭	28470	kJ/kg	2.8604	$kgCO_2/kg$	0.93	0.9714	kg 标煤/kg
原油	41868	kJ/kg	3.0202	$kgCO_2/kg$	0.98	1.4286	kg 标煤/kg
汽油	43124	kJ/kg	2.9251	$kgCO_2/kg$	0.98	1.4714	kg 标煤/kg
煤油	43124	kJ/kg	3.0179	$kgCO_2/kg$	0.98	1.4714	kg 标煤/kg
柴油	42705	kJ/kg	3.0959	$kgCO_2/kg$	0.98	1.4571	kg 标煤/kg
燃料油	41868	kJ/kg	3.1705	$kgCO_2/kg$	0.98	1.4286	kg 标煤/kg
天然气	35588	kJ/m^3	2.1622	$kgCO_2/m^3$	0.98	1.2143	kg 标煤/m^3
电力		kJ/kwh	0.8010	$kgCO_2/kwh$		0.3270	kg 标煤/kwh

（二）碳排放估算结果

由于第一产业和第三产业的各种能源品种消费数据有限，而每年的能源消费总量变化不大，并且 CO_2 排放量主要来自于工业，所以我们重点研究青海省工业内部各产业的碳排放量。已知各种能源的碳排放系数（如表 6-19 所示），通过《青海省统计年鉴》可以得到历年青海省消耗的各种能源实物量数据，用这些数据代入到公式 6-9 中可以计算出青海省工业内部各产业的碳排放量，具体结果见表 6-20 所示。

表 6-20　2014—2017 年青海省工业内部各产业的碳排放量　　单位：万吨

行业 / 年份	2014 年	2015 年	2016 年	2017 年
工业	868.2824	1014.489	1021.744	739.7241
（一）采矿业	57.06005	39.87021	39.10509	17.39079
煤炭开采和洗选业	4.542055	11.25804	10.89252	4.065895
石油和天然气开采业	2.184003	1.972426	1.931881	2.40993
黑色金属矿采选业	1.541255	1.521196	1.259527	0.813058
有色金属矿采选业	32.24387	8.786938	7.398781	3.794882
非金属矿采选业	15.30239	16.0592	17.37093	6.039861
其他采矿业	0.137381	0.272404	0.25145	0.267166
（二）制造业	801.18	912.5773	908.6891	708.8162

续表

行业 年份	2014年	2015年	2016年	2017年
农副食品加工业	7.975017	24.5938	28.26627	2.276132
食品制造业	4.88893	15.92569	19.51141	1.876538
酒、饮料和精制茶制造业	5.897005	4.924729	7.656185	1.682239
纺织业	0.907682	0	0.537878	0.60971
纺织服装、服饰业	1.993842	0.603848	0.99781	0.443496
家具制造业	2.932968	0.837706	0.188437	0.46445
造纸及纸制品业	2.974066	0.08608	0.169225	0.002619
印刷和记录媒介复制业	5.192182	0.08608	6.236008	0.440876
文教、工美、体育、娱乐用品制造业	0.805238	0.159039	8.281483	0.473439
石油加工、炼焦及核燃料加工业	1.853352	0.138057	1.414535	1.753983
化学原料和化学制品制造业	316.0078	4.943567	398.7046	342.3717
医药制造业	10.67743	6.603922	2.72271	0.895647
化学纤维制造业	0.307042	1.41796	0.059536	0.115248
橡胶和塑料制品业	3.966267	422.6643	3.112582	0.610119
非金属矿物制品业	257.6342	2.276026	259.006	207.7791
黑色金属冶炼和压延加工业	59.38798	0.034051	41.92725	48.9148
有色金属冶炼和压延加工业	109.7932	2.507587	88.17305	94.38361
金属制品业	2.585382	246.2115	7.476124	1.186363
通用设备制造业	1.783909	53.11135	3.144249	0.743643
专用设备制造业	0.561473	91.7117	0.141331	0.010477
汽车制造业	0.284695	5.817946	0.083634	0.053517
电气机械和器材制造业	0.331375	3.132307	24.64869	0.54594
通信设备、计算机及其它电子设备制造业	0.13209	0.126324	0.009875	0.068101
仪器仪表制造业	0.336821	0.083337	0.247059	0.267166
其他制造业	0.945982	0.056614	2.73958	0.598032
废弃资源综合利用业	0.342014	19.55894	2.257362	0.026193
金属制品、机械和设备修理业	0.337672	0.023573	0.68873	0.212161
（三）电力、燃气及水的生产	10.04239	0.300854	73.94124	13.52803
电力、热力的生产和供应业	8.855059	2.21421	65.90754	12.54468
燃气生产和供应业	0.468429	1.807623	2.385502	0.39551
水的生产和供应业	0.718905	0.618566	5.649288	0.585229

根据表 6-20，可以计算出青海省工业内部各产业碳排放量占工业碳排放总量的比重，从总排放量来看，2014—2016 年，工业 CO_2 总排放量增长较快，2017 年虽有所下降，但从各产业 CO_2 排放量来看，各产业碳排放的比重与能源消费结构十分类似。

工业无疑成为 CO_2 排放总量的最大“贡献者”。近几年，采矿业、石化产业、非金属矿物制品业、金属制品业、冶炼及压延加工业和电力、燃气及水的生产和供应业每年排放量占工业总业排量的 80%以上，并且有缓慢上升的趋势。而其他产业的碳排放比例加总起来不到总排量的 20%，特别是造纸及纸制品业、专用设备制造业、汽车制造业三个产业的 CO_2 排放量最低，且呈下降趋势。化石能源消费是 CO_2 的主要来源，而工业是化石能源消耗的主体（具体见表 6-21 所示），从定量上分析青海省工业产业的碳排放量可以更直观的得出哪些产业是高排放产业，哪些产业相对比较低碳，这对于青海省调整产业结构有着重要意义。

表 6-21　青海省能源消费结构

年份	能源消费总量（万吨标准煤）	占能源消费总量的比重（%）			
		煤炭	石油	天然气	电力
2007	2295.91	47.56	8.09	8.29	36.06
2008	2497.74	43.72	8.95	12.2	35.13
2009	2573.44	42.99	7.79	12.69	36.53
2010	2814.57	34.14	7.61	11.21	47.04
2011	3145.28	28.58	10.68	12.97	47.77
2012	3475.88	31.43	9.4	14.6	44.57
2013	3768.16	31.67	8.24	13.95	46.14
2014	3991.70	29.77	8.21	12.86	49.16
2015	4134.11	32.53	8.52	14.28	44.67
2016	4110.51	36.28	14.97	9.92	38.83
2017	4202.46	32.12	11.12	15.69	41.07

资料来源：青海省统计局官网《2018 年青海省统计年鉴》。

第七节　青海省产业结构优化升级存在的问题与对策

综上所述，自西部大开发以来，青海省经济发展取得了很大的成绩，产业结构在调整中不断改善和优化，但仍存在一些不容忽视的问题。

一、青海省产业结构优化升级存在的问题

（一）青海省三次产业结构比例不合理

新中国成立初期，青海省三次产业结构呈“一三二”的发展模式，农业占整个国民经济比重较高，1952 年农业占国民生产总值的 73.6%，其次是第三产业占国民生产总值的 19.0%，相比较而言，第二产业发展较为滞后，仅占国民生产总值的 7.4%。随着中国计划经济及工农产品“剪刀差”战略的实施，工业经济得到长足发展，使青海省产业结构发生根本性转变。到 1979 年，青海省三次产业的产值比为 26.14 ∶50.95 ∶24.88，青海省产业结构演变为“二一三”的发展模式。随着改革开放及西部大开发政策实施，青海省产业结构进一步演变为“三二一”的发展模式，第一产业所占比重持续呈下降趋势，第三产业比重不断上升，但所占比重仍低于第二产业。到目前为止，根据钱纳里、塞尔奎因标准结构分析，青海省无论是产值结构标准、劳动力结构标准还是比较劳动生产率标准，均与钱纳里、塞尔奎因标准不相符，这说明青海省产业结构存在较大不合理性。

（二）能源资源消耗较高

能源是一个国家和一个地区经济发展的血脉。从青海省三次产业对能源消耗的角度可以看出，青海省经济发展对能源资源的依附程度较高。2010 年青海省能源自给率为 142.32%，到 2017 年却下降为 78.66%。2010 年青海省第一产业能源消耗为 18.87 万吨标准煤，第二产业能源消耗为 2116.55 万吨标准煤，第三产业能源消耗为 290.32 万吨标准煤。到 2017 年，青海省第一产业能源消耗为 23.79 万吨标准煤，第二产业能源消耗为 3202.34 万吨标准煤，第三产业能源消耗为 538.54 万吨标准煤。单位 GDP 能耗为 1.5 吨煤/万元，虽比上年降低了 4.46%，但能源消耗的绝对量仍较高。[①] 其中，第二产业能源消耗增长较快。工业中制造业的综合能源消耗所占比重较大，2017 年达 89.38%，其次是采矿业。工业中能源消耗主要集中在化学原料及化学制品制造业、黑色金属冶炼及压延加工业、非金属矿物制品业、有色金属冶炼及压延加工业、石油和天然气开采业等行业，占整体工业部门总消耗量的 92.56%。

① 青海统计信息网。快讯第 14 期：2016 年全省单位 GDP 能耗下降 7.93%。

（三）生态环境破坏、污染现象日趋严重

青海虽是一资源大省，但却是一生态小省，其生态环境十分脆弱。自西部大开发政策实施以来，青海省社会经济得到长足发展，在经济实现快速增长的同时，也带来了生态环境的退化。2014 年，青海省工业碳排放总量为 868.28 万吨，2017 年，碳排放总量为 739.72 万吨，减少了 128.56 万吨。2015 年，废水排放量为 23662.8 万吨，其中工业废水排放量为 8545.5 万吨，占总排放量的 36.11%，比上年增长了 4 个百分点。烟尘排放量也由 2014 年的 239867 吨上升到 2015 年的 246020 吨，比上年增长了 2.57%。近年来，青海省虽实施生态立省，构建绿色家园，但生态环境的退化与恶化现象仍未得到有效解决，雾霾、沙尘天气呈上升趋势，年降水量有所增加，年均气温也日渐上升，这些均不利于青海省生态环境可持续发展。

（四）三次产业结构内部存在严重不合理性

1. 第一产业存在的问题

（1）劳动力过于集中于第一产业，严重阻碍青海省农牧业产业化进程。

当今发达国家的经济发展史同时也是其就业结构的演进史，即劳动力从农业向非农产业转移的历史。许多发展经济学家把经济发展过程概括为“二元经济”一元化的过程。而在这一转化过程中，农业劳动力向非农产业的转移是最为根本的问题。

自改革开放以来，随着产业结构的调整劳动力结构也发生着相应的变化，劳动力逐渐由第一产业向第二、第三产业转移。截至 2017 年，青海省第一产业劳动力比重为 35.1%，第二产业为 22.4%，第三产业为 42.5%，第一产业劳动力占总劳动力的 1/3 强。而农牧业的产业化要实现专业化、集约化生产，将会释放出大量劳动力，这将导致青海省农村剩余劳动力过剩，阻碍农牧业产业化发展进程。

（2）第一产业内部结构不合理。

在第一产业内部农牧业比重偏高，而林业、渔业比重偏低。如表 6-1 所示，在青海省第一产业的四个部门中，传统的农业和畜牧业占有绝对优势。2017 年，这两个部门创造的总产值分别占到第一产业总产值的 44.60% 和 50.26%，两部门合计高达 95%，远远超过其他两个部门。这说明青海省第一产业内部结构尚不够协调，渔业比重太低，林业产值比重也过低。

（3）农牧业生产方式粗放。

目前，青海省农牧业产业化经营规模仍然较小，绝大部分农牧区还处于

分散的传统生产经营方式中。一些地区主要是少数民族地区由于社会环境的封闭，农牧业生产仍处于比较原始落后的生产状态。对土地基本上是最原始的“掠夺式”经营方式，索取大于供给，对先进技术与种植方式更是极力排斥，导致土地、草场退化现象严重，抵御自然灾害能力较低。

2. 青海省第二产业结构存在的问题

（1）轻重工业的比例不合理，重工业化程度加强。

重工业一般指生产资料的生产，包括能源、冶金、化学、机械制造、建筑材料、汽车及其他运输设备制造等行业。纵观青海省第二产业的发展，其受国家宏观经济形势的影响十分明显，呈现出明显的波动性，这不仅体现在其占 GDP 的比重上，还表现在第二产业内部比例关系上。从青海省工业化的过程来看，按照轻重工业结构的划分，青海省工业化具有明显的阶段性特征。进入 21 世纪以来，青海省工业经济逐渐形成以重工业为主，轻工业为辅助的非均衡经济，重工业化趋势不断加强。

从表 6-22 可以看出，青海省工业近年来一直以重工业发展为主，2008 年青海省轻、重工业增加值分别为 6.9%和 93.1%，到 2017 年，轻、重工业增加值占比分别为 14.24%和 85.76%，虽然重工业比重有所下降，但仍占有绝对优势，青海省工业发展仍趋于重工业化。

表 6-22　青海省轻、重工业增加值占比

年份 行业	2008	2009	2010	2011	2012	2013	2014	2015	2016	2017
轻工业（%）	6.9	9.2	7.9	6.7	8.1	9.6	12.8	16.4	18.56	14.24
重工业（%）	93.1	90.8	92.1	93.3	91.1	90.4	87.2	83.6	81.44	85.76

在工业结构中，轻工业相对于重工业来说，具有投资少，建设周期短，见效快，吸纳劳动力多，原材料可以从传统农业中以较低的价格获得等特点。而重工业最大特点是所需投资较大，生产建设周期较长，结构转换能力不强，且占用土地多、消耗水资源、能源多。重工业的过度发展会使产业结构难以优化升级。首先，这是因为重化工业具有高污染的特征，它的过度发展会导致严重的能源消耗和环境高污染，从而使青海省脆弱的生态环境急剧恶化。其次，重工业过度发展，会带来严重的就业问题。世界各国包括中国的经验告诉我们：重工业要求的技术含量是很高的，要求员工的文化素质和创新能力很强，但同时它吸纳就业的能力很低。增加就业主要应靠发展服务业，因

为这类企业创造新就业岗位所需的资金投入少，而且对从业人员的技术水平要求不是很高。因此，过度发展重工业，必然会增加解决就业问题的难度。再次，过度发展重工业会带来严重的金融风险。近年来，青海省产业增长，尤其是重化工业的快速增长在很大程度上是依靠资金等生产要素的投入来实现的。这使得固定资产投资呈不断攀升的态势，产业增长越来越依赖于资本投入的拉动。而资本是一种十分宝贵的稀缺资源，必须高度珍惜，决不能采取单纯靠投资拉动的增长模式。在近年来的房地产和重化工业投资热潮中，无论公私企业还是政府机构都靠商业银行贷款支撑。由于这样的增长是一种"借来的增长"，在投资效率不高的情况下，过度投资极易造成银行坏账大量增加；如果投资决策失误或者泡沫破灭，便会引起金融系统的风险。更为严重的是，过度发展重工业、过度依赖青海省的自然资源，会使青海省的工业企业放松技术创新和提高效率的努力，只安于做简单加工、靠自然资源和人民币投入赚钱，进而导致青海省自主创新能力低下。

（2）工业带动就业能力低下。

与2016年相比，2017年青海省规模以上工业企业从593个减少到569个，减少了24个，从业人员从253631人减少到247162人，减少了6469人；工业总产值由2016年的901.68亿元减少到2017年的777.56亿元，减少了124.12亿元；工资总额从534.7亿元增加到605.4亿元，增长了70.7亿元；从业人员年均工资从55706元增加到61816元，增长了6110元。这说明，青海省在工业化进程中，企业数量的减少，工业吸纳就业人数也随之减少，但职工平均工资水平却在增长缓慢，工业化对提高城乡居民生活水平的贡献仍有限。

（3）工业结构性矛盾仍然很突出。

青海省工业组织结构不合理，企业规模不经济，专业化分工程度低等问题十分突出。工业发展中的结构性矛盾主要集中表现在以下几个方面：首先是资源型产业与非资源型产业发展不平衡。资源型产业比重过高，能源、冶金、化工等十大优势产业增加值占到青海省工业增加值的71.83%左右，成为青海省经济发展的支柱产业；相反，非资源型产业则发展滞后，产业所占比重不到14%。青海省工业企业多数为资源型企业，并且精深加工程度不高，产品附加值低，增值能力弱。非资源型产业发展滞后会导致工业能源资源消耗高、排放高、污染重，产业链条短，难以实现集群化发展。其次是工业内部行业发展不平衡，尤其是十个优势特色产业发展不平衡。2017年，十大优势特色产业中有色金属产业占39.08%，盐湖化工产业占14.39%，新材料产业占10.34%，钢铁产业占9.53%，生物产业占6.08%，装备制造业占

9.28%，轻纺织工业、新能源产业、煤化工业、油气化工产业占 11.3%。再次是产品加工程度不平衡。产品输出仍然以资源输出为主，工业产品以原材料和初级产品为主，产品结构中原材料和初加工产品占 80%以上。最后是地区间工业发展不平衡。青海省的工业主要集中在西宁市、海东和海西地区，在工业增长点、发展潜力、发展条件上差距很大，具有明显的优势。

（4）粗放低度化的工业结构造成环境污染和资源严重破坏。

青海省的工业以高耗能、高污染产业为主。从工业内部结构来看，能耗和排放较低的装备制造业、农畜产品加土业、高新技术产业比重很低，而高耗能行业的能耗比重却很高。2017 年，十大优势特色产业增加值中有色金属产业、装备制造业、盐湖化工、新材料产业、钢铁产业和生物产业五个产业增加值就占到 88.7%。2017 年，青海省全社会总能源消耗为 4202.46 万吨标准煤，其中工业能源消耗为 3202.34 万吨标准煤，占青海省总能耗的 79.14%；而电力、钢铁、有色金属、煤炭等行业能源消费占全省 70%多，占工业能耗的 90%左右。这与青海省工业发展长期以重工业为主导有一定的关系，2017 年重工业占工业总产出的比重达 85.76%，重工业无论在量上还是在比重上都高于轻工业。重工业过度发展造成的资源成本、环境代价、物质消耗较大，节能减排任务十分艰巨。

（5）青海省自主创新能力仍处于较低水平。

2017 年青海省共取得省部级以上科技成果 510 项，比上年增加了 40 项。其中，基础研究 114 项，应用技术成果 372 项，软科学成果 24 项。全年专利申请 3181 项，授权专利 1580 件，比上年增长了 223 项，其中发明专利授权 240 项；年内签订各类技术合同 1016 项，技术合同成交金额 67.70 亿元。

尽管青海省在科技进步中取得了一定的成绩，但科技产出水平低的状况并未得到根本改变，在全国仍然处于下游水平。2017 年，青海省从事科研活动的人数仅为 5837 人，仅占到全国的 0.1%，科研经费为 17.91 亿元，占到全省 GDP 的 0.68%；而全国研发经费占 GDP 的平均比重却为 1.7%。加之青海省科技人才队伍建设存在专业技术人员数量相对较多，但高层次专家匮乏，学科带头人奇缺，难以营造吸引高端创新人才和高水平研发机构的集聚环境；人才资源结构不合理，科技人员整体素质较低；教育投入不足，人才培养能力存在局限性；市场配置人力资源的作用没有得到充分发挥，公平竞争机制、人才合理流动机制、人才激励机制和科学的人才业绩考评体系尚未完全建立。更重要的是，企业自主创新能力很弱，大多数工业企业缺乏具有自主知识产权的核心技术，基本不适应产业结构升级的要求。2017 年，青海省 569 个大中型工业企业中开展科技活动的只有 34 个，青海省工业企业自主创新的方式主要是集中在引进消化吸收再创新上，但靠这种方式是很难得到核心技术的。因此，一方面我们必须在消化吸收的基础上转化为自主知识产权；另一方面则必须提高自身的自主创新能力，在充分利用全球资源的基础上，依靠自主创新，逐步解决青海省所面临的核心技术问题。

3. 第三产业结构存在的问题

虽然青海省第三产业在三大产业中所占的比重上升速度加快，但在第三产业的发展过程中，仍存在着一些结构性问题亟待解决。

（1）增速相对缓慢，比重逐年下降。

从第三产业本身看，7.9%的增长速度不算慢，但与超速增长的工业增加值和 GDP 增速相比就显得缓慢，导致第三产业规模小、比重低，第三产业增加值在三次产业中的比重从 2002 年的 43.7%下降到 2017 年的 46.6%，15 年上升了 3 个百分点，比全国第三产业占 GDP 的比重低 5 个百分点。

（2）第三产业整体实现的增加值很低。

青海省第三产业主要依靠于劳动密集型产业来推动三产的发展，而资金密集型尤其是技术密集型行业发展缓慢。2017 年，全国第三产业实现增加值 427031.50 亿元，青海省仅为 1224.01 亿元，只占到全国总数的 0.15%；青海省第三产业增加值占 GDP 的比重为 46.6%，低于全国 5 个百分点，充分说明青海省第三产业实现的总量还是很低。

（3）产业内部结构升级滞后，现代服务业、新兴服务业发展缓慢。

2017 年，青海省第三产业增加值达到 1224.01 亿元，同比增长 11.14%。从第三产业 14 个部门发展情况来看，规模最大的 4 个部门是交通运输、邮政和仓储业、批发和零售业、金融业、公共管理和社会组织，其增加值分别达到 103.69 亿元、169.15 亿元、274.60 亿元和 211.46 亿元，这 4 个部门的增加值占第三产业增加值的 62.01%；规模最小的 3 个部门是文化、体育和娱乐业，水利、环境和公共设施管理业，居民服务、修理和其他服务业，其增加值分别为 23.77 亿元、8.62 亿元和 24.50 亿元，这 3 个部门增加值占第三产业的比重仅为 4.65%，说明青海省第三产业内部结构出现严重失衡的状况，产业结构升级刻不容缓。

（4）第三产业吸纳就业的能力不高。

第三产业是吸纳就业的主要渠道，然而从 2013—2017 年，全国就业人员整体呈增长状态，2017 年末，全国就业人员 77640 万人，比上年末增加 37 万人。2017 年，青海省第三产业吸纳就业人数 138.9 万人，比 2016 年增加了

3.94 万人，第三产业就业比重为 42.5%，占全国 2017 年第三产业就业比重的 44.90%，青海省第三产业就业比重要低于全国平均水平。这主要是由于部分中小企业生产经营困难，处于限产、减产、停产和半停产状态，因而导致就业存量减少，对就业带来一些不利影响。此外还有部分外贸出口型企业由于对外依存度较高，受世界金融危机影响较大，出口的减速将会减少对劳动力的需求。再加上青海省新兴服务业、现代服务业发展滞后、产业竞争力弱，使得青海省第三产业就业形势更为严峻。

（5）大部分服务人员整体文化素质不高。

与东部省区相比，青海省从事服务业的人员素质较低，这和受教育程度有一定的关系。以青海省保安服务业为例，近年来随着保安公司的成立，保安从业人员急速上升，但其从业人员主要来源于农村青年、退伍军人、城镇待业人员和下岗职工，其中具有专科以上学历的还不到总人数的 5%。在许多人的观念中，服务业被认为是餐饮服务等以劳动密集型为主的传统服务业，故而在人员聘用、管理等方面要求不高。如前些年在国有企业改革中大量分流人员被安置到第三产业就业，在第三产业就业人员严重短缺的情况下，适当地扩大以劳动密集型为主的服务业，解决了企业分流人员的就业问题，本无可厚非。但如果按照产业结构演进的一般规律，它是比第一、第二产业发展层次更高的部门，因而需要更高文化素质的劳动者。有些工作从表面上看谁都可以做，但如果做到规范科学，就需要专门的培训和指导。有些服务业例如金融、保险、房地产业、计算机服务、信息咨询等，需要高文化程度的劳动者。而青海省不但受过专门培训的人员短缺，同时还存在着严重的人才资源流失问题。很多短缺专业的人才“孔雀东南飞”大量流失到发达地区，这对青海省服务业的发展造成了很大的负面影响。

二、青海省产业结构优化的对策

产业结构优化升级是当代世界各国经济发展的永恒主题。一个国家或地区经济发展的过程实质上就是产业结构不断优化和升级的过程。青海省面对全球经济新格局的出现，如何适应国际新潮流，调整产业结构，以适应国际、国内经济发展趋势，本文认为应从以下几方面入手：

（一）发挥政府的主导作用

企业虽然是经济发展的微观主体，但产业结构优化升级却不能由企业之间“自主演变”，必须依靠政府部门的宏观调控。通过产业发展政策或产业规划来推动产业升级，因此，首先重建干部考核制度，建立符合科学发展要求的政绩观，杜绝只喊产业结构调整口号，不采取切实可行的行动行为；其次完善青海省市场机制，营造一个公平有效的市场环境，发展各类要素市场，建立一个可以反映要素供求状况的价格形成机制；再次，强化政府在产业结构调整优化中的引导、指导、监督和服务职能，为产业结构优化提供良好的政府服务；最后，发挥政府在产业结构优化中的引领作用，通过重组、改造、淘汰等办法引导落后产能行业有序退出，将其要素、资源利用于新兴产业。通过完善金融、财税等相关体制，为企业转型升级提供保障，大力支持龙头企业在产业升级中的引领作用，以促进企业转型升级。

（二）提高科技自主创新能力

随着全球化步伐的加快，区域之间的竞争也将日益激烈，各区域内在的创新能力已成为衡量区域竞争力的关键指标，区域创新能力在产业升级和可持续发展中的作用也将越来越突出。青海省由于思想观念相对落后，引进外资及外资利用程度不强，科研投入不足，企业自我创新意识不够，加之制度创新建设落后，从而严重阻碍青海省产业结构优化的进程，为此，青海省首先应以企业为主体，加快建设科技创新体系，培育一批具有技术创新、管理创新、品牌创新的创新型企业；其次，营造良好的科技创新环境，通过建立贷款担保、贷款优惠、风险投入、财税政策等手段，为企业创新提供良好的外部环境；最后，加大引进和培养创新人才力度，做好科技创新人才的储备工作，为青海省社会经济发展贡献一定的力量。

（三）做好产业转移对接

随着中国区域经济梯度发展战略实施，青海省应加快承接东中部地区产业转移，充分认识承接产业转移的优势和劣势、机遇和挑战，为青海省产业升级做准备。为此，首先应理性对待产业转移，摈弃高能耗、高污染的产业，加大低碳环保、高附加值的产业引进力度，制定环境保护方面的法律法规，以及提高承接产业转移的门槛，淘汰落后产业、引进优势产业；其次选好产业转移承接点，综合考虑青海省的产业基础、产业优势，以及产业布局，重新审视各地区现有的产业布局，避免产业趋同，防止重复建设，加大与现有优势产业关联度较高的产业转移力度，以便能够发挥产业协同作用，提高青海省优势产业的竞争力；再次，积极建设产业转移载体。为避免承接的同一产业过于分散和趋同，地方政府应充分利用现有的优势产业，以优势产业为基础建立产业园区，形成园区的规模经济；最后，加强产业转移的配套能力建设，提高政府部门的服务意识，为重点发展产业的企业提供高效优质的金融服务，建立社会人力资源管理系统，为企业引进人才提供周到的中介服务。

（四）合理规划，实现三次产业内部优化

1. 第一产业内部优化

农业在国民经济中处于基础地位，它为国民经济的发展提供产品贡献、市场贡献、外汇贡献和要素贡献。因此，农业在国民经济中的基础地位是不可动摇的。青海省是个牧业大省，牧业产值 2017 年占第一产业生产总产值的 50.26%，而农业、林业和渔业所占比例不到一半，第一产业内部结构严重失衡。近年来，随着青海省菜蓝子工程的实施，农业产值由 2008 年的 38.29% 上升至 2017 年的 44.60%，渔业由 2008 年的 0.09%上升至 2017 年的 0.94%，林业也由 2008 年的 1.33%上升至 2017 年的 2.48%，虽第一产业内部结构得到一定优化，但与全国总体水平相比，仍存在较大差距与不合理性。为此，青海省应本着贯彻落实科学发展观，坚持以人为本，进一步调整第一产业布局，加强林业、渔业的发展力度，提高它们在第一产业中的比重；根据市场供需变化，及时指导农牧民调整种植业、养殖业生产结构；合理利用自然地理条件，因地制宜，充分利用高原冷凉气候，在条件适宜地区发展优质、生态、安全的现代农业，支持建设绿色、无公害农产品以及有机食品生产基地；加大农、畜产品深加工力度，提高农畜产品附加值；加大对特色农业投资力度，发展优质农业，实现集约发展，在集约农业发展的基础上，根据当地情况发展农业旅游业、特色餐饮业等副业，帮助地区第一产业向更深层次发展。

2. 第二产业内部优化

虽然自西部大开发政策实施以来，青海省工业得到迅猛发展，并对地区经济增长做出了重要贡献。但横向比较，青海省工业仍存在整体技术水平偏低、资源和能源消耗较大、经济效益不高、未来发展困难重重。加之国际经济格局的变化及国内经济结构的调整，对青海省第二产业的发展带来了极大的挑战。

青海是资源大省，如何将资源优势转化为经济优势，是青海省当前经济发展的一重要议题，也是第二产业发展的重要方向。近年来为推动青海省经济发展，青海省通过招商引资，解决了经济发展中的技术、资金等问题，但同时也带来了一些弊端即生态环境的污染与破坏。SO_2 排放量由 2016 年的 1021.74 万吨上升至 2017 年的 739.72 万吨，污水排放量由 2014 年的 23001.2 万吨上升至 2015 年的 23662.8 万吨，给青海省生态环境带来较大的压力。为实现生态经济的可持续发展，适应国际、国内两个市场的需求，为此青海省

第二产业结构调整应从以下几方面进行：

首先，青海省应淘汰产能落后的传统工业，大力发展清洁型产业。近年来，为实现地区经济的稳定增长、承接东中西部地区经济发展梯度转移，青海省引进了一批生产效率低且属于高耗能、高污染的行业，这不仅对青海省生态环境造成较大的破坏与污染，同时也带来了资源的高度消耗，使青海省工业生产体系呈现“三高，一低”的发展趋势，严重阻碍了青海省社会经济的可持续发展。因此，青海省应痛下决心，坚决淘汰产能落后的行业，大力引进清洁型产业，以实现青海省社会经济与生态环境的协调发展。

其次，加大对传统工业的改造升级，积极推进高新技术产业发展，降低能源消耗，减少环境污染。能源工业和采掘业是青海最具竞争力的优势产业，也是青海省的支柱产业。但在能源、矿资源保证程度不断下降、开采成本不断上升、一些矿产资源原有的比较优势趋于弱化的情况下，青海仅靠初级资源性产品的开发和输出支撑经济的快速增长将难以为继。因此，青海省应加大科研技术投入，加强校企及科研机构的联系，通过招商引资引进先进的生产技术和设备，提高企业的综合开发利用能力，降低单位资源消耗和能耗；加强对资源产品的精深加工，延长产业链，开发出新的产品品种，以提高资源产品的附加价值，从而把青海省潜在的资源比较优势转化为现实的市场竞争优势；调整产业布局，关闭环境污染重、资源浪费大的开采企业，在技术成熟、工艺先进、资源综合利用度高的领域实现重点突破，以有限的资源换取最大的发展。

最后，大力发展新兴产业。新兴产业代表着市场对一个产业新的需求，是未来经济发展的趋势，也为青海省产业结构优化升级提供动力和方向。为此青海省必须走科技含量高、资源消耗少的新型发展道路。在现有的产业基础之上，结合高新技术，围绕着高端装备制造、信息技术、新能源、新材料等产业，通过自主创新、政策扶持、市场导向等一系列举措，使这些战略性新兴产业成为青海省下一阶段经济发展的新的增长点。具体讲，首先，应加大研发投资力度，利用青海省高校和研究机构数量人才集中的优势，形成产学研合作势头。政府通过牵头，组建由相关企业、金融机构、行业协会、科研院所等组成的产业联盟，完善科技创新机制建设，争取在较短时间内在关键技术环节取得重大突破。第二，在财政、金融、土地等方面给战略性新兴产业以支持，提供更多的政策扶持与市场平台，以促进这些战略性新兴产业发展。第三，加大通信设备、电力、能源、交通、现代网络等公共设施建设，为战略性新兴产业搭建一个要素顺畅流动的信息平台。第四，通过规划和建设战略性新兴产业工业园区，实现战略性新兴产业在空间、人力资源、资金等方面的集中，进而形成战略性新兴产业群。第五，一方面要大力培育青海省战略性新兴产业龙头企业，发挥带头示范作用，带动配套企业发展；另一方面也要着力培养一批中小企业，与龙头企业配套与协作，进而形成一个完善的战略性新兴产业体系。

3. 第三产业内部结构优化

自西部大开发政策实施以来，青海省第三产业虽得到长足的发展，但发展速度仍较缓慢。与第二产业相比，2017 年，第三产业比上年仅增长 11.14%，而第三产业自 2002 年达到 43.7%以后呈不断下降趋势。青海省第三产业中传统服务业仍占有较大的比重，到 2017 年传统服务业占第三产业生产总值的 26.27%。现代服务业虽有所发展，但呈现出严重的不均衡现象。现代服务业中金融业发展较快，由 2008 年的 8.56%增加到 2017 年的 22.43%，房地产发展呈稳步回落趋势，由 2008 年的 6.03%下降到 2017 年的 4.97%，而其他新兴服务业的发展相对滞缓，自 2009 年达到 50.15%后，2017 年下降到 46.33%。为此，青海省应进一步调整第三产业内部结构，加快现代服务业发展，尤其是物流、文化、旅游产业的发展，以推动青海省第三产业内部结构的合理化。

现代服务业从概念上按服务对象可以分为三类：生产性服务业、生活性服务业和公共服务业。生产性服务业主要包括现代物流业、金融业和信息服务业。现代物流业是在传统物流业譬如运输、仓储、配送等多方面的基础之上，结合现代信息技术和现代管理方式，建成一条完整的供应链。可以说，现代物流业的发展有利于降低整个生产销售环节的成本，对于经济发展、产业结构升级有着重要作用。因此，青海省首先应加大对现代物流业基地建设，提升航空物流运转能力，构建陆、海、空三位一体的现代物流运转模式；加强物流信息平台的建设，利用信息技术推动现代物流产业发展。其次，经济的发展，离不开金融。加快发展金融服务业，建立金融服务体系，有利于改善青海省融资结构，为企业的持续发展提供资金来源，以带动地方经济发展。为此，青海省应大力发展中小型金融服务企业，这些金融企业组织结构相对灵活，处理业务效率也较高，业务形式多样化且针对性较强，从而为青海省经济发展提供更多的金融服务。再次，随着信息时代的到来，信息业已成为现代社会经济发展的主流工具，为社会经济发展和人类交流提供便利条件。故青海省应构建以信息带动经济，以经济促信息化发展的模式，发展壮大信息服务产业。为此，青海省应注重网络资源的整合，大力发展电子商务，扩大内需，引导商务服务业向专业化、规模化方向发展。

随着生活水平的提高，人们对于物质需求和精神需求更趋向多样性和高层次。首先大力发展生活性服务业，通过提供丰富多样的服务产品，提高服务质量，有助于满足人们日益增长的生活需求。因此，青海省应不断挖掘旅游休闲产业，利用名山秀水、民族特色文化挖掘旅游休闲产业。其次，加大对文化娱乐产业的扶持，借文化体制改革的东风，为重点文化企业的发展再添一把火；注重知识产权保护，规范市场环境。第三是要规范商贸服务业的市场环境。对餐饮、酒店、零售等行业中存在已久的行业弊病进行大规模的治理，确保人们吃得放心、住得安心、买得省心。

除了全面发展生产性服务业和生活性服务业外，也要创新发展公共服务业。首先，应加大农村公共服务投入，逐步实现城乡公共服务业发展平衡。加大农村基础教育资金投入，改善农村教学条件，提高乡村教师收入；扩大农村医疗保险范围，吸引更多农民加入“新农合”；加大农村养老保险投入，吸引更多农民加入“新农保”；兴建农村公共基础设施，包括公共交通设施、电力设施、环保设施和文化体育设施。其次，构建长远发展的公共服务财政投入机制。发展公共服务业资金大部分来自于政府的财政投入，如果没有一个稳定的、长远发展的财政投入机制，一切就都是空谈。第三，创新公共服务业发展模式。借鉴国外经验试点发展青海省 PPP 模式，为青海省公共服务业扩展融资渠道、提高融资效益。

第八节　结论与展望

产业结构优化是现代经济增长的一个中心课题。随着经济全球化和科技发展日新月异，国内消费结构与投资结构的转变，使得中国产业结构的调整优化迫在眉睫。对其的研究也就具有重要的理论意义与现实意义。本文系统地研究了青海省产业结构优化升级问题，得出主要结论如下：

（1）通过对青海省产业结构演变的情况进行分析，发现其变化与产业结构演进的规律相悖。并且，通过对青海省产业结构合理化和高度化的定性与定量的综合分析，也得出这样的结论，即目前青海省产业结构不合理。为保证经济能够持续、稳定的增长，有待对其产业结构进行优化。

（2）结合 2015—2017 年的数据对青海省三次产业的生产效率进行实证分析，发现无论是从横向还是纵向来看，青海省第一产业的生产效率是最高的，达到了 DEA 有效，而第二、第三产业的生产效率却未达到 DEA 有效。以此为基础，可以得出青海省产业结构优化的纲要是减少相对生产效率值低下并且处于规模收益递减阶段的第二产业的要素投入；增加生产尚未达到DEA有效且处于规模报酬递增或规模报酬不变阶段的第三产业的要素投入。这样，通过对第二产业中的要素投入冗余的转移，第一产业和第三产业的生产效率会得到提升，进而可能带来更大的产出。并且，通过对第三产业要素投入的增加也会得到更大的产出。这样，在不影响全社会要素投入量的情况下，会带来产出的增加，实现了资源的有效配置和帕累托改进，进一步优化了产业结构。而且，这种第一、第二、第三产业之间投入和产出的变化也是完全合乎产业结构演进规律的。所以，对于青海省产业结构的优化就是将减少的第二产业的投入增加到第一和第三产业中去，力争达到产出效益的最大化。

（3）依据以上的分析，本文提出了关于青海省产业结构优化宏观层面与微观层面的对策建议。从宏观层面来看，要积极发挥政府部门宏观调控作用；大力推进产业技术进步，促进青海省科技创新能力的提高；做好产业转移对接，构建产业联动发展。从微观层面来看，第一产业内部要调整农业布局，发展集约型农业，并做好对传统农业的改造；第二产业内部要优先发展石化以及通信、仪表等装备制造业，大力发展高新技术产业，促进技术进步；第三产业要优先发展文化、旅游业，大力发展物流等产业。

本文在研究时存在的不足之处就是对于青海省主导产业选择时因为缺乏各行业能源消耗量和污染排放与治理方面的数据，导致在参照可持续发展基准时只能定性分析；同时在实证分析时，选取的时间序列数据不够长，这也会对分析结果带来一定程度上的偶然性。因此，在未来的研究中，尽量获取更多的数据，对青海省产业结构优化做更进一步的分析。

参考文献

［1］张培刚，张建华．发展经济学［M］．北京：北京大学出版社，2009.

［2］郝寿义，安虎森．区域经济学（第二版）［M］．北京：经济科学出版社，2004.

［3］吴敬琏．当代中国经济改革教程［M］．上海：上海远东出版社，2010.

［4］林毅夫．解读中国经济［M］．北京：北京大学出版社，2012.

［5］杰弗里·M·佩洛夫，丹尼斯·W·卡尔顿．现代产业组织（第四版）［M］．北京：中国人民大学出版社，2009.

［6］吴敬琏，马国川．重启改革议程［M］．北京：生活·读书·新知三联书店，2013.

[7] 张五常．经济解释［M］．北京：商务印书馆，2000.

[8] 杨云龙．中国经济结构变化与工业化（1952—2004）［M］．北京：北京大学出版社，2008.

[9] 周振华．现代经济增长中的结构效应［M］．上海：上海人民出版社，1995.

[10] 苏东水．产业经济学（第三版）［M］．北京：高等教育出版社，2010.

[11] 刘学敏．国外典型区域开发模式的经验与借鉴［M］．北京：经济科学出版社，2010.

[12] 戚本超，景体华．中国区域经济发展报告（2011—2012）［M］．社会科学文献出版社，2012.

[13]［美］杰里米·里夫金．第三次工业革命［M］．北京：中信出版社，2012.

[14] 龙飞．促进区域产业结构优化升级的对策研究［J］．中国市场，2011，(41).

[15] 安体富，任强．促进产业结构优化升级的税收政策［J］．中央财经大学学报，2011（12）.

[16] 闫星宇．后金融危机时代促进我国产业结构优化升级的对策［J］．经济纵横，2012（8）.

[17] 郭永珍，严丹屏．资源枯竭型城市产业结构优化升级研究［J］．管理学报，2012，9（3）.

[18] 白瑞雪，翟珊珊．基于产业链视角的“十二五”时期产业结构优化升级研究［J］．中国特色社会主义研究，2012（4）.

[19] 达捷．产业转移与四川产业结构优化升级［J］．当代经济，2012（4）.

[20] 李建军．承接产业转移与湖南省产业结构优化升级问题研究［J］．湖南社会科学，2012（5）.

[21] 王军．促进陕西产业结构优化升级研究［J］．技术与创新管理，2012（5）.

[22] 赵文丁．大力推动河北产业结构优化升级的思路与举措［J］．领导之友，2012（9）.

[23] 陈刚．区域主导产业选择的含义、原则与基准［J］．理论探索，2004（2）.

[24] 朱要武，朱玉能．区域主导产业的选择基准［J］．上海综合经济，2003（11）.

[25] 贺亚锋，韩增林，张德艳．大连市产业结构优化升级研究［J］．云南地理环境研究，2012（2）.

[26] 李一晗，刘继伟．吉林省支柱产业发展态势研究［J］．产业与科技论坛，2013（2）.

[27] 陈延斌，陈才．改革开放以来吉林省产业结构演进特征分析［J］．地理

与地理信息科学，2011（5）.

［28］许晶．提升吉林省产业集群竞争力研究［J］．经济纵横，2013（5）.

［29］刘永焕．德国产业结构调整及其经验借鉴［J］．对外经贸实务，2014（1）.

［30］李春艳，任艳波，孙卉．产业结构调整动因的实证研究——以吉林省为例［J］．工业技术经济，2010（7）.

［31］吴艳．吸收外商投资加快吉林省产业结构优化升级的思考［J］．中国经贸导刊，2010（23）.

［32］冯飞．培育竞争新优势推动产业结构调整升级［J］．中国发展观察，2011（4）.

［32］苗圩．十八大报告解读优化产业结构是加快转变经济发展方式的重点任务［J］．现代工业经济和信息化，2012（23）.

［33］冯飞．“十二五”产业发展要突出创新［J］．新经济导刊，2011（6）.

［34］冯飞．战略性新兴产业最应注意技术风险［J］．科技潮，2012（2）.

［35］冯飞．生产性服务业大有可为［J］．中国制造业信息化，2009（12）.

［36］吴敬琏．中国应当走一条什么样的工业化道路［J］．管理世界，2006（8）.

［37］彭宜钟．产业结构理论综述［J］．北方经济，2010（24）.

［38］臧超充，李楠．长吉图开发开放先导区对吉林省产业结构的影响［J］．产业与科技论坛，2013（16）.

［39］党耀国，刘思峰，翟振杰．区域主导产业评价指标体系选择与数学模型［J］．经济经纬，2004（6）.

［40］李北伟，肖静，董微微．吉林省主导产业选择及发展思路［J］．经济纵横，2012（3）.

［41］杨国庚，杨奇．产业结构优化升级研究理论综述［J］．全国商情（经济理论研究），2009（9）.

［42］钟春平，潘黎．“产能过剩”的误区——产能利用率及产能过剩的进展、争议及现实判断［J］．经济学动态，2014（3）.

［43］周红英，贺正楚，张训．战略性新兴产业与我国产业结构优化升级［J］．经济地理，2011（12）.

［44］闫联飞．自主创新与产业结构优化升级研究［J］．决策咨询，2012（5）.

［45］佟丹丹．论产业结构优化升级与扩大消费需求的关系［J］．产业与科技论坛，2011（7）.

［46］李传殿．江苏产业优化升级问题探讨［J］．江苏社会科学，2011（5）.

［47］中华人民共和国国家统计局．中国统计年鉴［M］．北京：中国统计出版社，2016.

第七章

chapter 7

绿色发展视角下青海省GDP产业贡献率动态研究①

第一节 绪 论

一、研究背景

党的十八届五中全会提出的五大发展理念，是“十三五”乃至更长时期中国发展思路、发展方向、发展着力点的集中体现，也是一个有机整体，之间相互贯通、相互促进。绿色发展是其中重要的一环，也是永续发展的必要条件和人民对美好生活追求的重要体现。为此，《中共中央关于国民经济和社会发展第十三个五年规划的建议》将节约资源和保护环境上升到基本国策的高度，反映了绿色发展的基本要义。

青海省地处三江源头，世称“中华水塔”，是中国重要的生态安全屏障，生态功能和地位极其重要，但同时也是生态系统极为敏感脆弱的地区。因此，绿色发展既是青海省经济社会永续发展的内在需要，也是担起历史责任的必然要求。

要实现绿色发展模式，必须人力调整经济结构和能源结构，加快发展战略性新兴产业和现代服务业，使经济发展由主要依靠增加物质资源消耗向主要依靠科技进步、劳动者素质提高、管理创新转变，使经济变“绿”。

① 本部分内容是卞利花副教授主持完成的青海大学中青年基金项目《基于经济发展视角的青海省 GDP 产业贡献率动态趋势研究》的最终成果。

通过优化产业结构实现经济转型是现阶段提高经济发展水平的共识。产业发展及产业结构在地区经济发展中起着基础性作用。可以说，地区经济发展的历史，就是具体产业发展及产业结构不断演化的历史。2001 年西部大开发战略实施以来，青海省经济增长迅速，GDP 从 2001 年的 300.13 亿元增长为 2017 年的 2624.83 亿元，是 2001 年的 8.7 倍。但是经济的发展，一方面表现为经济总量的不断增长，另一方面表现为产业结构的不断演进，只有高度合理的产业结构才能带来经济的可持续发展、经济的绿色发展。

经济发展的工业化可以分为两个阶段。第一阶段：第二产业在国民经济（GDP）中的比重，以较快的速度增加，并逐渐超过 50%；与之相应，第一产业的比重则以更快的速度下降。在此阶段，第三产业的比重有所上升，但变动幅度不大。第二阶段：第三产业在国民经济（GDP）中的比重，以较快的速度增加，并逐渐超过 50%；与之相应，第二产业的比重则以略慢一些的速度下降。在此阶段，第一产业的比重进一步下降，但变动幅度不大。

以 2017 年为例来看青海省经济发展情况和全国经济发展情况，青海省地区生产总值 2624.83 亿元，按可比价格计算，比上年增长 7.29%，增速在全国各省（市、区）中列第 18 位。分产业看，第一产业增加值为 238.41 亿元，增长 4.9%；第二产业增加值为 1162.41 亿元，增长 7.15%；第三产业增加值为 1224.01 亿元，增长 7.94%。第一产业增加值占地区生产总值的比重为 9.1%；第二产业增加值占地区生产总值的比重为 44.3%；第三产业增加值占地区生产总值的比重为 46.6%。可以看出，截止到 2017 年，青海省产业结构为“三二一”的发展模式，三次产业结构比为 9.1∶44.3∶46.6。而 2017 年全国经济发展情况为：国内生产总值 827121.7 亿元，比上年增长 6.9%。其中，第一产业增加值为 65467.6 亿元，增长 3.9%；第二产业增加值为 334622.6 亿元，增长 6.1%；第三产业增加值为 427031.5 亿元，增长 8.0%。第一产业增加值占国内生产总值的比重为 7.9%，第二产业增加值比重为 40.5%，第三产业增加值比重为 51.6%。第三产业增加值占比超过第二产业，三次产业结构比为 7.9∶40.5∶51.6。

虽然青海省和全国一样，也进入了工业化的第二阶段。但青海省的经济发展水平落后于全国，产业结构的优化升级也落后于全国，在此情况下，产业结构优化调整就是青海省经济发展面临的重要任务，那么认清青海省产业结构及产业贡献率的动态趋势，对青海省产业结构的优化升级以及青海省经济的可持续发展、绿色发展有重要的现实意义。

二、研究意义

（一）研究的理论意义

通过研究三次产业对青海省 GDP 贡献率的趋势，得到三次产业发展变化情况，分析三次产业的贡献率，可以为提高青海省的国民经济收入，促进产业结构优化升级，为青海省地区经济的快速、可持续发展、绿色发展提供一定的理论支撑、发展思路和对策上的建议。同时也能对中国其他地区，特别是西部地区的发展提供一定的参考，为促进中国实现整体的产业优化升级做出贡献。

（二）研究的实践意义

青海省地处青藏高原的东北部，省内资源丰富。随着国家西部大开发战略的实施，青海省经济获得了迅速增长。但经济的可持续发展不仅依赖于经济总量的增长，更依赖于产业结构的合理化和高度化。所以，产业结构的优化调整关系到青海省经济的可持续发展和绿色发展。研究青海省产业贡献率的动态趋势可以对其产业结构的发展有更清楚的认识，同时，也可以为青海省进一步调整产业结构提供理论依据，具有重要的现实意义。

三、研究思路与方法

（一）研究思路

为实现研究目标，我们确定的研究思路为：首先在梳理研究国内外关于产业贡献率对社会经济影响的基础上形成研究方案；其次，对青海省产业发展的现状进行分析；再次，对青海省的 GDP 数据以及三次产业产值进行调研，用实证分析的方法研究三次产业对青海省 GDP 贡献率的动态趋势；最后，根据实证分析的结果，提出青海省产业结构调整优化的对策建议。

（二）研究方法

我们遵循三段式的逻辑顺序，采用定性和定量分析相结合、实证研究和规范研究相结合等研究方法，从多学科交叉角度，综合运用发展经济学、产业经济学及统计学等相关理论与方法，在绿色发展的视角下对青海省 GDP 产业贡献率动态趋势进行研究。具体研究方法为：

（1）文献分析法：运用文献分析法对相关理论和文献进行梳理和归纳，在此基础上形成研究思路和方案。

（2）定性与定量分析：用回归分析法找出三次产业贡献率的动态趋势；用时间序列分析方法进行预测；用计量经济模型和因子分析模型对产业结构的贡献效应进行研究等。

（3）规范研究与实证研究：在产业结构优化调整的政策建议等方面主要采用规范研究方法；在对青海三次产业贡献率动态趋势分析及预测等方面主要采用实证研究方法。

第二节　产业贡献率理论及文献综述

一、相关理论

（一）绿色发展

伴随着对传统工业化和城市化模式所存在问题的不断质疑，绿色理念的提出已经有 50 多年。这是人类对自身生产、生活方式的反省。1962 年，美国人卡逊发表了《寂静的春天》，对传统工业文明造成环境破坏作了反思，引起各界对环境保护的重视。1972 年，罗马俱乐部发表了《增长的极限》，对西方工业化国家高消耗、高污染的增长模式的可持续性提出了严重质疑。但在当时，绿色理念主要集中在污染的末端治理方面。1989 年，英国环境经济学家皮尔斯等人在《绿色经济蓝图》中首次提出了绿色经济的概念，强调通过对资源环境产品和服务进行适当的估价，实现经济发展与环境保护的统一，从而实现可持续发展。绿色发展与可持续发展是一脉相承的，是针对可持续发展的不同侧面或是特定时期的目标和任务而展开的经济社会活动，其核心目的是为了突破有限的资源环境承载力的制约，谋求经济增长与资源环境消耗的“脱钩”，即经济增长时物质消耗并不同步增长，而是略低，甚至开始呈下降趋势，出现倒型，实现发展与环境的双赢。

绿色发展同样也建立在生态经济价值理论基础上，认为资源与环境是有价值的，是生产力发展的要素。在计算和国民财富核算的时候，要考虑自然资源（包括环境容量）的价值和污染治理、生态恢复的成本。绿色发展需要使用绿色。绿色有别于名义，它是指在名义中扣除了各种自然资本消耗之后的经过环境调整的国内生产净值，也称绿色国内生产净值。实行绿色是实现绿色发展的重要衡量指标，它意味着从传统的大量消耗资源、排放污染的名义核算单位转向扣除自然和环境成本的绿色。美国、日本等国家纷纷建立了较为完整的环境经济综合核算实例体系。

2006年，中国国家环保总局和国家统计局发布了中国2004年绿色国民经济核算研究报告。

2009年，胡锦涛主席在联合国气候变化峰会开幕式上的讲话中对绿色发展的含义做出了高度的概括。他指出，中国要大力发展绿色经济，积极发展低碳经济和循环经济，研发和推广气候友好技术。

绿色发展包含低碳经济和循环经济等不同侧重点的表现形式。循环经济是以资源的高效利用和循环利用为核心，它的目标是要“减量化、再利用、资源化”，所以它必须是“低消耗、低排放、高效率”的一种经济，它是节约发展，符合可持续发展的理念。低碳经济指的是低能耗、低污染、低排放，它的重点一是能源的效率要提高，二是新能源的开发，特别是要减少对化石能源，就是高碳的消耗。

夏泰凤和董瑞芝认为，绿色发展的核心就是实行低度消耗资源的生产体系；适度消费的生活体系；使经济持续稳定增长、经济效益不断提高的经济体系；保证社会效益与社会公平的社会体系；不断创新和充分吸收新技术、新工艺、新方法的技术使用体系；促进与世界市场紧密联系的、更加开放的贸易与非贸易的国际经济体系；合理开发利用资源，防止污染，保护生态平衡。

绿色发展的内涵是发展低碳经济、循环经济和绿色经济。

低碳经济目前已经成为一个全球性的话题，其内涵也随着科技和社会的发展逐步延伸。较为主流的理解是，“低碳经济”指尽可能最小量排放温室气体的经济体。低碳经济发展模式因其低能耗、低排放、低污染的特征，正成为各国转变经济发展方式，实现可持续发展的一种共识。吴垠认为，低碳经济发展模式的实质是以对碳基能源煤、石油、天然气的低消耗，对碳中和、碳封存和碳捕获技术的密集使用，以及对新兴清洁绿色循环能源及原材料的充分利用为基础的可持续发展模式。

循环经济是绿色循环型经济，它以“低开采、高利用、低消耗、低排放”为核心理念，把经济活动组成一个“资源—产品—废物—再生资源”的物质反复循环流动的反馈式流程。物质和能源在这个反馈式的经济循环中得到合理、持久且最大化地利用，从而使经济活动对自然资源的影响降低到尽可能小的程度，实现经济活动的生态化和绿色化。

绿色经济是资源节约、环境友好和谐的经济发展模式的总称，也就是我们所说的人与自然和谐关系的目标，它强调的是对生态的保护。

（二）产业的基本概念

产业作为经济单位，介于宏观经济和微观经济之间，属于中观经济，它既是国民经济的组成部分又是同类企业的集合。虽然理论界对产业的定义口径不一，但产业必须满足如下四方面的质和量的规定性：

（1）产业是处于宏观经济和微观经济之间，从事同类物质生产或相同服务的经济群体；

（2）产业是与社会生产力发展水平相适应的社会分工形式的表现，是一个多层的经济系统，如部门、行业；

（3）产业与产业之间存在着直接或间接的经济联系，整个产业构成一个存在一定的比例关系的经济系统；

（4）产业是有投入和产出效益的活动单位。

产业分类是指对构成国民经济的各种活动按一定标准进行分解和组合，并形成多层次的产业门类，它是进行产业结构、产业组织和产业政策研究的前提，是分析整个国民经济活动的基础性工作。

（三）贡献率的概念及计算方法

贡献率是分析经济增长中各因素作用大小的一个指标，常被用来分析经济增长过程中某一因素作用程度的大小。其计算方法是：

$$贡献率=\frac{某因素贡献量（增量或增长速度）}{总贡献量（增量或增长速度）}\times 100\%$$

若研究某因素对经济增长的贡献率，那么这里的某因素是指 GDP 的一个组成部分，可以是某一产业的增加值，也可以是拉动经济增长的消费、投资、进出口等。

具体推导过程如下：

由于 GDP 是由国民经济中众多产业部门组成的，则假设 GDP 由 n 个部门的增加值加总构成，即

$$GDP=M1+M2+\cdots+Mn$$

进行恒等变换，即 GDP 的增量等于这几个部门的增量之和：

$$\Delta GDP=\Delta M1+\Delta M2+\cdots+\Delta Mn$$

两边同时除以 GDP，等式左边即为 GDP 的增长率：

$$\frac{\Delta GDP}{GDP}=\frac{\Delta M1}{GDP}+\frac{\Delta M2}{GDP}+\cdots+\frac{\Delta Mn}{GDP} \tag{7-1}$$

等式右边进行恒等变换，得到

$$\frac{\Delta \mathrm{GDP}}{\mathrm{GDP}}=\frac{\Delta M1}{\Delta \mathrm{GDP}}\times\frac{\Delta \mathrm{GDP}}{\mathrm{GDP}}+\frac{\Delta M2}{\Delta \mathrm{GDP}}\times\frac{\Delta \mathrm{GDP}}{\mathrm{GDP}}+\cdots+\frac{\Delta Mn}{\Delta \mathrm{GDP}}\times\frac{\Delta \mathrm{GDP}}{\mathrm{GDP}} \qquad (7-2)$$

等式右边每一项的值$\frac{\Delta Mi}{\Delta \mathrm{GDP}}\times\frac{\Delta \mathrm{GDP}}{\mathrm{GDP}}$，表示该部门对 GDP 增长贡献的百分点，也称为该部门对经济增长的拉动率，其中$\frac{\Delta Mi}{\Delta \mathrm{GDP}}$为该部门对 GDP 增长的贡献率。贡献率$\frac{\Delta Mi}{\Delta \mathrm{GDP}}$的经济意义是在 GDP 的增长速度中，有百分之多少是由某部门贡献的，将贡献率乘以 GDP 增长速度就是该部门对 GDP 增长贡献的百分点，即增长拉动率。

以上等式右边的恒等变形还可采用如下方法：

$$\frac{\Delta \mathrm{GDP}}{\mathrm{GDP}}=\frac{\Delta M1}{M1}\times\frac{M1}{\mathrm{GDP}}+\frac{\Delta M2}{M2}\times\frac{M2}{\mathrm{GDP}}+\cdots+\frac{\Delta Mn}{Mn}\times\frac{Mn}{\mathrm{GDP}} \qquad (7-3)$$

可见，某部门对 GDP 增长贡献的百分点也可以用该部门的增速乘以该部门在 GDP 中所占的比重表示。

贡献率的类别很多，可被用于多个领域进行经济分析，使用范围广泛。

产业贡献率表示某产业对经济增长的贡献程度，一般用某产业当年增量与国民经济增量之比表示。

本书所讲的贡献率即为产业贡献率。按照三次产业分类法对产业进行分类，记第一产业为 $Y1$，第二产业为 $Y2$，第三产业为 $Y3$，则根据公式（7-2）可得出产业贡献率为$\frac{\Delta Yi}{\Delta \mathrm{GDP}}$（$i$=1，2，3），表示的实际含义是在 GDP 的增长速度中，有百分之多少是由第 i 次产业贡献的。

产业贡献率是一个综合指标，它综合反映了某产业在特定区域的比较优势和其在研究区域的经济地位和贡献大小，通常主导产业对经济发展的贡献大。所以，某产业的产业贡献率越大，则该产业对特定区域的经济发展所起的作用越大。

二、国内外对产业贡献率的研究现状述评

（一）国外对产业贡献率的研究现状

关于产业发展战略的研究最早起始于对产业经济学的研究。在 20 世纪 30 年代，张伯伦和罗宾逊夫人开创了关于不完全竞争产业的理论研究，并试图建立一种分析不完全竞争产业的以应用性和经验性为主的研究，使得关于产

业经济学的研究达到了第一次高潮。在 1941 年确立了产业经济学的学科地位。产业经济学理论的进一步完善是产业发展战略研究升级的主要标志，产业经济学的核心理论主要包括产业结构理论、产业关联理论、产业组织理论和产业布局理论，而这些理论恰好都把产业发展作为其研究的重点。20 世纪 30 年代，新西兰经济学家费歇尔基于现代产业结构理论提出三次产业分类法。

关于产业贡献的问题，各国从不同的方面进行了研究。R. W. Fraser 在 1986 年应用 ARANI—矿砂模型评估了采掘业对澳大利亚经济的贡献。接着 Erol 和 Yu（1987）采用 Granger 因果模型对英国、德国、意大利、法国、日本等工业国家能源对经济的贡献进行了研究。Dennis Anderson（1990）对投资对经济的贡献进行研究，得到经济的增长与投资率大大相关的结论。许多研究都强调了技术能力对产业竞争优势的重要性，但是这方面的实证研究一直较少，尤其在企业层面。Maria Garcia（2006）分析了技术创新活动的多样性在企业层面的影响。另外，一些欧洲公司的研发活动小组的实证研究表明，R&D 强度和专利随着该公司的技术多样化程度的增加而增加。Raffaello Bronzini（2009）发现人力资本对生产力有巨大的影响。Petra Sonderegger（2010）研究发现，与分散的经济体相比，群集可以使一个地区经济发展得更快。同时，国外研究者也对可持续发展与产业贡献率的关系进行了研究，Heinz Peter Wallner（1999）、D. Humphreys（2001）等都关注了经济和社会的可持续发展，N. Markovska（2009）对马其顿能源部门的 SWOT 分析指出，由于面临着国内资源匮乏和不利的能源结构，必须制定可持续发展的能源策略。

综上所述，国外学者对产业贡献问题的研究，主要集中在采掘业、能源、投资和技术能力等方面，另外他们还关注经济与社会的可持续发展与产业贡献率的关系，这对我们研究青海省 GDP 产业贡献率动态趋势的研究有借鉴意义。

（二）国内对产业贡献率的研究现状

在国内关于产业对经济增长的贡献率研究很多，如崔玉平（2000）采用丹尼森和麦迪逊的算法，计算了中国 1982—1990 年高等教育对经济增长率的贡献，发现中国的高等教育贡献率同西方六国相比非常低，其原因在于人均高等教育年限太少，有限的人力资本没有充分盘活和调动起来。金碚（2004）指出，随着工业化的不断深化，技术创新的关键性作用日益突出。要形成持续的竞争力和保持持续增长，就必须把技术创新作为产业发展的基点。中国工业以及中国经济未来的发展前途将越来越依赖于技术创新，以技术创新推动工业进步和产业升级将成为新世纪中国工业发展的基本主题。Kuen-Huang Tsai（2004）以中国台湾的电子行业为分析样本，探讨了技术能力对企业绩效的影响，基于一组数据，利用柯布—道格拉斯生产函数推导出的模型估算表明，企业的技术能力对生产力增长的重要作用，而且技术能力的影响似乎比其他常规因素大。这些结果表明，技术能力在中国台湾电子公司竞争优势的提升上是重要的决定因素。罗浩（2007）等人指出，产业转移可以带动后期地区的经济增长。石宏长、黄兴磊（2007）研究指出，产业的贡献率与经济增长密切相关，运用湖南历年数据，建立对经济增长贡献的测算模型，对三次产业对湖南经济增长的贡献率进行分析。韩晓昕（2009）根据1991—2007年三次产业贡献率，应用马尔科夫预测法以及多元线性回归方法，给出三次产业贡献率的回归方程，并做出预测分析。余构雄、江金波（2013），从实证角度出发，运用Cobb-Douglas生产函数对1999—2009年广东省旅游产业科技进步贡献率进行测算，得出进行科技创新是旅游产业发展的关键。毛健、刘建平、王发明、张晓宁等分别对中国部分省区产业结构优化及经济增长的贡献效应进行了分析。

（三）产业贡献率的研究评述

上述国内外关于产业贡献率及产业结构优化的研究主要基于三次产业的宏观层面，而对三次产业内部结构分析稍有欠缺。另外，大多研究都针对产业结构的现状，未对趋势进行研究，本书一方面着眼于三次产业及内部各行业对青海省产业结构的贡献效应进行深入分析，以期为青海省经济结构的优化升级提供参考；另一方面通过时间序列分析方法对产业贡献率的趋势进行研究，以期对青海省产业结构的发展变化进行预测，为更好地调整产业结构，达到产业结构的优化升级做参考。

第三节　青海省产业发展现状

一、青海省经济发展概况

由于地理和历史的原因，青海省一直以来就是中国经济发展极为落后的地区之一。经济发展水平远远落后于全国平均水平，且地区间经济发展也极不平衡。

从经济总量来看，青海省与全国相比相对较弱，但青海省经济总量增长很快，2001年青海省经济总量为300.13亿元，到2017年达到2624.83亿元；在全国GDP总量中所占的比重由2001年的0.28%，提高到2017年的0.32%。

在全国各地经济总量排名中名列第 30 位。这组数字显示，从规模上看，青海省在全国经济总量中的地位是非常低的，对全国的经济影响力是微小的。

表 7-1　2001—2017 年青海省三次产业产值占 GDP 比重变动表

年份	生产总值	第一产业	第二产业	第三产业	年份	生产总值	第一产业	第二产业	第三产业
2001	100	14.9	41.7	43.4	2010	100	10	55.1	34.9
2002	100	13.9	42.4	43.7	2011	100	9.3	58.4	32.3
2003	100	12.4	44.1	43.5	2012	100	9.3	57.7	33
2004	100	13	45.4	41.6	2013	100	9.9	57.0	33.1
2005	100	12	48.7	39.3	2014	100	9.4	53.5	37.1
2006	100	10.4	51.2	38.4	2015	100	8.6	50.0	41.4
2007	100	10.5	52.5	37	2016	100	8.6	48.6	42.8
2008	100	10.4	54.7	34.9	2017	100	9.1	44.3	46.6
2009	100	9.9	53.2	36.9					

资料来源：《2002—2015 年中国统计年鉴》《2002—2015 年青海统计年鉴》。

从经济增长速度来看，青海省经济保持了较快的增长速度，GDP 增长率明显高于全国平均水平。在经济新常态下，经济增长速度虽有些下降，也高于全国平均增长率。青海省保持较快的经济增长速度一方面是得益于西部大开发的结果，另一方面也是因为青海经济规模较小，一定的经济增量容易体现出较快的增速。

从人均 GDP 来看，尽管青海省人均 GDP 水平在不断提高，并同全国平均水平有逐步缩小的趋势，但远未达到全国平均水平。2017 年青海人均 GDP 水平仅为全国平均水平的 73.7%。由此可见，青海省经济发展不但规模小，而且经济发展的效率也是低下的，同全国水平，尤其是同东部沿海地区的差距巨大。

在经济快速增长的同时，还必须注重社会系统的完善和生态环境系统的保护，即要注重社会发展情况，也就是说要注重经济结构的改进和优化，当然也包括产业结构的优化升级。

二、青海省产业结构现状

（一）产业结构

一般认为，产业结构具有广义和狭义之分。狭义的产业结构就是产值结构，是指某个国家或地区具有的产业类型以及各类产业在国民经济中的比例关系。从广义的角度来看，产业结构除包括产值结构外，还包括就业结构或者说人口产业结构，即在三次产业中的从业人员规模比重的对比情况。研究表明，产业结构是解释经济增长的核心因素，就业结构是衡量和影响产业结构演变的重要因素。中国学者李丽萍、余池、秦琴、张明斗、徐永利等对中国不同地区进行了类似研究，都充分验证了这一结论。

（二）青海省产值结构现状

产值结构是指三次产业的产值占 GDP 的比重情况，从表 7-1 看出，第一产业除个别年份外基本呈下降趋势，符合产业结构演变规律；第二产业在 2001—2011 年基本呈上升趋势，而在 2012-2017 年呈现下降趋势，说明青海省的产业结构出现了高度的工业化，基本符合产业结构演变规律，但比重最高竟达到 58.4%，第二产业占比如此之高，说明青海省经济发展全靠工业在支撑；2001—2003 年第三产业基本平稳，都在 43.5%左右，在 2004—2013 年持续下降，一般的产业结构演变规律为第二产业发展带动第三产业发展，而对于青海省而言，在第二产业持续发展的同时，第三产业却处于下降趋势，这不符合产业结构优化升级规律，产业结构亟需调整。虽然 2014—2017 年第三产业处于上升趋势，可以说明产业结构在往好的方向发展，但是还未达到高度化和合理化，要想使产业结构更合理，还需进一步调整。

表 7-1　2001—2017 年青海省三次产业产值占 GDP 比重变动表

年份	生产总值	第一产业	第二产业	第三产业	年份	生产总值	第一产业	第二产业	第三产业
2001	100	14.9	41.7	43.4	2010	100	10	55.1	34.9
2002	100	13.9	42.4	43.7	2011	100	9.3	58.4	32.3
2003	100	12.4	44.1	43.5	2012	100	9.3	57.7	33
2004	100	13	45.4	41.6	2013	100	9.9	57.0	33.1
2005	100	12	48.7	39.3	2014	100	9.4	53.5	37.1
2006	100	10.4	51.2	38.4	2015	100	8.6	50.0	41.4
2007	100	10.5	52.5	37	2016	100	8.6	48.6	42.8
2008	100	10.4	54.7	34.9	2017	100	9.1	44.3	46.6
2009	100	9.9	53.2	36.9		—	—	—	—

资料来源：《2015 年青海省统计年鉴》。

注：表中数据均按当年价格计算。

（三）青海省就业结构现状

从表 7-2 可以看出，随着产业结构的变动，青海省的就业结构也发生了相应变动，产业结构升级趋势明显，结构不断优化。具体来看，第一产业的就业比重持续下降，降幅比较稳定，第二产业就业比重 2001—2012 年处于持续的上升状态，2013—2017 年平稳波动，说明第二产业对劳动力的吸纳能力有所提升，第三产业比重除了几个年份之外基本是上升的，但上升幅度较小。这些变化符合工业化过程的基本特征，但第三产业发展不够理想（就业比重在上升，但产值比重在下降），说明第三产业整体层次偏低，附加值不高。只有 2014—2017 年才有所好转，附加值有所上升。

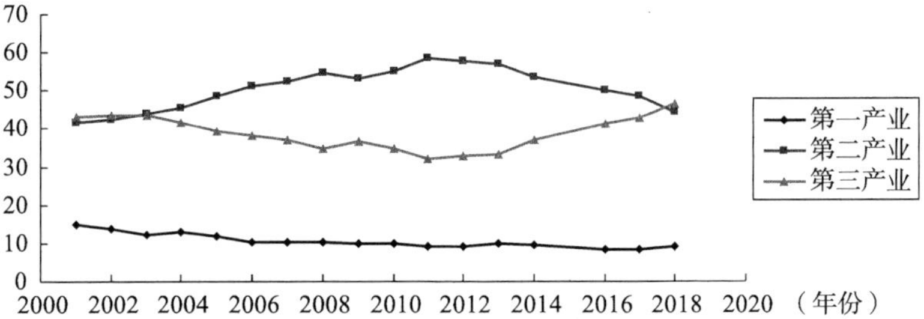

图 7-1　青海省 2001—2017 年三次产业产值占 GDP 比重

表 7-2　青海省三次产业就业情况变动表

就业人数（万人）					构成（100%）		
年份	就业人数	第一产业	第二产业	第三产业	第一产业	第二产业	第三产业
2001	285. 66	170. 25	37. 99	77. 42	59. 6	13. 3	27. 1
2002	287. 72	162. 27	39. 13	86. 32	56. 4	13. 6	30. 0
2003	289. 80	156. 78	45. 79	87. 23	54. 1	15. 8	30. 1
2004	290. 42	148. 69	47. 92	93. 81	51. 2	16. 5	32. 3
2005	291. 04	144. 06	50. 64	96. 34	49. 5	17. 4	33. 1
2006	294. 19	139. 15	56. 49	98. 55	47. 3	19. 2	33. 5
2007	298. 56	132. 26	61. 50	104. 80	44. 3	20. 6	35. 1
2008	301. 00	133. 95	64. 11	102. 94	44. 5	21. 3	34. 2
2009	303. 26	130. 40	66. 41	106. 45	43. 0	21. 9	35. 1
2010	307. 65	127. 37	69. 53	110. 75	41. 4	22. 6	36. 0
2011	309. 18	121. 82	73. 89	113. 47	39. 4	23. 9	36. 7
2012	310. 89	115. 09	74. 52	121. 28	37. 0	24. 0	39. 0
2013	314. 21	116. 60	72. 80	124. 81	37. 1	23. 2	39. 7
2014	317. 30	116. 20	72. 50	128. 60	36. 6	22. 9	40. 5
2015	321. 41	115. 09	73. 93	132. 39	35. 8	23. 0	41. 2
2016	324. 28	115. 16	74. 14	134. 98	35. 5	22. 9	41. 6
2017	326. 97	114. 79	73. 28	138. 90	35. 1	22. 4	42. 5

资料来源：《2018 年青海省统计年鉴》。

三、青海省产业结构变动趋势分析

关于青海省的产业结构变动情况，这里从比较劳动生产率和产业结构的偏离度两个指标进行分析。

（一）比较劳动生产率变动分析

1. 比较劳动生产率

产业的比较劳动生产率是指该产业的产值比重与就业比重的比率，即在一定劳动力投入条件下，某产业部门所产生的生产效益，公式为：

$$B_i = P_i / Q_i = (Y_i / Y) / (L_i / L) \quad (7-4)$$

其中，$P_i = Y_i / Y$ 代表区域第 i 产业产值比重；$Q_i = L_i / L$ 为第 i 产业就业比重；B_i为第 i 产业比较劳动生产率。若 $B_i > 1$，表明该产业的劳动生产率高于全部产业劳动生产率的平均值，该产业具有比较优势，B_i值越大，其比较优势越显著。三次产业间的比较劳动生产率越接近，产业结构就越协调，目前普遍认为效益高的产业结构应该是各产业的比较劳动生产率接近 1。

为了进一步测算某区域产业结构内部的动态变化，构造反映各产业比较劳动生产率离散程度的比较劳动生产率差异指数 S：

$$S = \sqrt{\sum_{i=1}^{3} (B_i - 1)^2 / 3} \quad (7-5)$$

其值越大，说明产业或行业发展越不平衡，产业结构效益也就越低；其值越小且越接近 0，则说明产业结构效益越高。根据表 7-2 和表 7-3 中的数据，利用公式（7-4）和（7-5）得到西部大开发以来青海省三次产业的比较劳动生产率及其差异指数（见表 7-3 所示）。

表 7-3　2001—2014 青海省比较劳动生产率及其差异指数变动表

年份	一产 B_1	二产 B_2	三产 B_3	S	年份	一产 B_1	二产 B_2	三产 B_3	S
2001	0. 2500	3. 1353	1. 6015	1. 3520	2010	0. 2415	2. 4381	0. 9694	0. 9388
2002	0. 2465	3. 1176	1. 4567	1. 3242	2011	0. 2360	2. 4435	0. 8801	0. 9455
2003	0. 2292	2. 7911	1. 4432	1. 1548	2012	0. 2514	2. 4042	0. 8462	0. 9230
2004	0. 2539	2. 7515	1. 2879	1. 1117	2013	0. 2668	2. 4569	0. 8338	0. 9465
2005	0. 2424	2. 7989	1. 1873	1. 1321	2014	0. 2568	2. 3362	0. 9160	0. 8841
2006	0. 2199	2. 6667	1. 1463	1. 0658	2015	0. 2402	2. 1739	1. 0049	0. 8073
2007	0. 2370	2. 5485	1. 0541	0. 9972	2016	0. 2423	2. 1223	1. 0288	0. 7820
2008	0. 2337	2. 5681	1. 0205	1. 0077	2017	0. 2593	1. 9777	1. 0965	0. 7104
2009	0. 2302	2. 4292	1. 0513	0. 9377					

数据来源：《2018 年青海省统计年鉴》。

2. 结果分析

由表 7-3 可以看出，第一产业的比较劳动生产率处于不稳定的状态，而且都小于 0.5，说明西部大开发以来，青海省第一产业的就业比重远高于产值比重，劳动生产率低下，存在劳动力冗余；第二产业的比较劳动生产率处于持续下降状态，但总体而言，高于同期的第一、第三产业，说明第二产业处于比较优势；2001—2013 年第三产业的比较劳动生产率基本处于下降状态，说明该产业的劳动生产率有下降的趋势，2014—2017 年有上升趋势；整体来看，三次产业的比较劳动生产率相差较大，产业结构的协调性较差。从比较劳动生产率差异指数来看，基本处于持续下降的趋势，说明产业结构趋于合理化，但指数值还是较大，因此青海省产业结构效益较低，亟需优化调整。

（二）产业结构偏离度变动分析

1. 产业结构偏离度

产业结构偏离度是指某一产业的就业比重与产值比重之差。反映了某产业产值结构与就业结构的不对称状态，可以用来测度产业结构效益，偏离度越高，产业结构的效益就越低；还可以用来测度某一产业劳动力的转移情况。如果一个产业的结构偏离度是正值，就说明其相对于其他产业的劳动生产率较低。计算公式为：

$$\delta_i = Q_i - P_i \qquad (7-6)$$

式中 δ_i 为产业结构偏离度，Q_i 为第 i 产业的就业比重，P_i 为第 i 产业的产值比重。

总的产业结构偏离度称为偏离系数[31]，用 δ 表示，δ 越大，说明产业结构与就业结构的差距越大，彼此间的协调性越差。

$$\delta = \sum_{i=1}^{3} |\delta_i| \qquad (7-7)$$

根据表 7-1 和表 7-2 中的数据，利用公式（7-6）和（7-7）得到西部大开发以来青海省产业结构偏离度及偏离系数和三次产业对偏离系数的贡献（见表 7-4 所示）。

2. 结果分析

从表 7-4 可知，西部大开发以来，青海省产业结构偏离系数，基本处于下降状态，青海省产业结构与就业结构的协调性增强，但从数据上来看，偏离系数比较大，都在 52%以上。具体来看，第一产业结构偏离度基本呈下降趋势，产业结构效益提高，但偏离度相对来说还比较大，而且是正值，说明其相对于其他产业劳动生产率较低，隐形失业问题严重，农业劳动力存在着向其他产业转移的压力。从对结构偏离系数的贡献来看，2009 年之前，都为 50%，产值比重与就业比重下降的速度相当，2010—2013 年贡献降低，就业比重下降的速度高于产值比重，劳动力冗余降低，但 2014 年之后，贡献又上升并变为 50%，劳动冗余反弹；第二产业偏离度不稳定，2001—2013 基本处于上升状态，产业结构效益降低，2014—2017 年偏离度有所降低，说明产业结构效益有所提升。但一直是负值，说明第二产业的就业结构与产值结构不对称，就业比重要低于产值比重很多，对劳动力的吸收力可以进一步加大，对偏离系数的贡献基本呈上升趋势；第三产业偏离度是最小的，是三次产业结构中效益最高的，2008 年之前一直处于下降趋势，产业结构优化，2009—2013 年又基本处于上升趋势，变为正值，说明产业结构效益降低，而且劳动生产率降低，2014—2015 年波动较大，但 2016—2017 年又呈现上升趋势，说明产业结构效益还在降低。对偏离系数的贡献上下波动，不平稳。

四、结论

综上所述，西部大开发以来，青海省产业结构初步由“二三一”的结构格局向“三二一”的结构格局转变，第一产业比重有序下降，产业结构效益稳定上升；第二产业比重上升趋势明显但效益有所下降；第三产业比重先升后降，产业结构效益亦有同样波动，且劳动生产率降低。虽然近两年上述情况有所好转，但青海省三次产业结构效益还存在不同程度的差异，不仅三次产业比较劳动生产率差异较大，而且产业结构偏离系数也较大，产业结构与就业结构极不对称，导致产业结构效益偏低，产业结构优化与升级形势仍紧迫。

表 7-4　2001—2014 年青海省产业结构偏离度变动表

年份	偏离系数	第一产业偏离度	第二产业偏离度	第三产业偏离度	对偏离系数的贡献（%）		
					第一产业	第二产业	第三产业
2001	89.4	44.7	-28.4	-16.3	50.0	31.8	18.2
2002	85.0	42.5	-28.8	-13.7	50.0	33.9	16.1
2003	83.4	41.7	-28.3	-13.4	50.0	33.9	16.1
2004	76.4	38.2	-28.9	-9.3	50.0	37.8	12.2
2005	75.0	37.5	-31.3	-6.2	50.0	41.7	8.3
2006	73.8	36.9	-32.0	-4.9	50.0	43.4	6.6

续表

年份	偏离系数	第一产业偏离度	第二产业偏离度	第三产业偏离度	对偏离系数的贡献（%）		
					第一产业	第二产业	第三产业
2007	67.6	33.8	-31.9	-1.9	50.0	47.2	2.8
2008	68.2	34.1	-33.4	-0.7	50.0	49.0	1.0
2009	66.2	33.1	-31.3	-1.8	50.0	47.3	2.7
2010	65.0	31.4	-32.5	1.1	48.3	50.0	1.7
2011	69.0	30.1	-34.5	4.4	43.6	50.0	6.4
2012	67.4	27.7	-33.7	6.0	41.1	50.0	8.9
2013	67.6	27.2	-33.8	6.6	40.2	50.0	9.8
2014	61.2	27.2	-30.6	3.4	44.4	50.0	5.6
2015	54.4	27.2	-27.0	-0.2	50.0	49.6	0.4
2016	53.8	26.9	-25.7	-1.2	50.0	47.8	2.2
2017	52.0	26.0	-21.9	-4.1	50.0	42.1	7.9

第四节　青海省 GDP 产业贡献率动态趋势实证分析

一、青海省产业贡献率现状

西部大开发战略实施以后青海省进入了高速的发展时期，与此同时，三次产业结构也发生着巨大变化，目前基本处于“三二一”的发展阶段。

表 7-5 是根据可比价格计算的青海省 2001—2017 年三次产业贡献率，图 7-2 反映了在此期间三次产业贡献率的变动趋势。从表 7-6 及图 7-2 来看，2001—2017 年青海省三次产业对经济增长的贡献发生的变化比较显著，具体分析如下：

（1）青海省三次产业中第一产业的贡献率基本趋于稳定，处于缓慢的下降趋势，符合产业优化调整的趋势，有利于青海省产业的优化升级。但 2012—2016 年又有所上升，值得注意。

（2）第二产业的贡献率从 2001 年以来基本处于上升趋势，从 2001 年的 52.68%到 2011 年的 71.2%，第二产业的贡献率快速平稳增长，但 2012—2017 年有所下降。在 2001—2016 年这 16 年期间第二产业贡献率均超过 50%，说明青海省总产值的快速增长主要依靠第二产业的拉动，而且基本是靠工业拉动，从表 7-5 可以看到，第二产业的贡献率基本上来自于工业，说明第二产业的贡献率大部分来自于对资源的消耗，当然这与青海省是资源大省，资源丰富有关，但是如果青海省的经济发展仅仅靠资源来拉动，对于青海省的经济可持续发展及社会和谐发展都不利，一方面是因为资源总是有限的，另一方面是因为青海省是生态薄弱地区，在全国生态环境保护方面也处于重要的地位，特别是三江源地区。因此，大力发展工业将不利于经济的长足发展和生态环境的保护，所以第二产业的发展应该引进先进技术，提高生产率，并在此基础上带动其他产业，特别是第三产业的发展。

（3）第三产业的贡献率在2011年以前除了几个年份有所提高之外，总体趋势是下降的，这说明在第二产业快速发展的同时，却没有带动第三产业的发展，只是自己的贡献率在快速增长，这与全国的情况有大的出入，从全国产业贡献率来看，在第二产业贡献率增长的同时，第三产业贡献率也在逐步上升，甚至有第三产业超过第二产业的趋势，但是青海省的产业发展却是第二产业的快速发展没有带动第三产业，而是使得第三产业的贡献率处于下降趋势，这非常不利于产业结构的优化升级，必须进行调整，在第二产业发展的基础上，应大力发展第三产业。可喜的是，2012年之后，第三产业的贡献率在逐年提高，产业结构进一步合理化。

总之，三次产业中，第一产业处于良性的发展状态，产业贡献率趋于稳中有降的趋势，第二产业贡献率基本一直在快速上升，所占比例远大于全国水平，第三产业贡献率基本处于下降的趋势，产业结构没有高度化倾向。由此可知，青海省正处于快速工业化阶段，产业结构变动符合成长规律，结构基本合理。更可喜的是，第二产业贡献率2012—2017年处于下降趋势，而第三产业贡献率处于上升趋势，但第二产业仍是贡献率最大的，所以，产业结构优化仍然任重而道远。

表7-5 青海省2001—2017年三次产业贡献率

按可比价格计算

年份	生产总值	第一产业	第二产业	工业	第三产业	年份	生产总值	第一产业	第二产业	工业	第三产业
2001	100.00	8.29	52.68	27.48	39.03	2010	100.00	3.40	65.80	53.80	30.80
2002	100.00	5.93	56.98	36.37	37.09	2011	100.00	3.60	71.20	59.90	25.20
2003	100.00	4.76	60.35	43.08	34.88	2012	100.00	3.92	65.60	53.50	30.48
2004	100.00	4.27	61.28	56.34	34.45	2013	100.00	4.20	65.80	52.80	30.00
2005	100.00	5.22	61.09	58.81	33.69	2014	100.00	4.56	63.50	46.35	31.94
2006	100.00	3.14	57.96	52.87	38.90	2015	100.00	4.90	60.40	43.56	34.70

续表

年份	生产总值	第一产业	第二产业	工业	第三产业	年份	生产总值	第一产业	第二产业	工业	第三产业
2007	100.00	3.56	55.22	50.51	41.22	2016	100.00	5.84	52.97	34.23	41.19
2008	100.00	2.91	61.57	58.49	35.52	2017	100.00	5.67	49.21	34.07	45.12
2009	100.00	4.56	57.85	42.89	37.59						

资料来源：《2018 年青海省统计年鉴》。

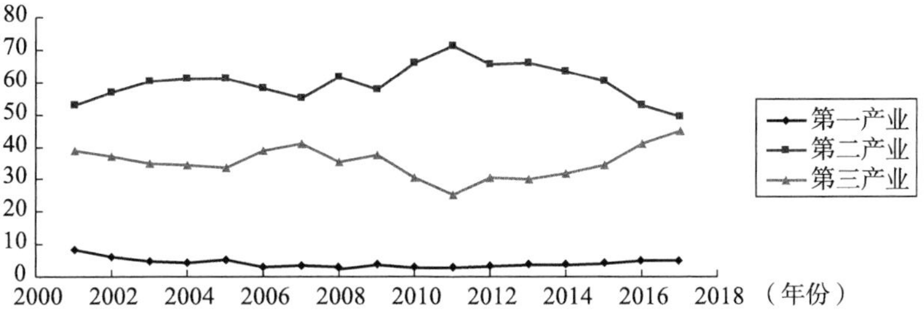

图 7-2　青海省 2001—2017 年三次产业贡献率变化图

二、青海省 GDP 产业贡献率动态趋势实证分析

（一）三次产业贡献率动态趋势分析

1. 第一产业贡献率动态趋势分析

将 2001—2017 年第一产业贡献率的数据用 excel 软件绘制折线图，以时间为横轴，第一产业贡献率为纵轴（见图 7-3 所示），从折线图可以看出，第一产业贡献率随时间变化呈抛物线状，可以用二次趋势模型去拟合。

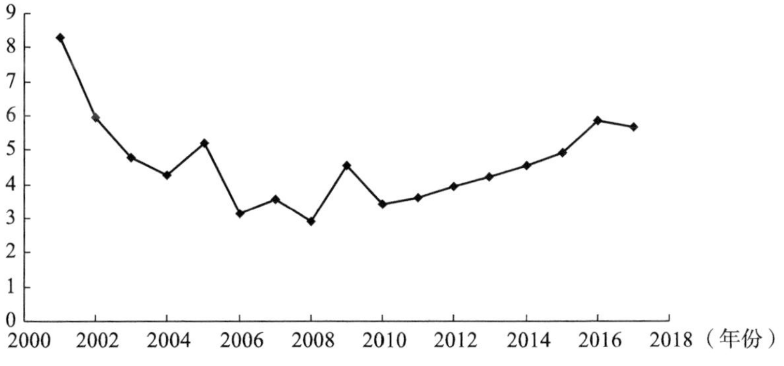

图 7-3　青海省 2001—2017 年第一产业贡献率折线图

运用 SPSS 对第一产业贡献率和时间做回归分析，以时间为自变量，第一

产业贡献率为因变量。

表 7-6 拟合过程小结

模型	R	R 方	调整 R 方	标准估计的误差
1	0.879	0.773	0.741	0.671

表 7-7 方差分析

模型	平方和	df	均方	F	Sig.
回归	21.499	2	10.749	23.904	0.000
残差	6.296	14	0.450		
总计	27.795	16			

表 7-8 回归过程中的统计量

模型	非标准化系数		标准系数	t	Sig.
	B	标准误差	试用版		
（常量）	8.012	0.552		14.526	0.000
t	-0.975	0.141	-3.736	-6.913	0.000

根据表 7-8 给出模型为（设第一产业贡献率为 $\hat{y}_t$，时间为 t）：

$$\hat{y}_t = 6.112 - 0.238t$$

从表 7-7 至表 7-8 的回归结果可以看出，回归方程的拟合优度指标 R^2 达到了 77.3%，拟合效果较好。F 统计量为 $23.904 > F_{0.05}(2, 14) = 3.74$，说明在 5%显著性水平下的回归方程是显著的。第一产业贡献率与时间变量 t 之间有很强的相关性，这点从相关系数 R 为 0.879 也可看到；回归系数的 t 统计量的绝对值都大于 t 分布的临界值 $t_{0.025}(14) = 2.145$，可以判断回归系数都通过了显著性水平为 5%的显著性检验，说明时间对第一产业贡献率有显著性的影响作用。总之，趋势回归方程效果比较理想。

从回归结果可以看出，随着时间的发展变化，第一产业贡献率是先减后增的。在 2012 年之前符合产业结构的优化，但 2012 年之后递增，不符合产业结构的优化，应以第一产业为基础，更好的发展第二产业和第三产业。

2. 第二产业贡献率动态趋势分析

将 2001—2017 年第二产业贡献率的数据用 excel 软件绘制折线图，以时间为横轴，第二产业贡献率为纵轴，从折线图可以看出，第二产业贡献率随时间变化呈抛物线状，可以用二次趋势模型去拟合。

运用 SPSS 对第二产业贡献率和时间做回归分析，以时间为自变量，第二产业贡献率为因变量。

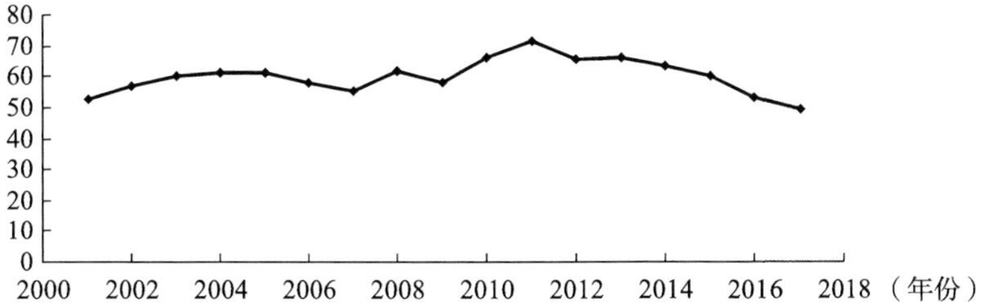

图 7-4 青海省 2001—2017 年第二产业贡献率折线图

表 7-9 拟合过程小结

模型	R	R 方	调整 R 方	标准估计的误差
1	0. 672	0. 451	0. 372	4. 437

表 7-10 方差分析

模型	平方和	df	均方	F	Sig
回归	226. 399	2	113. 200	5. 749	0. 015
残差	275. 668	14	19. 691		
总计	502. 067	16			

表 7-11 回归过程中的统计量

模型	非标准化系数		标准系数	t	Sig.
	B	标准误差	试用版		
（常量）	49. 547	3. 650		13. 576	0. 000
t	3. 140	0. 933	2. 830	3. 364	0. 005
t^2	-0. 170	0. 050	-2. 836	-3. 370	0. 005

根据表 7-11 给出模型为（设第二产业贡献率为 $\hat{y}_t$，时间为 t）：

$$\hat{y}_t = 54.263 + 0.967t$$

从表 7-9 至表 7-11 的回归结果可以看出，回归方程的拟合优度指标 R^2 达到了 45. 1%，拟合效果较好。F 统计量为 $5.749 > F_{0.05}(2, 14) = 3.74$，说明在 5%显著性水平下的回归方程是显著的，第二产业贡献率与时间变量 t 之间有很强的相关性，这点从相关系数 R 为 0. 672 也可看到；回归系数的 t 统计

量的绝对值都大于 t 分布的临界 $t_{0.025}$（14）= 2.145，可以判断回归系数都通过了显著性水平为 5%的显著性检验，说明时间都对第二产业贡献率有显著性的影响作用。总之，趋势回归方程效果比较理想。

从回归结果可以看出，随着时间的发展变化，第二产业贡献率先增后减，符合产业结构的优化。但目前第二产业贡献率较大，基本都在 50%以上，在工业化的第二阶段不利于产业结构的高度化。

3. 第三产业贡献率动态趋势分析

将 2001—2017 年第三产业贡献率的数据用 excel 软件绘制折线图，以时间为横轴，第三产业贡献率为纵轴，从折线图可以看出，第三产业贡献率随时间变化呈抛物线状，可以用二次趋势模型去拟合。

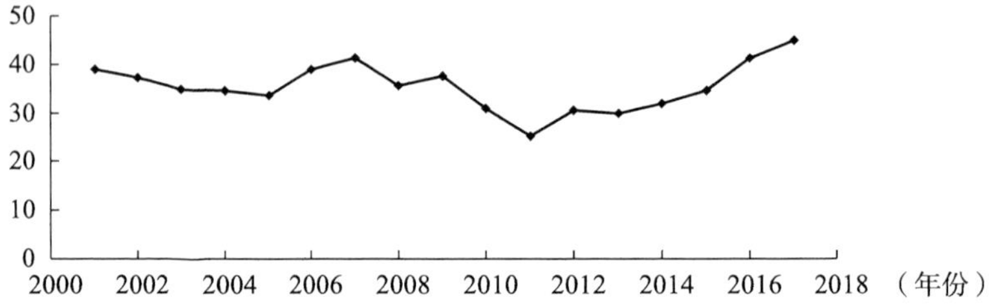

图 7-5　青海省 2001—2014 年第三产业贡献率折线图

表 7-12　拟合过程小结

模型	R	R 方	调整 R 方	标准估计的误差
1	0.529	0.280	0.177	4.479

根据表 7-14 给出模型为（设第三产业贡献率为 $\hat{y}_t$，时间为 t）：

$$\hat{y}_t = 39.622 - 0.728t$$

从表 7-12 至表 7-14 的回归结果可以看出，回归方程的拟合优度指标 R^2 达到了 28%，拟合效果较好。F 统计量为 $5.461 > F_{0.05}$（2，14）= 3.74，说明在 5%显著性水平下的回归方程是显著的，第三产业贡献率与时间变量 t 之间有很强的相关性，这点从相关系数 R 为 0.529 也可看到；回归系数的 t 统计量的绝对值都大于 t 分布的临界 $t_{0.025}$（14）= 2.145，可以判断回归系数都通过了显著性水平为 5%的显著性检验，说明时间都对第三产业贡献率有显著性的影响作用。总之，趋势回归方程效果比较理想。

表 7-13 方差分析

模型	平方和	df	均方	F	Sig.
回归	236.663	2	118.332	5.461	0.018
残差	303.370	14	21.669		
总计	540.033	16			

表 7-14 回归过程中的统计量

模型	非标准化系数		标准系数	t	Sig.
	B	标准误差	试用版		
（常量）	42.438	3.684		11.519	0.000
t	-2.164	0.942	-2.213	-2.297	0.038
t^2	0.118	0.051	2.243	2.328	0.035

从回归结果可以看出，随着时间的发展变化，第三产业贡献率是先减后增的。第三产业的贡献率出现递减的情形是不符合产业结构优化的，但可喜的是，2012—2017 年第三产业贡献率是递增的，说明产业结构在往好的方向发展，但要想使产业结构更优，第三产业贡献率仍需进一步提高。

（二）三次产业贡献率动态趋势预测

前面根据回归分析得出了三次产业贡献率的趋势，但从回归效果来看不是特别的理想，拟合优度都没有达到 80%，如果做预测的话，达不到预期效果。为了提高预测的精度，这里采用时间序列分析里的有限参数模型 ARIMA（p，d，q）模型进行预测，而且，为使预测更精确，我们扩大时间长度，利用 1995—2017 年的数据进行预测分析。

1. ARIMA 模型

ARIMA 模型又称自回归移动平均模型（Autoregressive Moving Average Models），简称 B-J 方法，是一类常用的随机时间序列模型，其基本原理是：将时间序列视为随机过程，用一个数学模型来描述或模拟；一旦该模型确定，就可用该序列的过去值和现值来预测未来值。ARIMA（p，d，q）模型是 d 阶差分运算和 ARMA（p，q）模型的组合，具体结构如下：

$$\begin{cases} \Phi(B)\nabla^d x_t = \Theta(B)\varepsilon_t \\ E(\varepsilon_t)=0,\ Var(\varepsilon_t)=\sigma_\varepsilon^2,\ E(\varepsilon_t\varepsilon_s)=0,\ s\neq t \\ Ex_s\varepsilon_t=0,\ \forall s<t \end{cases}$$

其中，$\nabla^d=(1-B)^d$，$\Phi(B)=1-\varphi_1 B-\quad-\varphi_p B^P$，为平稳可逆 ARMA（$p$，$q$）的自回归系数多项式，$\Theta(B)=1-\theta_1 B-\quad-\theta_q B^q$，为平稳可逆ARMA（$p$，$q$）的移动平均系数多项式，$\varepsilon_t$ 是一个白噪声序列。

ARIMA（p，d，q）模型建模的基本步骤为 7 步：平稳化处理，平稳性检验，模型的识别，模型的参数估计，模型的检验和模型的优化，利用所建立的合适模型进行实际预测。ARIMA 模型的优化主要是为了在不同的模型之间择优，应综合考虑模型的准确性和简洁性，并对模型的优劣给予客观评价，评价原则为 AIC 与 SIC 准则函数最小。

2. 模型的构建

本书以 Eviews 6.0 软件作为实现工具，通过建立 ARIMA 模型进行预测。因指标较多，仅以 X2 第二产业贡献率指标为例，进行 ARIMA 模型分析。首先用时序图检验该序列是否平稳（图 7-6），可以看出该序列存在明显的趋势性，因此对序列进行差分。首先进行一阶差分，在命令窗口中键入：genr dX2 = D(X2)，新生成的序列命名为 DX2，为检验新序列的平稳性，做 ADF 单位根检验（见表 7-15 所示），检验统计量对应的 P 值为 0.0010，小于 0.05，则在显著性水平为 0.05 时，DX2 为平稳的时间序列，即第二产业贡献率时间序列为 1 阶单整序列。平稳的时间序列 DX2 可以建立 ARIMA 模型。

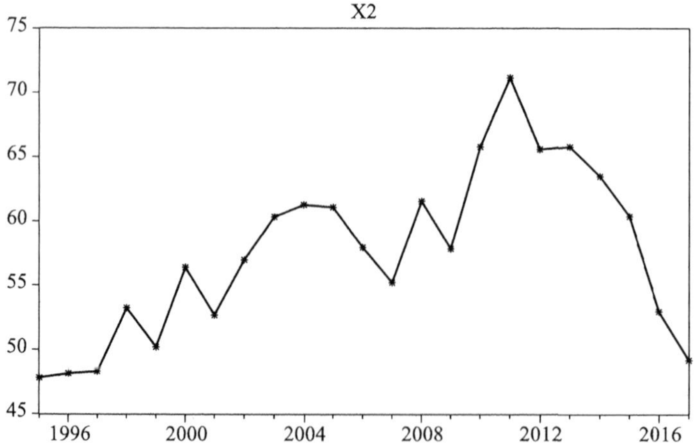

图 7-6　第二产业贡献率的时间序列图

表 7-15　DX2 的单位根检验结果

		t-Statistic	Prob.
Augmented Dickey-Fuller test statistic		-4. 836181	0. 0010
Test critical values	1% level	-3. 788030	
	5% level	-3. 012363	
	10% level	-2. 646119	

3. 模型的识别

ARMA 模型的识别与定阶可通过样本的自相关函数与偏自相关函数获得，如 AR（m）模型自相关函数拖尾，偏自相关函数 m 步截尾；MA（n）模型自相关函数 n 步截尾，偏自相关函数拖尾；而 ARMA 模型的自相关函数与偏自相关函数都具有拖尾性。DX2 序列的 AC 与 PAC 见图 7-7。由图 7-7 可知，该序列的偏自相关函数都是拖尾的，可以建立 ARMA 模型，比如 ARMA（2，1）模型。

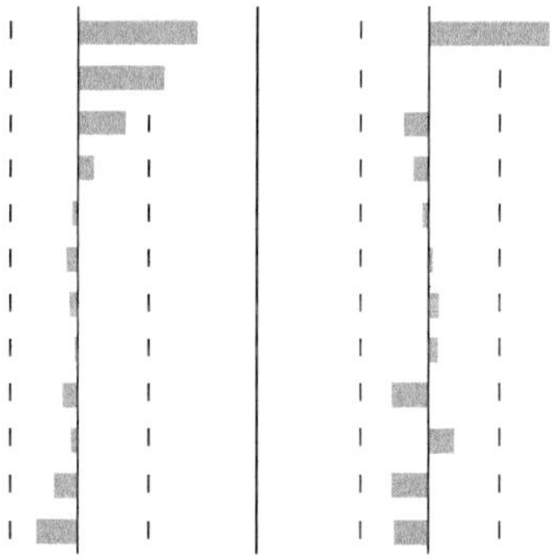

Autocorrelation	Partial Correlation		AC	PAC	Q-Stat	Prob
		1	0.7.03	0.703	12.931	0.000
		2	0.493	-0.004	19.575	0.000
		3	0.268	-0.152	21.645	0.000
		4	0.091	-0.086	21.896	0.000
		5	-0.026	-0.028	21.917	0.001
		6	-0.073	0.021	22.099	0.001
		7	-0.061	0.051	22.231	0.002
		8	-0.019	0.037	22.245	0.004
		9	-0.094	-0.228	22.606	0.007
		10	-0.046	0.137	22.702	0.012
		11	-0.141	-0.219	23.651	0.014
		12	-0.259	-0.204	27.170	0.007

图 7-7　DX2 的自相关图和偏自相关图

4. 模型的参数估计

经过模型识别所确定的阶数，可以初步建立 ARMA（2，1），通过命令方式实现，在主窗口输入 ls dX2 c ar（2）ma（1），得到表 7-16，则得到的模型为：

$$(1-B)X2_t = 59.14172 + 0.561641(1-B)X2_{t-2} + \varepsilon_t + 0.945014\varepsilon_{t-1}$$

5. 模型的检验

（1）模型参数的检验

通过以上的结果可知，各个参数的 t 值分别为 16. 10502、3. 872116、34. 57654，上述 t 值的绝对值都大于在 5%显著性水平下的临界值 2. 882，即说明三个参数都通过了显著性检验。

表 7-16 建模结果

Variable	Coefficient	Std. Error	t-Statistic	Prob.
C	59. 14172	3. 672255	16. 10502	0. 0000
AR（2）	0. 561641	0. 145048	3. 872116	0. 0011
MA（1）	0. 945014	0. 027331	34. 57654	0. 0000
R-squared	0. 653224	Mean dependent var		58. 45714
Adjusted R-squared	0. 614693	S. D. dependent var		6. 098038
S. E. of regression	3. 785239	Akaike info criterion		5. 631659
Sum squared resid	257. 9047	Schwarz criterion		5. 780876
Log likelihood	-56. 13242	Hannan-Quinn criter		5. 664043
F-statistic	16. 95336	Durbin-Watson stat		1. 812105
Prob（F-statistic）	0. 000073			

（2）模型的检验

从杜宾检验值 D. W 为 1. 812105（接近于 2）可知，序列与随机扰动项之间并不存在多重共线性。另一方面，检验建立的模型是否通过显著性检验，即检验残差序列是否为白噪声序列。从模型的残差序列相关图（见图 7-8 所示），可以看出自相关系数和偏自相关系数都没有显著异于零，Q 统计量的 P 值都远远大于 0. 05，因此说明模型信息提取比较充分，即可认为残差序列为白噪声序列，模型通过了显著性检验。

6. 模型的预测

预测未来 8 期的第二产业贡献率，首先需要扩展样本期，在命令栏输入 expand 1995 2025，则样本序列长度就变成 1995—2025 年区间。在方程估计窗口点击 Forecast，选择动态预测方法（Dynamic forecast），根据所选择的一定的估计区间，进行多步向前预测。预测效果见图 7-9，可以看出预测值和实际值拟合效果非常好，预测比较精准，预测值存放在 X2F 序列中，X2 的预测结果为 51. 76，53. 56，54. 99，56. 01，56. 81，57. 38，57. 83，58. 15。

Autocorrelation	Partial Correlation		AC	PAC	Q-Stat	Prob
		1	0.040	0.040	0.0378	0.846
		2	0.036	0.034	0.0703	0.965
		3	0.141	0.139	0.6063	0.895
		4	−0.348	−0.367	4.0470	0.400
		5	−0.070	−0.044	4.1949	0.522
		6	−0.230	−0.256	5.9007	0.434
		7	−0.059	0.100	6.0204	0.537
		8	0.169	0.075	7.0758	0.528
		9	−0.118	−0.111	7.6318	0.572
		10	0.040	−0.149	7.7009	0.658
		11	0.142	0.107	8.6706	0.652
		12	−0.208	−0.202	11.001	0.529

图 7-8　残差序列的 ACF 和 PACF 图及 *Q* 统计量

此后，按照该方法，对第一产业贡献率和第三产业贡献率进行预测，见表 7-17 所示。

表 7-17　三次产业贡献率的模型及预测值

指标	模型 \ 年份	2018	2019	2020	2021	2022	2023	2024	2025
X1（%）	ARIMA（0，1，1）	4. 54	4. 53	4. 32	4. 56	4. 38	4. 40	4. 44	4. 28
X2（%）	ARIMA（2，1，1）	51. 76	53. 56	54. 99	56. 01	56. 81	57. 38	57. 83	58. 15
X3（%）	ARIMA（0，0，1）	43. 70	41. 91	40. 69	39. 43	38. 81	38. 22	37. 73	37. 57

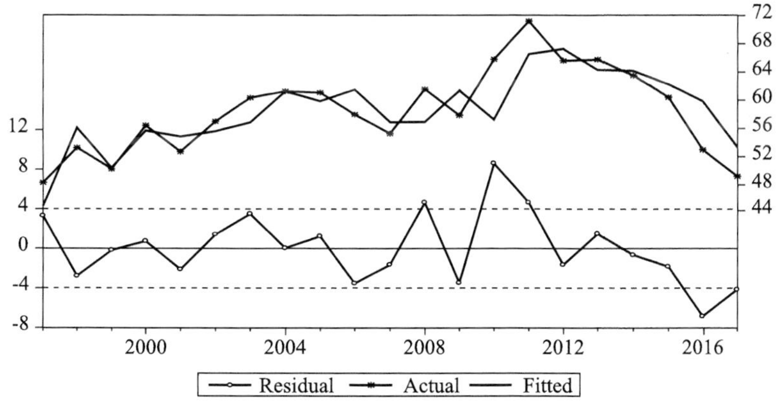

图 7-9　预测值与实际值的拟合图

由预测值可以看出，青海省的三次产业贡献率在未来 8 年的变行趋势为第一产业贡献率基本不变，第二产业贡献率继续上升，在2025年将达到58.15%，而第三产业贡献率处于下降趋势，在2025年将下降到37.57%，对于青海省这个生态大省而言，经济的产业贡献率最大的是第二产业，而且处于上升趋势，但本应发展的更好的第三产业却在不断地下降，不符合经济发展规律，这不利于青海省产业结构的优化升级，更不利于青海省的生态文明建设，所以青海省的产业结构亟须优化升级，提高第三产业贡献率。

三、青海省产业结构贡献效应

为了更好地分析青海省产业贡献率的动态发展趋势，本书再从产业结构贡献效应角度进行分析。产业结构贡献效应就是产业结构的状态及其变动对经济的增长效应。

（一）研究的思路

本书首先利用计量模型对产业结构的贡献效应进行实证研究，然后进一步利用因子分析模型对三次产业内部各行业贡献效应进行实证研究，以期找出青海省产业结构中存在的深层次问题，为产业结构的优化升级提供参考。

（二）模型的设定

1. 计量模型的设定

刘伟、李绍荣（2002）根据产业结构把生产函数表示为 $Y=F(X_1,X_2,X_3,A)$，其中，Y 表示总产出，X_2、X_2、X_3 分别表示第一、第二、第三产业的产值，A 表示经济制度和技术水平。[33] 袁静（2012）对上述生产函数进行全微分并做适当处理后得：

$$\frac{dY}{Y}=\frac{X_1}{Y}\frac{\partial Y}{\partial X_1}\frac{dX_1}{X_1}+\frac{X_2}{Y}\frac{\partial Y}{\partial X_2}\frac{dX_2}{X_2}+\frac{X_3}{Y}\frac{\partial Y}{\partial X_3}\frac{dX_3}{X_3}+\frac{A}{Y}\frac{\partial Y}{\partial A}\frac{dA}{A}$$

其中$\frac{X_i}{Y}\frac{\partial\ Y}{\partial\ Xi}$表示第 i 产业的总产出弹性，记为 ε_i，则上式变为

$$\frac{dY}{Y}=\varepsilon_1\frac{dX_1}{X_1}+\varepsilon_2\frac{dX_2}{X_2}+\varepsilon_3\frac{dX_3}{X_3}+\varepsilon\frac{dA}{A}$$

解这个微分方程，得

$$LN(Y)=\varepsilon_1 LN(X_1)+\varepsilon_2 LN(X_2)+\varepsilon_3 LN(X_3)+\varepsilon_0+\mu$$

其中 $\varepsilon_0=\varepsilon LN(A)$。

此计量模型表示了总产值与三次产业的产值，及三次产业对总产出的弹性之间的关系。因此，我们可以用此模型计量产业结构对经济增长的贡献。

2. 因子分析模型的设定

因子分析是一种多元统计分析方法，是从观测到的多个变量中寻找数目较少的潜在支配因子变量。

设原有 p 个变量 x_1，x_2，…，x_p，且每个变量（或经标准化处理后）的均值为 0，方差为 1。现将每个原有变量用 k（$k<p$）个因子 f_1，f_2，…，f_k 的线性组合来表示，即

$$\begin{cases} x_1 = a_{11}f_1 + a_{12}f_2 + \cdots + a_{1k}f_k + \varepsilon_1 \\ x_2 = a_{21}f_1 + a_{22}f_2 + \cdots + a_{2k}f_k + \varepsilon_1 \\ \cdots \\ x_p = a_{p1}f_1 + a_{p2}f_2 + \cdots + a_{pk}f_k + \varepsilon_1 \end{cases}$$

上式即为因子分析模型，$f_j(j=1, \cdots, k)$ 称为公共因子，$a_{ij}(i=1, \cdots, p; j=1, \cdots, k)$ 称为因子载荷，ε 称为特殊因子。

（三）实证分析

1. 计量模型实证分析

根据表 7-19 青海省 2001—2017 年的 GDP 总量及三次产业产值的样本观测点，运用 Eviews 6.0 计量经济软件得到以下回归方程（回归结果见表 7-19 所示）。

$$LN(Y) = 0.967657 + 0.163646LN(X_1) + 0.477746LN(X_2) + 0.370476LN(X_3)$$

$$(105.6262) \qquad (8.9629) \qquad (57.5585) \qquad (37.9560)$$

（回归方程下方的数字是相应回归系数的 t 统计量的值）

从回归结果得到，决定系数 $R^2=0.999974$，调整后的决定系数 $\overline{R}^2=0.999969$，说明回归方程的代表性达到 99%以上。F 统计量为 $169679.9>F_{0.01}(3, 13)=5.74$，说明在 1%显著性水平下的回归方程是显著的，$Y$ 与 X_1、X_2、X_3 之间有很强的相关性；回归系数的 t 统计量的值都大于 t 分布的临界值 $t_{0.005}(13)=3.012$，可以判断回归系数都通过了显著性水平为 1%的显著性检验，说明三次产业产值都对总产出有显著性的影响作用。总之，回归方程效果比较理想。

从上述的回归方程可以看出在三次产业的增长弹性中，第一产业最小为 0.163646，即第一产业的产出量增长 1%能带动 GDP 近似增长 0.163646%，而第二产业最大为 0.477746，即第二产业的产出量 1%能带动 GDP 近似增长 0.477746%，第三产业次之为 0.370476，即第三产业的产出量 1%能带动 GDP 近似增长 0.370476%。说明在青海省对 GDP 起主要拉动作用的是第二产业。

2. 因子分析模型实证分析

（1）第一产业贡献率因子分析。

选取青海省2001—2017年的第一产业分行业数据，并利用2000年的价格作为不变价格，计算2001—2017年各行业的增加值，利用产业贡献率的计算方法得出第一产业各行业的贡献率（见表7-20所示）。

表7-18　2001—2014年青海省GDP及其构成

年份	GDP（亿元）	第一产业	第二产业	第三产业	年份	GDP（亿元）	第一产业	第二产业	第三产业
2001	300. 13	44. 74	125. 09	130. 29	2010	1350. 43	134. 92	744. 63	470. 88
2002	340. 65	47. 31	144. 51	148. 83	2011	1670. 44	155. 08	975. 18	540. 18
2003	390. 20	48. 47	171. 92	169. 81	2012	1893. 54	176. 91	1092. 34	624. 29
2004	466. 10	60. 70	211. 70	193. 70	2013	2101. 05	207. 59	1198. 01	695. 45
2005	543. 32	65. 34	264. 61	213. 37	2014	2303. 32	215. 93	1234. 31	853. 08
2006	648. 50	67. 55	331. 91	249. 04	2015	2417. 05	208. 93	1207. 31	1000. 81
2007	797. 35	83. 41	419. 03	294. 91	2016	2572. 49	221. 19	1249. 98	1101. 32
2008	1018. 62	105. 57	557. 12	355. 93	2017	2624. 83	238. 41	1162. 41	1224. 01
2009	1081. 27	107. 40	575. 33	398. 54					

资料来源：《2018年青海省统计年鉴》。

表7-19　2001—2014年青海省GDP的产业结构回归结果

Variable	Coefficient	Std. Error	t-Statistic	Prob.
C	0. 967657	0. 009161	105. 6262	0. 0000
LN（X1）	0. 163646	0. 018258	8. 962868	0. 0000
LN（X2）	0. 477746	0. 008300	57. 55845	0. 0000
LN（X3）	0. 370476	0. 009771	37. 91597	0. 0000
R-squared	0. 999974	Mean dependent var		6. 946771
Adjusted R-squared	0. 999969	S. D. dependent var		0. 761561
S. E. of regression	0. 004270	Akaike info criterion		-7. 872287
Sum squared resid	0. 000237	Schwarz criterion		-7. 676237
Log likelihood	70. 91444	Hannan-Quinn criter		-7. 852799
F-statistic	169679. 9	Durbin-Watson stat		1. 312222
Prob（F-statistic）	0. 000000			

记农业为X_1，林业为X_2，牧业为X_3，渔业为X_4，农林牧渔服务业为X_5，利用SPSS统计分析软件进行因子分析，首先进行KMO（Kaiser-Meyer-olkin）和Bartlett的检验，发现KMO检验未通过，可以通过去除公因子方差比较小

的因子来提高 KMO 度量的值。去除林业 X_2、渔业 X_4 和农林牧渔服务业 X_5 重新进行因子分析，KMO 和 Bartlett 的检验见表 7-21 所示，通过了检验。从表 7-23 公因子解释的方差来看，超过了 92%，说明 X_1 和 X_3 被提取的公因子解释的部分超过 92%，说明第一主成分能很好地代表变量 X_1 和 X_3，所以提取一个主成分，从表 7-22 载荷矩阵来看，X_1 的载荷为 0.963，X_3 的载荷是-0.963，说明农业 x_1 农业对第一产业的贡献率在 2001—2017 年是递增的，而牧业 x_3 虽然在第一产业中所占比重较大，但对第一产业的贡献率在这段时间却是递减的。

表 7-20　KMO 和 Bartlett 的检验

Kaiser-Meyer-Olkin Measure of Sampling Adequacy.		0.500
Bartlett's Test of Sphericity	Approx. Chi-Square	19.153
	df	1
	Sig.	0.000

表 7-21　载荷矩阵

	Component
x_1	0.963
x_3	-0.963

表 7-22　解释的总方差

Component	Extraction Sums of Squared Loadings		
	Total	% of Variance	Cumulative %
1	1.856	92.811	92.811
Extraction Method: Principal Component Analysis.			

（2）第二产业贡献率因子分析。

选取青海省 2001—2017 年的第二产业分行业数据，并利用 2000 年的价格作为不变价格，计算 2001—2017 年各行业的增加值，利用产业贡献率的计算方法得出第二产业各行业的贡献率（见表 7-24 所示）。

记采矿业为 X_1，制造业为 X_2，电力、燃气及水的生产和供应业为 X_3，建筑业为 X_4，利用 SPSS 统计分析软件进行因子分析，在进行 KMO 和 Bartlett 的检验时未通过，发现 X_3 的公因子方差比较小，去除 X_3 重新进行因子分析，KMO 和 Bartlett 的检验见表 7-25，通过了检验。从表 7-27 被解释方差来看，X_1、X_3 和 X_4 被提取的公因子解释的部分超过 86%，说明第一主成分能很好地

代表变量 X_1、X_3和 X_4，所以提取一个主成分，从表 7-26 载荷矩阵来看，X_1的载荷为-0.958，X_3的载荷是 0.860，X_4的载荷是 0.967，说明采矿业 X_1对第二产业的贡献率在 2001—2017 年是递减的，而 X_3电力、燃气及水的生产和供应业和 X_4建筑业对第二产业的贡献率在这段时间是递增的。

表 7-23　KMO 和 Bartlett 的检验

Kaiser-Meyer-Olkin Measure of Sampling Adequacy.		0.679
Bartlett's Test of Sphericity	Approx. Chi-Square	45.548
	df	3
	Sig.	0.000

表 7-24　载荷矩阵

	Component
x_1	-0.958
x_3	0.860
x_4	0.967

表 7-25　解释的总方差

Component	Extraction Sums of Squared Loadings		
	Total	% of Variance	Cumulative %
1	2.591	86.381	86.381
Extraction Method: Principal Component Analysis.			

（3）第三产业贡献率因子分析。

选取青海省 2001—2017 年的第三产业分行业数据，并利用 2000 年的价格作为不变价格，计算 2001—2017 年各行业的增加值，利用产业贡献率的计算方法得出第三产业各行业的贡献率（见表 7-31）。

记交通运输、仓储及邮政业为 X_1，信息传输、计算机服务和软件业为 X_2，批发和零售业为 X_3，住宿和餐饮业为 X_4，金融业为 X_5，房地产业为 X_6，租赁和商务服务业为 X_7，科学研究、技术服务和地质勘查业为 X_8，水利、环境和公共设施管理业为 X_9，居民服务和其他服务业为$_{X10}$，教育为 X_{11}，卫生、社会保障和社会福利业为 X_{12}，文化、体育和娱乐业为 X_{13}，公共管理和社会组织为 X_{14}。利用 SPSS 统计分析软件进行因子分析，首先进行 KMO 和 Bartlett 的检验，KMO 检验未通过，可以通过去除公因子方差比较小的因子来提高 KMO 度量的值。去除 X_1、X_2、X_3和 X_4重新进行因子分析，KMO 和 Bartlett 的检验见表 7-29，通过了检验。由表 7-30 可以看出，前三个因子所解释的总方差达到 74.156%，所以提取三个主成分，从表 7-31 旋转成分矩阵来看，卫生、社会保障和社会福利业 X_{12}，教育 X_{11}，科学研究、技术服务和地质勘查业 X_8，水利、环境和公共设施管理业 X_9、公共管理和社会组织 X_{14}、租赁和商务服务业 X_7 在第一公因子上的载荷较高，说明对于整个第三产业而言，贡献率最大的是这六个指标，而且从载荷系数上看前五个指标都为正值，说明这五个指标对第三产业的贡献率在 2001—2017 年是递增的，只有租赁和商务服务业 X_7 的载荷系数是负值，说明在此期间租赁和商务服务对第三产业的贡献率是递减的。房地产业 X_6，金融业 X_5 和文化、体育和娱乐业 X_{13} 在第二公因子上的载荷较高。其中，房地产业 X_6 的载荷系数为正，说明其对第三产业的贡献率为递增的，而金融业 X_5 和文化、体育和娱乐业 X_{13} 的载荷系数为负，说明它们对第三产业的贡献率为递减的。居民服务和其他服务业 X_{10} 在第三公因子上的载荷较高，但载荷系数为负值，说明其对第三产业的贡献率为递减的。

（四）研究结论

通过上面的分析，可以得到如下结论：

（1）从计量经济指标分析，三次产业对经济增长的弹性差别显著，在青海省的整体经济中最有效的拉动经济增长的是第二产业，这与经济发展阶段相适应，但与青海省经济功能定位不符，需优化产业及行业结构。

表 7-26 KMO 和 Bartlett 的检验

Kaiser-Meyer-Olkin Measure of Sampling Adequacy.		0.604
Bartlett's Test of Sphericity	Approx. Chi-Square	97.983
	df	45
	Sig.	0.000

表 7-27 解释的总方差

Component	Extraction Sums of Squared Loadings		
	Total	% of Variance	Cumulative %
1	4.064	40.640	40.640
2	2.060	20.596	61.237
3	1.292	12.920	74.156
Extraction Method: Principal Component Analysis.			

表 7-28　旋转载荷矩阵

	Component				Component		
	1	2	3		1	2	3
x_5	-0.243	-0.777	-0.136	x_{12}	0.837	0.393	0.171
x_8	0.776	-0.161	0.468	x_{13}	-0.206	-0.654	0.321
x_9	0.883	-0.249	0.151	x_{14}	0.626	-0.017	-0.542
x_{10}	-0.104	0.376	-0.606	x_6	-0.322	0.752	0.413
x_{11}	0.917	0.164	-0.010	x_7	-0.729	0.227	0.260

（2）从因子分析结果看，对于第一产业而言，所占比重最大的是牧业，但是从变动趋势来看，农业的贡献率是递增的，而牧业的贡献率是递减的；对于第二产业而言，贡献率最大的是建筑业，而且是递增的，采矿业虽然也占很大比重，但是从变动趋势看是下降的，电力、燃气及水的生产和供应业的贡献率极不稳定，但是总体而言是递增的；对于第三产业而言，贡献率最大的是卫生、社会保障和社会福利业，教育，科学研究、技术服务和地质勘查业，水利、环境和公共设施管理业，公共管理和社会组织以及租赁和商务服务业，其次是房地产业，金融业，文化、体育和娱乐业。根据因子分析结果，优先发展对经济增长贡献较大行业是产业结构优化的主要依据。

第五节　绿色发展视角下青海省产业结构优化的对策建议

绿色发展视角下产业结构优化的目标：推进产业结构优化升级，促进第一、第二、第三产业健康协调发展，逐步形成农业为基础、高新技术产业为先导、基础产业和制造业为支撑、服务业全面发展的产业格局，坚持节约发展、清洁发展、安全发展，实现可持续发展。

西部大开发以来，青海省的经济获得了巨大的发展，经济实力明显增强，人民生活水平和质量明显提高，各项事业都取得了进步，但从前面的实证分析可以看出，青海省的产业结构还存在问题，与全国相比也存在较大差距，所以在绿色发展的视角下，青海省亟须调整三次产业结构及产业内部结构，使其优化升级，能够在战略层面做出合理的布局。

一、建设高原特色农牧业，加快农牧业产业结构调整

（一）加快转变农牧业发展方式

青海省有着独特、丰富的农牧资源。青藏高原平均海拔 4000 米以上，这些高海拔地区孕育了丰富的自然资源，但是由于其处于干旱地区，成长期慢，生态非常脆弱，不适合发展粗放式的第一产业，需要在产业层次上考虑。可以利用其独特的自然资源，大力发展高层次、高附加值的农牧业，推进传统农牧业向现代农牧业转型，集中力量建设一批农牧业示范园区和种植基地、养殖基地、制种基地，打造一批特色主导产业和品牌，提高农牧业综合生产能力和菜篮子主要产品供给能力，力争基本实现肉、菜、奶、蛋自给，基本实现新型农牧业合作组织全覆盖，全面形成生态农牧业发展新格局。

大力推行农牧业产业化经营。依托特色农牧业资源，以规模化、品牌化、集约化为目标，以培育现代产业化龙头企业为载体，积极创建无公害、绿色、有机农畜产品生产基地，大力培育高原绿色农畜产品品牌。以特色农牧业百里长廊及农牧业产业园区为重点，引导农畜产品加工业在产区布局，抓好各种生产要素及企业的整合，扶持现有龙头企业做大做强，加快培育一批新的农牧业产业化龙头企业。积极推广先进生产经营模式，鼓励通过合同订单、股份合作等方式，强化企业与农牧民之间稳定的利益联结机制，实现企业增效、农牧民增收的双赢目标。

（二）加快农牧业产业结构调整

稳定农产品播种面积，提高综合生产能力，保障农牧区农产品供给能力。全力打造油菜、马铃薯、蚕豆、蔬菜、中藏药、特色果品、牛羊肉、奶牛、毛绒、饲草料等十大农牧特色产业。大力推进环湖地区现代生态畜牧业，积极发展青南地区草地生态畜牧业，促进草场使用权流转，引导牧户规模经营，加快草原畜牧业向集约型转变，提高畜牧业生产效益。积极推进林业产业体系建设，打造沙棘枸杞、高原花卉、经济动物养殖、生物质能源等基地，建设河湟谷地经济林带，发展林下产业。积极发展水产养殖业，充分利用库塘河流水域资源，发展冷水鱼蟹养殖。积极发展蜂产业，利用天然无污染油菜花等特色优势生物资源，打造优质蜜源基地，大力发展自养蜂和蜂产品加工业。积极培育农牧业新的增长点，发挥农牧业多种功能，发展观光农业、休闲农业。

二、发展特色工业，走新型的工业化道路

（一）提高自主创新能力，走新型的工业化道路

技术创新是企业技术进步的源泉，是现代产业发展的动力，建设创新型省份的重要手段。要想提高产业的自主创新能力，首先要有提高技术创新的意识，鼓励和支持产业技术创新，继而提高产业的自主创新能力。增加企业的自主创新能力，加强科技投入，增强科技竞争力，支持和引导通过科技创新的新突破，开发拥有自主产权的新产品。加速信息化和工业化的融合发展，以信息化带动工业化，走新型的工业化道路。

（二）打造特色优势产业，促进工业结构优化升级

随着青海省经济发展速度的不断加快、经济规模的不断扩大，资源问题和污染问题日益严重，这不仅涉及经济持续健康的发展，而且影响着青海省产业的竞争力。青海省的经济发展主要来自于工业，但生态文明要求必须节能减排，保护环境，特别是青海省在全国的生态地位，更要求在发展的同时降低能源消耗，所以应加快培育战略性新兴产业，发展壮大优势产业，改造提升传统产业，打造在西部乃至全国有影响的新能源、新材料、盐湖化工、有色金属、油气化工、煤化工、装备制造、钢铁、轻工纺织、生物医药十大特色优势产业，全面促进工业结构优化升级。

三、大力发展第三产业，促进第三产业转型升级

青海省第三产业的总量与内部结构水平和全国其他省份相比较低，其总量和比重需要进一步提高。青海省市场化程度较低，很大程度上制约了青海省第三产业的发展，尤其是现代服务业，2005 年以前，青海省现代服务业基本处于一个非常低的水平，严重制约了人们的消费；2005 年以后，商品流通业、金融保险业等由于外地市场竞争的愈发激烈，许多企业开始入驻青海，客观上提高了青海省第三产业的市场化程度。但是和西北五省其他省份相比较，青海省在教育科技、现代流通业、环保等方面发展依然滞后。

（一）大力发展投入少、就业弹性大的新兴服务业

大力发展投入少、就业弹性大的新兴服务业，比如现代物流、社区服务、商务中介服务等。培育壮大现代物流业，打造西宁朝阳、格尔木、德令哈、平安四大物流园区，建设玉树、果洛、黄南、海南、海北物流节点，改造提

升兰青、青藏铁路物流、重要国省干道公路物流以及航空物流等三大物流通道，逐步形成全省的物流体系骨架，提高物流网络覆盖面。加强支持和培训，鼓励发展社区服务、家政服务、养老服务和病患陪护等家庭服务业，形成便利、规范的家庭服务体系。鼓励发展科技服务、产权交易、商务会展、金融理财、职业介绍、文化传播等中介服务行业，积极引进国内外知名中介组织，完善中介服务网络，拓展服务领域，提升服务水平。

（二）发挥园区经济对产业调整的引领，加快现代服务业集聚区建设

充分发挥园区经济对结构调整和转型升级的引领、辐射和带动作用，加强园区发展的统筹规划，加强基础设施建设，创新建设管理模式，增强园区经济的聚集效应、规模效应和品牌效应，建设一批主导产业明确、关联产业集聚、基础设施共享、污染治理集中的产业园区，打造支撑全省经济跨越发展的新引擎。

加快服务业集聚区建设。重点建设西宁朝阳、格尔木、德令哈、平安临空等物流园区。抓好教育园区、文化影视产业园区、热贡国家级生态文化产业园区、贵德高原旅游示范区等各类园区建设，提高园区对服务业发展的引领和带动作用。

（三）大力发展旅游业，推动旅游业跨越发展

全面提升旅游产业总体规模和整体素质，突出重点，着力打造塔尔寺、青海湖、金银滩—原子城、青海藏医药文化博物馆等国家 5A 级旅游景区，把我省建设成为全国高原旅游名省和新兴的国际型、复合型旅游目的地，使旅游业成为推动“四个发展”的战略性支柱产业。坚持高起点规划、高层次招商、高品位建设、高水平经营，着力打造大美青海旅游品牌，积极发展生态青海健康之旅、文化青海溯源之旅、神奇青海探险之旅。提升以西宁为中心的夏都旅游圈，西宁—三江源生态旅游线、兰青—青藏铁路观光旅游线、门源—祁连森林草原风光旅游线“一圈三线”旅游发展的水平。加快青海湖国家级风景名胜区、热贡国家级文化生态保护实验区和贵德高原旅游示范区建设，积极申报新的国家 A 级旅游景区、国家级风景名胜区和历史文化名城，支持红色特色旅游产品开发，提高旅游服务水平。抓住玉树灾后重建机遇，打造藏区深度旅游新亮点。加快交通、通信、电力等旅游基础设施、配套服务设施和重点景区建设，全力提升旅游业发展保障水平，使旅游业成为青海省的支柱产业。

参考文献

［1］张晓强．中国绿色发展战略路径［J］．政策瞭望，2010，（7）：49-50.

［2］王毅．实施绿色发展，转变经济发展方式［J］．绿色经济与创新，2010，25（2）：5-10.

［3］冯之浚，周荣．低碳经济：中国实现绿色发展的根本途径［J］．中国人口·资源与环境，2010，20（4）：5-11.

［4］王金南，曹东，陈潇君．国家绿色发展战略规划的初步构想［J］．环境保护，2006，（36）：39-43+49.

［5］郭琳，岳治国，李晶．发展绿色经济增长方式实现可持续发展机制研究［J］．科技资讯，2008，（17）：235.

［6］夏泰凤，董瑞芝．可持续发展与绿色发展战略［J］．农村经济与科技，2005，（5）：6-7.

［7］Fraser，R. W. Three views of the contribution of the extractive industries to the Western Australian economy［J］. Resources Policy，1986，12（1）：47-61.

［8］Erol，U.，Yu，E. S. H.. On the causal relationship between energy and income for industrializing countries［J］. Journal of Energy and Development，1987（13）：113-122.

［9］Dennis Anderson. Investment and economic growth［J］. World Development，1990，18（8）：1057-1079.

［10］Kuen-Hung Tsai. The impact of technological capability on firm performance in Taiwan's electronics industry［J］. The Journal of High Technology Management Research，2004，15（2）：183-195.

［11］N. Markovska，V. Taseska，J. Pop-Jordanov. SWOT analyses of the national energy sector for sustainable energy development［J］. Energy，2009，34（16）：752-756.

［12］Petra Sonderegger，Florian Täube. Cluster life cycle and diaspora effects：Evidence from the Indian IT clusters in Bangalore［J］. Journal of International Management，2010，16（4）：383-397.

［13］崔玉平．中国高等教育对经济增长率的贡献［J］．教育与经济 2001，（1）：1-5.

［14］金碚．中国工业的技术创新［J］．中国工业经济，2004，（5）：5-14.

［15］罗浩．自然资源与经济增长：资源瓶颈及其解决途径［J］．经济研究，2007，（6）：142-153.

[16] 石宏长，黄兴磊．湖南经济增长与产业贡献度之间的实证分析 [J]．特区经济，2007，(4)：179-180.

[17] 韩晓昕．基于马尔科夫链的我国三次产业贡献率研究 [J]．合作经济与科技，2009，(15)：26-27.

[18] 余构雄，江金波．区域旅游产业科技进步贡献率研究—以广东省为例 [J]．旅游论坛，2013 (3)：42-46.

[19] 毛健．经济增长中的产业结构优化 [J]．产业经济研究，2003 (2)：26-36.

[20] 刘建平，王克林．产业结构与经济增长关系的实证分析 [J]．统计观察，2006，(1)：70-72.

[21] 王发明，幸荣华．产业结构变动对经济增长的效应分析——基于浙江欠发达地区的实证 [J]．华东经济管理，2009 (1)：27-30.

[22] 张晓宁，霍丽．产业结构对经济增长的贡献效应研究 [J]．西北大学学报，2011 (1)：161-166.

[23] 王华．我国人口产业结构演化趋势的实证分析 [J]．山西统计，2002，(3)：3-4.

[24] 常进雄，楼铭铭．关于我国工业部门就业潜力问题的研究 [J]．上海财经大学学报，2004，6 (3)：32-38.

[25] 李丽萍，黄薇．武汉市产业结构的偏离度趋势 [J]．统计与决策，2006 (4)：79-80.

[26] 余弛．湖北产业结构与就业结构协调性及影响因素分析 [J]．中南财经政法大学研究生学报，2010 (1)：97-102.

[27] 张明斗，杨霞，徐邓耀．产业结构与就业结构动态演进与互动效率研究—基于四川省个案分析 [J]．工业技术经济，2011 (3)：41-45.

[28] 秦琴，方苏春．重庆市产业结构与就业结构的关系及政策建议 [J]．农业现代化研究，2011 (6)：695-699.

[29] 徐永利．“金砖四国”就业结构变动与产业结构偏离分析 [J]．苏州大学学报（哲学社会科学版）2012 (4)：108-113.

[30] 郝寿义，安虎森．区域经济学 [M]．北京：经济科学出版社，1999：206.

[31] 刘刚，沈镭．1951—2004年西藏产业结构的演进特征与机理 [J]．地理学报，2007 (4)：364-376.

[32] 周振华．现代经济增长中的结构效应 [M]．上海：上海人民出版社，1991.

［33］刘伟，刘绍荣．产业结构与经济增长［J］．中国工业经济，2002（5）：14-21.

［34］袁静．我国产业结构贡献率的测算与优化［J］．统计与决策，2012（13）：132-134.

［35］青海省人民政府，2010 年青海省政府工作报告［N］．青海日报，2010-02-02.

附　表

表 7-29　2001—2014 年青海省第一产业分行业贡献率

按当年可比价格计算

年份＼行业	农业	林业	牧业	渔业	农林牧渔服务业
2001	94.48	4.93	0.19	0.40	—
2002	1.80	32.38	64.94	0.88	—
2003	12.05	-1.05	58.29	-0.60	31.30
2004	55.04	-13.68	57.14	0.14	1.36
2005	29.34	-1.42	74.38	-0.31	-1.99
2006	10.75	5.81	84.29	1.31	-2.15
2007	57.25	-1.82	54.10	0.00	-9.53
2008	17.57	0.13	82.14	0.13	0.04
2009	24.41	-7.53	84.39	6.24	-7.50
2010	73.87	5.50	19.97	0.15	0.51
2011	23.99	0.62	74.76	0.76	-0.14
2012	37.36	0.49	59.85	1.54	0.76
2013	25.26	-0.34	70.20	1.03	3.85
2014	30.56	0.23	68.15	0.74	0.32

表 7-30　2001—2014 年青海省第二产业分行业贡献率

按当年可比价格计算

行业 / 年份	采矿业	制造业	电力、燃气及水的生产和供应业	建筑业
2001	-2.25	11.07	28.26	62.91
2002	-7.68	28.39	20.36	58.94
2003	3.44	63.32	-10.23	43.48
2004	22.94	65.44	10.40	1.23
2005	30.44	41.74	17.70	10.11
2006	23.02	59.99	8.83	8.16
2007	13.90	71.65	5.22	9.23
2008	25.10	72.29	-1.77	4.37
2009	-631.01	241.00	117.76	372.25
2010	37.95	36.46	3.64	21.95
2011	35.79	53.66	4.57	5.98
2012	29.41	29.70	47.04	-6.15
2013	30.05	31.69	35.03	3.23
2014	32.14	40.20	20.23	7.43

表 7-31 2001—2014 年青海省第三产业分行业贡献率

按当年可比价格计算

行业 / 年份	交通运输、仓储及邮政业	信息传输、计算机服务和软件业	批发和零售业	住宿和餐饮业	金融业	房地产业	租赁和商务服务业	科学研究、技术服务和地质勘查业	水利、环境和公共设施管理业	居民服务和其他服务业	教育	卫生、社会保障和社会福利业	文化、体育和娱乐业	公共管理和社会组织
2001	12.4	20.6	10.5	3.4	-10.5	5.6	4.9	2.1	0.1	2.3	12.7	8.5	2.3	25.0
2002	20.0	12.2	16.7	0.2	1.8	14.0	5.0	2.5	0.3	1.0	4.1	4.9	0.3	17.0
2003	18.6	14.1	13.4	6.6	5.0	8.2	5.2	4.5	0.8	0.3	5.1	4.4	0.5	13.4
2004	12.3	11.1	18.5	2.7	2.4	6.6	9.5	3.6	0.5	1.7	5.6	4.4	0.6	20.5
2005	9.1	-3.4	21.4	3.9	6.7	5.5	3.8	2.3	0.9	3.7	10.3	5.3	2.2	28.4
2006	7.8	9.2	9.0	4.9	9.3	2.6	2.8	5.2	1.0	-1.9	8.8	4.9	3.0	33.3
2007	11.4	12.7	13.6	1.7	8.2	2.7	2.9	3.6	1.9	-0.2	10.8	5.9	3.3	21.5
2008	-5.5	9.6	17.7	0.5	19.5	4.1	4.7	10.6	1.8	-0.5	10.2	6.5	6.1	14.8
2009	15.7	20.2	26.6	1.4	24.4	7.7	10.2	-3.1	-1.2	0.3	-4.4	-1.0	5.3	-2.1
2010	18.3	12.3	23.1	1.9	12.7	2.2	2.9	1.9	0.4	0.8	3.7	2.3	1.9	15.8
2011	6.2	8.8	18.0	4.0	11.6	5.2	7.0	1.2	0.3	1.9	2.3	1.4	4.8	27.4
2012	3.3	4.9	19.1	2.8	28.5	2.2	3.2	2.0	0.5	0.9	3.9	2.4	2.2	24.1
2013	8.4	7.3	23.3	2.3	15.0	2.4	4.5	1.4	0.4	1.2	3.2	1.5	3.6	25.5
2014	10.0	6.8	18.2	3.5	15.9	1.9	5.0	1.6	0.6	0.9	2.8	3.2	3.3	26.8

第八章

chapter 8

基于产业发展的格尔木市就业与社会保障问题研究①

第一节　导　言

一、研究背景及意义

就业与社会保障是事关国民切身利益的基本民生问题，也是衡量民生福祉最为重要的指标。就业是民生之本，2001 年全球就业论坛通过的《全球就业议程》指出："工作是人们生活的核心，不仅是因为世界上很多人依靠工作而生存，它还是人们融入社会、实现自我，以及为后代带来希望的手段。这使得工作成为社会和政治稳定的一个关键问题"。② 2013 年 9 月，李克强总理在大连会见出席夏季达沃斯论坛的企业家代表时表示，"就业是每个政府都要面对的突出问题，对于中国政府来说，我们发展的目的是为了保障和改善民生，而最大的民生就是就业。" 2014 年 4 月，他在博鳌亚洲论坛年会开幕大会上进一步表示，随着经济发展，应该同步提高人民的收入，而就业是收入的来源，是民生之本。同年 10 月，他在谈及经济形势时说"外界总有种误解，觉得 7.5% 是个'底线'。但我早就说过，所谓'7.5% 左右'，就是高一点、低一点都可以，关键在于就业有没有增加，收入有没有增长。"由此可见，经济增长的就业效应和收入效应已经成为判断经济增长质量的重要标准。在市

① 本部分内容源于格尔木市"十三五"重点前期研究课题之"格尔木市'十三五'时期就业和劳动保障课题研究"。课题负责人：殷颂葵。

② 姚裕群. 走向市场的中国就业［M］. 北京：中国人民大学出版社，2005.

场经济条件下，就业和社会保障是一个不可分割的有机整体：一方面就业不仅有助于劳动者获得收入，而且有利于劳动者获得各种社会保障，增进国民的福利权益；另一方面完善的社会保障体系不仅能够解除劳动者的各种后顾之忧，而且有助于提高劳动者的就业质量。

在以“高速增长转为中高速增长，不断优化升级经济结构，从要素驱动、投资驱动转向创新驱动”为主要特征的新常态下，经济结构优化、增长动力转换、制度环境改变等为就业和社会保障推进改革、创新管理、加强服务提供了重要机遇。与此同时，在推进供给侧结构性改革的过程中，可能会加剧就业结构性矛盾，容易引发劳动关系事件，新业态、新产业、新技术和新模式的发展，对就业和劳动关系调处也提出了新要求。因此，“十三五”时期，就业和社会保障事业全面协调可持续发展应以共享发展理念为指导，把保障和改善民生作为就业和社会保障事业发展的出发点和落脚点，深入实施就业优先战略，建立更加公平更可持续的社会保障制度，努力扩大就业规模和提升就业质量，着力提高城乡居民工资性收入和保障性收入水平，全力维护劳动者合法权益，让人民群众在共建共享中得到更多的获得感。

格尔木市位于青藏高原腹地，青海省西部，柴达木盆地中南部边缘，隶属海西州蒙古族藏族自治州，东离西宁市约 800 公里，北距敦煌市约 530 公里，南至拉萨市约 1130 公里，是通往新疆、西藏等地的重要中转站，地理位置十分重要。全部辖区由柴达木盆地区和唐古拉山地区两块互不相连的区域组成，全市辖区总面积为 11.895 万平方公里。① 2015 年常住总人口为 23.57 万人，人口密度约为 5 人/平方公里。虽然地广人稀，但是盐湖资源等自然资源丰裕，近年来在矿产资源开发的带动下，经济实现了快速增长，人均地区生产总值达到 120539 元，是全省同期平均水平的 2.92 倍。② 按照钱纳里等经济学家以人均生产总值指标划分经济发展阶段的理论，格尔木市已经处于发达经济初级阶段，不仅是青海省重要的经济增长极，而且也成为国家实施兰西格经济区建设的重要战略支撑点。

然而，新常态下格尔木市面临着经济结构调整和产业转型升级的压力，2015 年人均地区生产总值和地区公共财政预算收入均出现了负增长情况。③与此同时，作为青海省融入丝绸之路经济带的重要节点城市，格尔木市又将

---

① 数据来源：《格尔木年鉴 2012—2014》。

② 数据来源：根据格尔木市和青海省 2015 年国民经济和社会发展统计公报相关数据计算而得。

③ 据《格尔木市 2015 年国民经济和社会发展统计公报》显示，2015 年格尔木市的人均地区生产总值较 2014 年下降 2.5%，地区公共财政预算收入较 2014 年下降 8.9%。

面临新的开发开放发展新机遇。在这样的背景下，“十三五”时期格尔木市的经济社会发展特别是就业和社会保障工作将呈现出怎样的特点和发展趋势就成为值得关注的问题。

基于此，本章以2006年特别是“十二五”以来格尔木市就业、居民收入分配与社会保障状况的变化为分析起点，探究就业、收入与社会保障之间的关系，通过理论研究与对比分析判断格尔木市就业与社会保障存在的问题，在分析“十三五”时期格尔木市经济社会发展机遇和约束条件的基础上，为格尔木市城乡居民共享经济发展成果与促进社会和谐稳定提供理论依据和政策建议。

二、研究方法

本章综合应用文献查询与实地调研相结合、定量分析与定性分析相结合、比较分析等研究方法，具体表现为：

第一，文献查询与实地调研相结合的方法。整理和归纳有关就业与社会保障的理论研究文献，为展开格尔木市的就业与社会保障现状分析提供理论依据；通过实地调研获取《格尔木市2010年人口普查资料》以及相关年份《格尔木市统计年鉴》《格尔木年鉴》和《格尔木市国民经济和社会发展统计公报》等资料。

第二，定量分析与定性分析相结合。在研究格尔木市就业结构变迁、就业弹性、收入变化和社会保障覆盖面等方面多采用定量分析，而在探究就业、社会保障变化的可能原因时则多采用定性分析。

第三，比较分析。采用不同年份的纵向比较来分析格尔木市就业、收入与社会保障的变化趋势，而与资源禀赋、经济结构以及经济发展阶段类似区域的横向比较来判断格尔木市就业、收入和社会保障方面存在的问题，以帮助明晰“十三五”时期格尔木市的就业、收入与社会保障的工作思路和目标。

三、数据资料来源

若无特别说明，本章中所使用的统计数据主要来源于《格尔木开局十二五》《跨越十一五：2006—2010》《格尔木市2010年人口普查资料》、历年《格尔木市国民经济和社会发展统计公报》和相关年份《格尔木年鉴》《政府工作报告》《海西州统计年鉴》和《青海统计年鉴》。

第二节 “十二五”期间格尔木市经济社会与产业发展状况

“十二五”期间，格尔木市面对错综复杂的国内外环境和艰巨繁重的改革发展稳定任务，坚定不移地贯彻落实国家、省州决策部署，立足市情，把握重点，攻坚克难，开拓进取，积极适应新常态，创新发展思路，“三区”① 建设和全面建成小康社会等各项社会事业取得新突破、新成效。

一、经济实力明显提升

地区生产总值由 2010 年的 200.06 亿元增加至 2015 年的 285.24 亿元，年均增长 9.27%；人均生产总值从 2010 年的 93053 元提高到 2015 年的 119678 元，年均增长 6.49%；2011—2015 年，全社会固定资产累计投资 1106 亿元，年均增长 13.7%；地方公共财政预算收入由 2010 年的 10.34 亿元增加到 2015 年的 20.9 亿元，年均增长 19.24%；社会消费品零售总额由 2010 年的 28.5 亿元增加到 2015 年的 54.6 亿元，年均增长 17.65%。经济实力的不断增强，使得公共服务、社会保障、教育卫生、基本建设等领域的投入和支出规模也在不断扩大。

二、产业结构调整不断优化

以循环经济理念统领经济建设，加快推进产业结构调整，基本形成了格尔木市的特色和优势产业体系，三次产业比重由 2010 年的 0.87 ∶77.16 ∶21.97 调整为 2015 年的 1.49 ∶70.4 ∶28.11。加快一产结构调整步伐，枸杞、蒙古羊、藏羊等优势特色农牧业发展迅速，产业化经营水平进一步提升。农牧业增加值由 2010 年的 1.7 亿元增加到 2015 年的 4.26 亿元，年均增长 25.82%。实施优势资源加工转换战略，循环经济产业体系逐渐完善，构建了盐湖化工、油气化工、金属采选冶炼等产业链条，新能源、特色生物产业等逐步崛起，信息化带动作用日益凸显。规模以上工业增加值由 2010 年的 129.7 亿元增加到 2015 年的 171.3 亿元，年均增长 7.2%。发展壮大现代服务业，旅游、物流、金融等服务业的层次和水平明显提升，服务业增加值由

---

① 2012 年青海省第十二次党代会上省委提出了“三区”战略：在未来五年中，青海“全力建设国家循环经济发展先行区、生态文明先行区和民族团结进步示范区”。

2010 年的 43.9 亿元增加到 2015 年的 80.2 亿元，年均增长 16.26%。

三、基础设施日趋完善

察格高速、察尔汗至金属镁园区及藏格钾肥铁路专用线建成投入使用，格库铁路、格敦铁路、京藏高速茶格段、东出口至北出口绕城快速路、格尔木机场改扩建等重大工程开工建设，全市公路通车里程达 2832 公里，建制村通畅率为 71.4%。加大水利设施投入力度，格尔木河防洪工程、那棱格勒河梯级电站、灌区节水改造等一批骨干水利项目顺利推进。新能源产业发展势头强劲，发电装机容量由 2010 年的 390 兆瓦增加到 2015 年的 2784 兆瓦，其中新能源占 85%。格尔木青藏交直流联网、750 千伏西宁至格尔木输变电等重点项目建成投运。信息基础建设不断增强，西宁至格尔木至吐鲁番光纤干线工程、柴达木云计算中心暨青藏高原灾备中心建成，格尔木市成为青海省首个全光网城市。

四、城乡一体化步伐加快

第八轮城市总体规划、新区控制性详细规划和城市设计完成，市域城镇规划实现农业村全覆盖。统筹推进城乡一体化建设，实施了旧城提质、新区建设等水电路基础设施和公共服务配套外延工程，人均道路面积 31.57 平方米，城市绿化覆盖率 18.46%，人均公共绿地 6.85 平方米，城市基础设施、美化、园林、绿化、环卫水平有较大提高，建成了一批标志性建筑，城市聚集效应显著增强。城市生活污水、生活垃圾、医疗垃圾、粪便无害化处理率分别达到 80%、96%、100%和 96%。格尔木市成为国家首批信息消费试点城市、国家信息惠民试点城市、国家智慧城市建设试点城市和国家新型城镇化试点城市。

五、民生福祉大幅改善

“十二五”时期，民生领域投资占财政预算支出的 77%以上，城乡居民收入持续增加，分别由 2010 年的 16852 元、7000.6 元增加到 2015 年的 25616 元和 14297 元，年均增长 11.04%和 19.54%，城乡居民收入之比由 2.41∶1 缩小到 1.79∶1。城镇居民人均住房建筑面积达 33.9 平方米，农牧区人均居住面积达 32.5 平方米。城镇居民基本医疗保险参保率 97.5%，城镇职工基本医疗保险参保率 98%，新型农村合作医疗参保率 99%。实现新增就业 23247 人，城镇登记失业率控制在 3.5%以内。最低生活保障实现一体化，“应急难”试点工作扎实推进，组织引导农牧区富余劳动力转移就业 79003 人（次）。

六、社会事业全面进步

“十二五”期间，格尔木市连续五次获得全国科技进步先进市，建设有四个国家级研发中心和科研机构，组织实施各类科技计划项目 109 项，荣获全省科技进步奖 5 项。率先在全省实施十五年免费教育政策、农村义务教育学校营养改善计划试点工作，基础教育、素质教育、职业教育深入发展，学前 3 年教育入园（班）率达到 88%，九年义务教育巩固率达到 93%，义务教育均衡发展通过国家验收。成功创建首批国家公共文化服务体系示范区，广播电视综合覆盖率达到 98%，文化服务场馆（站、室）覆盖率达到 97%，体育活动场馆（所）率达到 75%。每千人拥有床位、医生、护士分别为 4.77 张、1.79 人和 1.56 人，城市“15 分钟”社区卫生服务圈初步形成，“一乡一院”“一村一室一医”目标基本实现，国家卫生城市通过复审，“健康城市”试点取得积极成效。新闻出版、体育事业、外事侨务、气象、防震减灾、人民防空、社科研究、妇女儿童、老龄、残疾人等工作得到新的进展。

第三节　相关研究理论梳理

一、就业理论

（一）马克思主义经济学的就业理论

马克思是在资本主义生产领域研究失业问题的。从失业的性质上来看，马克思把资本主义失业看作是在资本主义生产方式发展基础上的资本主义制度的产物，正如他所言：“过剩的工人人口是积累或资本主义基础上的财富发展的必然产物，但是这种过剩人口反过来又成为资本主义积累的杠杆，甚至成为资本主义生产方式存在的一个条件。”① 马克思以资本主义生产为线索来分析资本主义失业的原因，他认为资本主义失业既是资本主义生产方式发展的一种结果，也是资本主义生产关系发挥作用的一种结果。马克思对资本主义失业形式的归纳是非常明确的，“相对过剩人口是形形色色的。每个工人在半失业或全失业的时期，都属于相对过剩人口。工业周期阶段的更替使相对

① 马克思．资本论：第1卷［M］．北京：人民出版社，1975：692.

过剩人口具有显著的、周期反复的形式，因此相对过剩人口时而在危机时期急剧地表现出来，时而在营业呆滞时期缓慢地表现出来。如果撇开这些形式不说，那么，过剩人口经常具有三种形式：流动的形式、潜在的形式和停滞的形式”①。基于上述逻辑，马克思提出改变资本主义生产方式和资本主义制度是治理资本主义失业的两种途径。

（二）西方经济学的就业理论

由于分析失业的理论基础不同，西方就业理论对失业性质的认识也就形成了不同观点。古典和新古典经济学以及新自由主义经济学的就业理论以劳动力市场的自由调节为前提，认为资本主义自由市场制度下是不会有失业的，即便有失业发生，那也属于自愿失业和摩擦失业。凯恩斯主义经济学的就业理论以有效需求理论为基础，认为有效需求不足会导致资本主义自由市场不能达到充分就业，也就是说失业是资本主义不可克服的经济现象。但他们都认为失业与资本主义制度无关，劳动力市场和商品市场的不平衡是失业产生的重要基础。

古典和新古典甚至新自由主义经济学理论将失业看作是暂时的、短期的现象。而这些失业在形式上或是自愿的，或是摩擦的。② 在凯恩斯主义的就业理论中，失业被看作是经济运行中长期面临的现象，在形式上表现为周期性失业。③ 即在经济繁荣时期，这种失业减少，而在经济萧条时期，这种失业增加。此外，20 世纪中叶以后，随技术变迁速度加快而出现的失业与职位空缺并存现象被后凯恩斯主义经济学、新制度经济学等学派称之为结构性失业。萨缪尔森综合这些情况，将失业归纳为自愿性失业、摩擦性失业、结构性失业和周期性失业四种形式。④

失业原因的不同解释决定了西方就业理论在失业治理上的态度。因为不承认自由市场制度下会发生长期失业，古典、新古典和新自由主义经济学并没有对治理失业提出积极的措施。即便说有治理失业的对策，那也只是保证自由市场的正常运行。凯恩斯主义经济学在有效需求原理的基础上提出扩张有效需求来治理失业的对策，并且直言这种有效需求扩张是市场自身不能解

---

① 马克思．资本论：第 1 卷［M］．北京：人民出版社，1975：703.

② 弗里德曼认为这些失业都是属于自然失业。弗里德曼．货币政策的作用：现代国外经济学论文选（第 1 辑）［M］．北京：商务印书馆，1979：120.

③ 周期性失业是指经济周期中的衰退或萧条时，因需求下降而造成的失业。高鸿业．西方经济学（第四版）［M］．北京：中国人民大学出版社，2007：608.

④ 萨缪尔森，诺德豪斯．经济学（第 12 版）［M］．北京：中国发展出版社，1991.

决的，而要靠政府干预来为有效需求扩张提供支持。新凯恩斯主义经济学认为，治理失业既要求政府干预，又需要克服“工资粘性”。此外，针对结构性业的职工培训也是现代国家治理失业的普遍选择。

（三）奥肯定律

经济学家奥肯（A. M. Okun，1962）利用美国1947—1960年的季度数据，分析了失业率和实际产出之间的经验关系，发现二者之间的相关系数为-3.2，即失业率每增加1%，产出将减少3.2%。按照奥肯的解释，失业率下降或就业率上升有助于物品或劳务的生产，使得失业率与实际GDP变动形成反向关系。[①] 这一关系被许多经验研究所证实在美国曾经长期存在，称作“奥肯定律”。此后，这种经验关系常被人们用来论证经济增长与就业之间的相互促进关系。但是，在使用中国的数据进行检验时，却出现了“水土不服”，即中国经济呈现出与奥肯定律不一致的发展轨迹。[②] 实际上，“奥肯定律”是一个拇指规则，即仅仅反映在经济增长率变化与失业率变化之间的一种相关关系，而在经验检验时，通常并不考虑影响经济增长率变化或失业率变化的其他因素。可见，“奥肯定律”的存在是有条件的，通常是以相对完善的市场环境和市场机制为前提，适用于已完成劳动力转移的发达国家；而对于更多转型经济体而言，既要考虑失业率、经济增长率的核算标准，还需要综合考虑农业劳动力转移等因素的影响。

（四）产业结构与就业结构关系理论

“配第—克拉克定理”表明在产业结构演进过程中，劳动力会按照三次产业的顺序依次转移，就业结构的变化始终与产业结构的调整保持着相关性。在劳动力转移过程中，首先由第一产业向第二产业转移，再由第二产业转移至第三产业。美国著名的经济学家库兹涅茨在克拉克研究的基础上，突破了采用产业就业人口单一指标衡量产业结构变动趋势的限制，通过分析不同产业的劳动力就业分布情况以及三次产业创造的国民收入的变化趋势研究产业

---

① 当然，奥肯经验模型所揭示的统计联系并非意味着失业率对产出变动存在单向的因果关系。至于失业率与产出变动之间的系数值为什么会大于1，奥肯认为，原因在于与失业率同时变动的其他因素（包括劳动参与率、劳动时间和劳动生产率等）也会影响产出。卢锋，刘晓光，姜志霄，张杰平．劳动力市场与中国宏观经济周期：兼谈奥肯定律在中国［J］．中国社会科学，2015（12）：69-89.

② 姜巍，刘石成．奥肯模型与中国实证（1978—2004）［J］．统计与决策，2005（24）：7-9；李晗，蒲晓红．奥肯定律在中国的适用性分析［J］．商业经济，2009（6）：21-22；尹碧波，周建军．中国经济中的高增长与低就业：奥肯定律在中国的经验检验［J］．财经科学，2010（1）：56-61.

结构的演进规律，得到了“库兹涅茨法则”①。即在农业就业的劳动力占所有劳动力的比重是逐渐下降的，当农业生产力发展到相对稳定时，农业创造的国民收入占整个国民收入的比重随之降低；与农业不同，随着科学的进步、技术水平的提高与投资的不断增加，在工业（第二产业）就业的劳动力占所有劳动力的比例不变或者略有上升，但是创造的国民收入占整个国民收入的比例是不断上升的；与农业和工业都不同，第三产业的两个比值都是逐渐上升的。随后，钱纳里以及塞尔奎因等人在研究发达国家和发展中国家发展趋势时发现，发达国家在实现工业化过程中，随着农业和工业产值份额的此消彼长，农业劳动力也相应地向工业部门转移，也就是说，农业产值和劳动力就业向工业的转换基本上是一致和同步的。但在发展中国家，产值结构转换普遍领先于就业结构转换。

（五）二元经济模型

面对发展中国家存在的二元结构，刘易斯提出了劳动力无限供给条件下的经济发展模型：传统农业部门存在着无限的劳动供给。一方面相对于资本和土地来说，劳动力有剩余，农业劳动的边际生产率为零为负数；另一方面，农业劳动者的工资仅能维持劳动者最低生活水平。而现代工业部门的劳动生产率较高，面对农业部门的低工资水平，工业部门只要提供略高于农业部门的工资便可得到源源不断的劳动力供给。由于工业部门追求利润最大化，注重积累，可以通过利润再投资的积累来扩张规模，从而增强吸收农业剩余劳动力的能力。这样，工业部门由于劳动力的供给而不断扩张，农业在剩余劳动力流出后劳动生产率得以提高，农业的收入也因此而提高，整个经济可以进入农业部门停止撤出劳动力的“转折点”。

经过费景汉、拉尼斯补充和修正后的二元经济发展模式，可以表述如下：①在经济的商业化部门和非商业化部门之间，存在生产和组织方面的初始差异。相对固定不变的土地来说，农村人口过于丰富，从而传统部门不存在出清的劳动力市场，这就是劳动力过剩经济。②二元化是一个动态概念，技术变化和非农资本积累是其重要内容，发展的一个目标是通过劳动力持续再配置消除劳动力过剩，这需要两个部门共同进行投资和革新，才能实现平衡增长。

① KuznetsSimon. The State as a Unit in Study of Economic Growth [J]. The Journal of Economic History. Cambidge University Press. 1951. 11 (1): 25-41.

二、库兹涅茨假说

西蒙·库兹涅茨（1955）在《经济增长与收入不平等》一文中指出："在从前工业文明向工业文明极为快速转变的经济增长早期，不平等扩大，一个时期变得稳定；后期不平等缩小"，这就是著名的"库兹涅茨假说"（S. Kuznets Hypothesis）最早提法，学术界亦称之为库兹涅茨"倒 U 型"曲线。在对该假说进行实证研究时，又通常将其表达为几何形式：以人均收入为横坐标，以人均收入差异为纵坐标，在人均收入水平较低时，随着人均收入水平的提高，人均收入差距将逐渐增大，当差异达到临界最大值之后，再随着人均收入水平的增长，则人均收入差异呈现逐渐下降趋势，整个变化过程呈现"倒 U 型"曲线的特征。之后，学术界将其用来描述收入分配与经济增长的关系，即在收入水平较低的阶段，经济增长与收入分配差距扩大相伴随；然而当收入水平达到一定程度后，经济增长有助于缓解收入分配不平等。

三、社会保障相关理论

（一）马克思主义经济学的社会保障理论

马克思的社会保障思想贯穿于对资本主义生产方式的解剖中。马克思认为，资本主义社会保障是资产阶级为维护自身统治地位和社会稳定，维护资本主义社会生产，掩盖资本主义工资对工人的剥削实质，而克制私欲采取相应措施，也是资本力量薄弱时的拐杖，是资本家缓和劳资矛盾、阶级矛盾，延缓资本主义体系崩溃的不二法宝。但是，资本主义的社会保障基金来源于工人阶级所创造的剩余价值。社会主义社会保障的实质是国民收入的分配，它既是在国民收入初次分配过程中扣除应付不幸事故、自然灾害等的后备基金和保险基金，也在再分配过程中扣除为教育、保健和丧失劳动能力的人设立保障基金，目的是保障社会再生产的顺利进行和维护社会稳定。

（二）西方经济学的社会保障理论

西方社会保障理论最早的理论可追溯到亚当·斯密，他主张通过"看不见的手"来推动个体利益和社会福利的共同增长，进而增进全社会福利水平的普遍提高。当代西方社会保障理论始于 20 世纪 20 年代的福利经济学，代表人物庇古主张国家实行养老金制度和失业救助制度，并建立福利经济学的社会保障理论。尽管庇古主张政府在社会保障中的作用，但其社会保障理论仍建立在自由放任的主张之上，而政府作用也仅限于税收和补贴。新自由主义经济学反对国家直接举办社会保障事业，认为那会束缚组织的手脚，不利于社会保障事业发展，而市场才是解决社会保障问题的最有效途径。在该理论的推动下，福利国家开始减轻政府在社会保障中承担的责任，同时推行社会保障私有化改革。

西方经济学中也有主张通过国家干预建立社会保障的思想。德国新历史学派从改良社会主义观点出发，提出增进社会福利，实行社会改革，主张由国家制定劳动保险法、孤寡救济法等。凯恩斯主义者则以需求管理为基础建立其社会保障理论，他们认为有效需求不足是消费过低引起的，鉴于穷人的边际消费倾向高于富人，可通过向富人征税，转移支付给穷人，以增加消费支出，从而实现宏观经济的均衡。此外，贝弗里奇（1942）在《社会保障及相关福利问题》报告中将普遍性、政府统一管理、全面保障和费用共担确立为社会保障体系重建的四大基本原则。20 世纪 80 年代中期以后，西方社会保障理论开始重视从社会保障和资本积累的关系上论证社会保障对宏观经济均衡的影响。布兰查德和费希尔在其《宏观经济学》著作中建立了“交叠世代模型”，把社会保险分为完全基金式和分期付款式两种模式，分析不同系统条件下社会保险对资本积累的影响，得出完全基金式对总储蓄和资本积累没有影响，而分期付款式将减少资本积累率的结果。

第四节　格尔木市各产业就业结构与社会保障现状分析

一、格尔木市劳动力状况

（一）劳动力数量

劳动力资源的总量取决于总人口的数量，而总人口数量则由本地区的户籍人口和外来人口两部分组成。近年来随着矿产资源的开发和经济发展水平的提高，格尔木市的户籍人口和外来人口规模均呈现出增长趋势，全市的常住人口由 2006 年的 20. 57 万人增加至 2015 年的 23. 57 万人，年均增长速度达到了 1. 52%，如图 8-1 所示。其中，外来人口规模由 9. 00 万人增加到 10. 09 万人，占常住人口的比例均超过 42. 73%，这不仅说明格尔木市的经济社会发展对市外人口具有比较高的吸引力，而且在一定程度上反映出格尔木市具有相对较高的开发程度和城市竞争力。

人口总量的扩大使得劳动年龄人口和劳动人口持续增加。据相关统计数

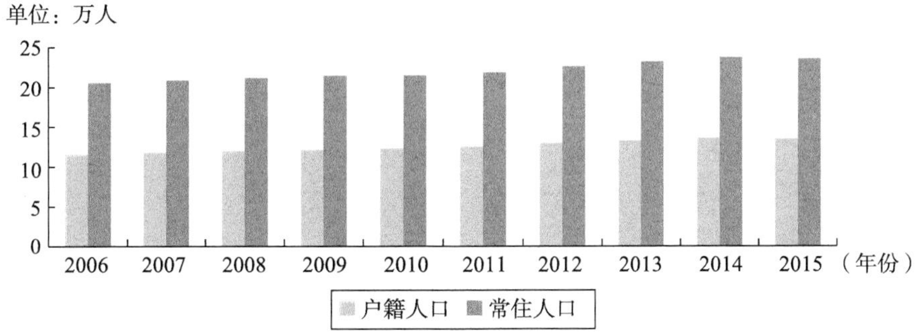

图 8-1 格尔木市户籍人口与常住人口变化情况（2006—2015）

资料来源：历年格尔木市国民经济和社会发展统计公报。

据估算，[①] 格尔木市劳动年龄人口和劳动人口分别由 2006 年的 13.43 万人和 9.4 万人上升至 2015 年的 16.69 万人和 11.50 万人，年均增长速度分别为 2.44%和 2.27%，如图 8-2 所示，均高于同期人口的增长速度。劳动年龄人口和劳动人口的持续增加为劳动力供给规模的扩大创造了条件。

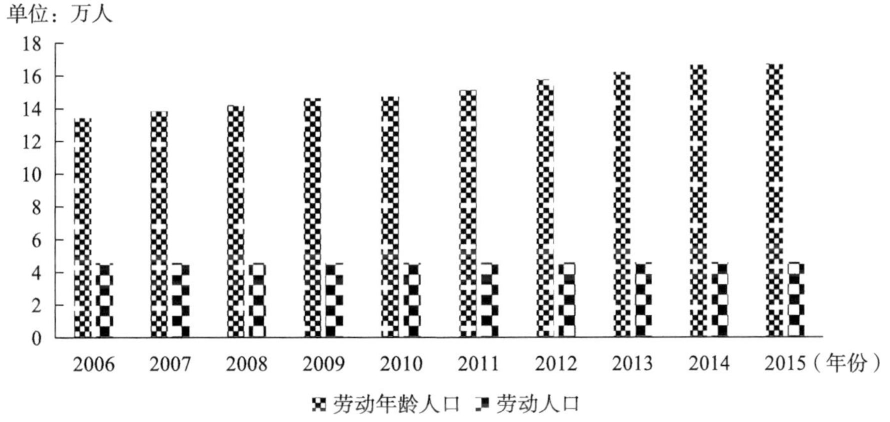

图 8-2 格尔木市劳动年龄人口与劳动人口变化情况（2006—2015）

资料来源：根据《格尔木市 2010 年人口普查资料》和《格尔木统计年鉴》相关数据测算而得。

这说明格尔木市的矿产资源开发和经济增长不仅为本地区提供了相应的就业岗位，而且由于创造了相对较多的就业机会，吸引着外来人口的流入。但是，持续增长的劳动力供给数量也在一定程度上增加了劳动力市场的就业压力，特别是随着经济结构的调整和现代化程度的进一步提高，农业劳动力

① 估算依据为《格尔木市 2010 年第六次人口普查资料》和《2005 青海省 1%人口抽样调查资料》相关数据。

的退出和转移需求在改变劳动力供给结构的同时也提高了就业压力。此外，近年来格尔木市积极调整农业经济结构，大力发展枸杞、生态畜牧业等特色农牧业和建设“菜篮子三个万工程”，这些特色农牧业和建设工程的劳动密集型特征吸引着市外甚至省外劳动力的季节性流入，一定程度上增加了劳动力供给数量的波动幅度。①

（二）劳动力质量

在劳动力资源总量不断增长的同时，格尔木市的劳动力质量特别是劳动者的受教育程度发生了深刻变化。据第六次人口普查数据显示，格尔木市 15 岁以上人口的文盲率为 5.66%，低于全州平均水平 5.87%和全省平均水平的 10.23%；6 岁以上人口的平均受教育年限达到 9.11 年，高于全州的 8.92 年和全省的 8.38 年。② 人口平均受教育程度的提高在一定程度上反映了劳动力质量的改善。

一般而言，在城乡二元经济的就业人口中，乡村从业人员的平均受教育程度低于城镇从业人员的平均受教育程度，同时在市场机制的作用下，受教育程度高的劳动者为追求更高的边际报酬通常会从乡村流向城镇，从而改变乡村劳动力的文化结构。因此，在这种情况下乡村从业人员的平均受教育程度若能持续提高，则进一步反映出整个社会的劳动力质量在不断改善。据统计数据显示，格尔木市乡村从业人员的平均受教育年限由 2006 年的 7.18 年增加至 2015 年的 8.59 年，而不识字或识字很少的劳动力所占比例由 11.99%下降至 2.36%。③ 这表明格尔木市的劳动力质量正在持续改善，劳动力市场供求关系也随之发生相应变化。

当然，在自然地理环境因素的约束下，格尔木市还面临着高素质人才流失和引进困难的双重困境，今后应参照市场原则创新用人机制，实现人才储备和合理应用，方能突破当前困境，进而满足全市经济社会发展的需要。

二、格尔木市就业状况分析

（一）就业总量分析

随着经济发展水平的提高，格尔木市对劳动力的需求数量不断增加。据

① 据海西州人力资源和社会保障局的资料显示：2014 年 8 月 5 日至 10 月 20 日全州各地区枸杞种植园区使用采摘务工人员 6.12 万人，其中海西州本地采摘工 2.32 万人，省内州外采摘工 2.66 万人，省外采摘工 1.14 万人，实现劳务收入 3.92 亿元。

② 资料来源：根据《格尔木市 2010 年人口普查资料》中相关数据计算而得。

③ 资料来源：根据《2015 格尔木市国民经济和社会发展年报汇编》中相关数据计算而得。

统计资料显示，全市的就业人数由 2006 年的 7. 84 万人增加至 2015 年的 10. 51 万人，年均增长速度达到了 3. 31%，如图 8-3 所示，高于同期劳动力供给的年均增长速度。

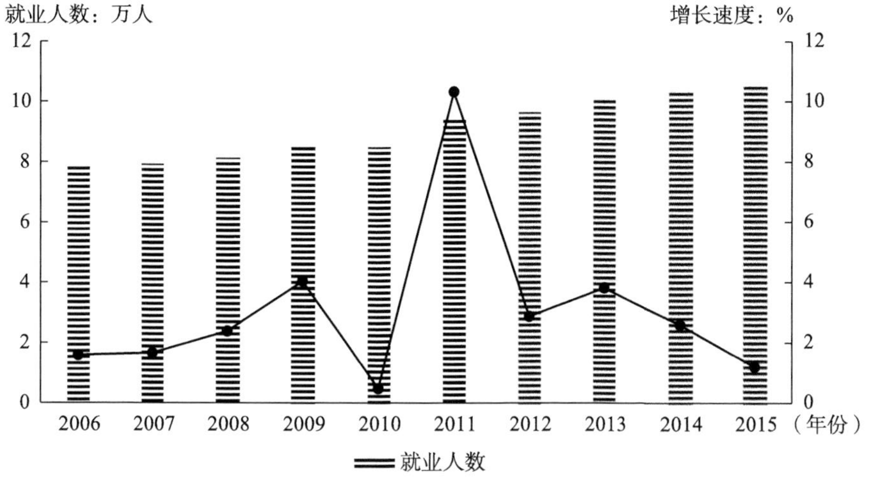

图 8-3　格尔木市就业人员变化情况（2006—2015）

资料来源：相关年份《格尔木统计年鉴》和《格尔木市国民经济和社会发展统计公报》。

与劳动力供给比较而言，2006—2015 年格尔木市的劳动力需求量低于供给量，说明劳动力供求的总量矛盾依然存在。然而，劳动力需求量的增长速度高于劳动力供给量的增长速度，则反映出就业的压力主要来源于劳动力供求的结构性矛盾。

从增长速度来看，2006—2009 年就业人员的增长速度相对比较平稳，2010—2015 年幅度较大，这说明社会经济发展对劳动力的需求除了受到经济发展水平的影响外，外部环境的影响也是不可忽视的。随着市场机制在资源配置中的决定性地位逐渐凸显，企业利润对外部环境变化的敏感程度增强，在国际金融危机深层次影响和矿产资源价格波动的作用下，格尔木市的工矿企业利润必然出现波动甚至是下降的可能性。① 而这与刚性增长的工人工资需求之间形成矛盾，不利于扩大劳动力需求规模，进而使得就业人员增长速度呈现出较大波动甚至是明显下滑。

① 进入经济发展新常态阶段后，格尔木市的工业经济发展受到一定程度的影响，如《2014 年格尔木市国民经济和社会发展统计公报》显示，2014 年全市 57 家规模以上工业企业实现利润总额 24. 02 亿元，较 2013 年下降 27. 4%；实现税金总额 20. 99 亿元，较 2013 年下降 3. 1%。

（二）就业结构分析

以三次产业来分析就业结构，①就业人员可以分为第一产业就业人员、第二产业就业人员和第三产业就业人员。随着经济结构的调整，2006—2015年格尔木市三次产业的就业人员构成发生了比较明显变化，具体表现为第一产业就业人员比重持续下降，第二产业就业人员比重持续上升，第三产业就业人员比重则在51%至56%之间波动，而且该比重在“十一五”期间明显高于“十二五”期间，但是“十二五”期间该比重相对比较稳定且表现出一定程度的上升趋势见，见表8-1所示。

表8-1　格尔木市按三次产业划分的就业人员构成情况（2006—2015）

年份	就业人数（万人）	第一产业		第二产业		第三产业	
		人数（万人）	比例（%）	人数（万人）	比例（%）	人数（万人）	比例（%）
2006	7.84	1.74	22.19	1.97	25.13	4.13	52.68
2007	7.97	1.38	17.31	2.15	26.98	4.44	55.71
2008	8.16	1.38	16.91	2.40	29.41	4.38	53.68
2009	8.49	1.42	16.73	2.62	30.86	4.45	52.41
2010	8.53	1.42	16.65	2.64	30.95	4.47	52.40
2011	9.41	1.36	14.45	3.25	34.54	4.80	51.01
2012	9.68	1.36	14.05	3.36	34.71	4.96	51.24
2013	10.05	1.37	13.63	3.51	34.93	5.17	51.44
2014	10.31	1.37	13.29	3.57	34.63	5.37	52.08
2015	10.51	1.35	12.84	3.66	34.82	5.50	52.34

资料来源：根据相关年份《格尔木统计年鉴》和《格尔木市国民经济和社会发展统计公报》测算而得；2014—2015年则是根据历史数据估算而得。

总体而言，格尔木市当前的就业结构符合经济学理论中比较合理的“三二一”结构排序，但是与人均地区生产总值相当的发达经济体比较来看，格尔木市的第三产业就业比例仍显过低，而第一产业就业比例则偏高，见表8-2所示。

① 国家统计局2012年对《三次产业划分规定》进行了修订：第一产业是指农、林、牧、渔业（不含农、林、牧、渔服务业）；第二产业是指采矿业（不含开采辅助活动），制造业（不含金属制品、机械和设备修理业），电力、热力、燃气及水生产和供应业，建筑业；第三产业即服务业，是指除第一产业、第二产业以外的其他行业。

表 8-2 格尔木市与人均生产总值相当经济体就业结构比较

地区	人均生产总值（美元）*	三次产业就业比重（%）		
		第一产业	第二产业	第三产业
格尔木	26909	14.05	34.71	51.24
新西兰	24358	6.6	20.9	72.5
韩国	28231	6.6	17.0	72.5
以色列	26224	1.7	20.4	77.1
意大利	26158	3.7	27.8	68.5

注：人均生产总值采用人均购买力平价指数换算成美元。数据为 2012 年数据。
资料来源：《中国统计年鉴 2014》。

这种就业结构的变化正是产业结构变动在就业领域的体现：一是由于农业的劳动边际报酬远低于第二、第三产业，促使格尔木市劳动力逐渐由第一产业流向第二、第三产业，所以第一产业的就业人员比重呈下降趋势；二是格尔木市矿产资源开发以及具有劳动密集型特点的轻工业快速发展，增强了第二产业对劳动力的吸纳能力；三是格尔木市的第三产业依然是以劳动密集型传统服务业为主，因而成为吸纳劳动力的主要场所。

就具体行业而言，“十二五”期间，工业、批发和零售业、住宿餐饮业、农林牧渔业以及其他服务业等行业的就业比例均在 10%以上，而建筑业和交通运输、仓储及邮政业的就业比例在 10%以下，见表 8-3 所示。从动态趋势来看，农林牧渔业、建筑业、交通运输、仓储及邮政业、批发和零售业等行业的就业比例呈下降趋势，而工业、住宿和餐饮业以及其他服务业等行业的就业比例呈上升趋势，这说明格尔木市的劳动力正由第一产业流向第二、第三产业，特别是工业、住宿和餐饮业以及其他服务业。

表 8-3 按国民经济行业分组的就业结构

行业 \ 年份	2011	2012	2013	2014	2015
农林牧渔业	14.45	14.05	13.63	13.21	12.98
工业	26.67	27.07	27.66	27.93	28.09
建筑业	7.86	7.64	7.26	7.05	6.87
交通运输、仓储及邮政业	6.38	6.2	5.97	5.86	5.39
批发和零售业	17.96	17.87	17.51	17.38	16.97
住宿和餐饮业	11.05	10.95	11.14	11.49	11.82
其他服务业	15.63	16.22	16.83	17.08	17.88

资料来源：根据相关年份《格尔木统计年鉴》和《格尔木市国民经济和社会发展统计公报》测算而得。

从城乡就业结构来看，就业人员可以分为城镇就业人员和乡村就业人员。格尔木市区为全市最高等级的中心地，所提供的各类服务不仅种类相对较全，而且层次相对较高，从而使得劳动力资源不断向市区集中。于是，包括市辖区在内的城镇就业始终占据城乡就业结构的主体地位，城镇就业人员由2006年的4.81万人持续增加至2015年的8.12万人，年均增长速度达到5.99%，而乡村就业人员则由2006年的3.03万人下降至2015年的2.39万人，减少了0.64万人，如图8-4所示。

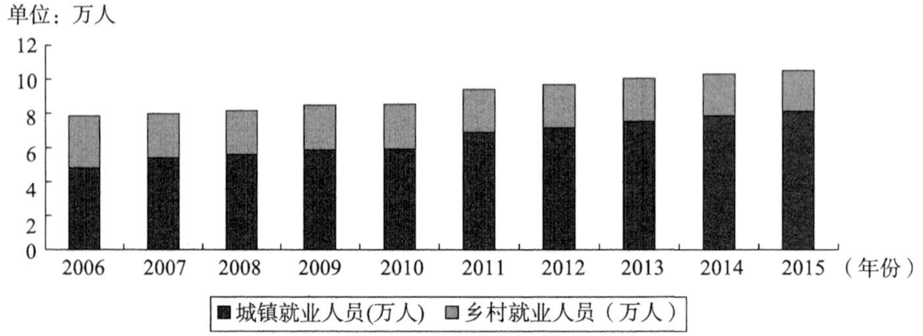

图8-4 格尔木市城乡就业结构变化情况（2006—2015）

资料来源：相关年份《格尔木统计年鉴》和《格尔木市国民经济和社会发展统计公报》。

从不同经济类型就业结构来看，格尔木市的城镇就业人员可以分为国有和集体经济就业人员、私营和个体经济就业人员两类。2006—2015年，格尔木市的这两类就业人员分别由1.93万人和2.88万人增加至3.91万人和4.35万人，年均增长速度分别为8.16%和4.69%，如图8-5所示。虽然私营和个体经济就业人员比例始终在50%以上，但是因其增长速度相对较低进而导致所占比例由59.88%下降至52.66%，而国有和集体经济就业人员所占比例则由40.12%上升至47.34%，这说明在国际金融危机深层次影响下，政府的某些经济调控和干预措施在一定程度上提高了经济的国有化程度，凸显了国有经济和集体经济在保持经济稳定增长和促进就业方面的重要作用，但是可能也对私营经济和个体经济的发展与就业产生了“挤出效应”。

（三）劳动力转移就业分析

据第六次人口普查的数据显示，格尔木市的城镇化率达到了86.58%，已经成为城市型社会。①“十二五”期间，伴随着新型工业化、信息化、城镇化

① 资料来源：海西州统计局《海西州2010年第六次人口普查主要数据统计公报》。

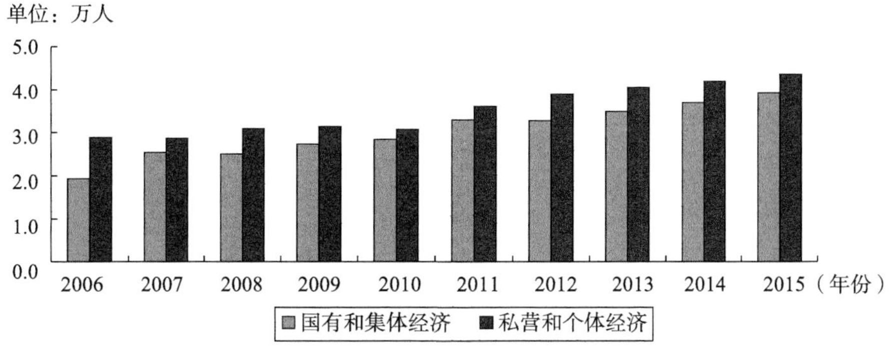

图 8-5 格尔木市所有制就业结构变化情况（2006—2015）

资料来源：相关年份《格尔木统计年鉴》和《格尔木市国民经济和社会发展统计公报》。

与农业现代化的同步推进，格尔木市农业经济与农村发展所面临的约束条件发生了极大改变，深刻地影响着农业生产要素的配置方式，农牧业剩余劳动力不断由乡村流向城镇，由第一产业流向第二、第三产业。在各级就业管理部门的努力下，2011—2015 年累计转移农牧区富余劳动力 7.9 万人次，实现劳务收入 3.3 亿元，完成“十二五”规划目标的 105.33%，如图 8-6 所示。①

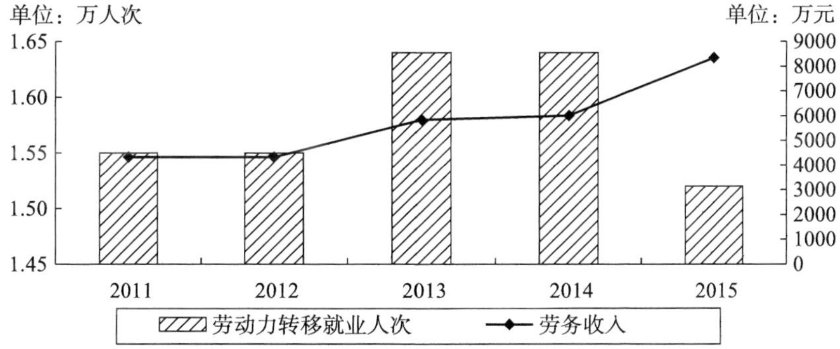

图 8-6 农村劳动力转移就业与劳务收入情况（2011—2015）

资料来源：历年格尔木市政府工作报告，其中 2014 年劳务收入是在 2013 年劳务收入数据的基础上考虑物价变动估算出来的。

① 《格尔木市“十二五”劳动和社会保障事业发展规划》提出“十二五”期间农业剩余劳动力转移就业累计 7.5 万人次。

（四）城镇失业与新增就业分析

1. 城镇登记失业情况

统计数据显示，2006—2015 年格尔木市城镇登记失业人数的波动幅度较大，特别是“十二五”期间有“大幅增加后持续下降”的变化态势，如图 8-7 所示，这表明城镇经济发展的就业效应已经得到调整并处于逐步改善的过程中。相对来说，城镇登记失业率表现比较平稳，除 2008—2011 年受国际金融危机的直接冲击达到 3.5%以外，其余年份均低于 3.3%，特别是“十二五”期间由 3.4%下降至 3.1%，与当前经济发展水平下 5%左右的自然失业率和 7%的城镇登记失业率警戒线尚有比较大的距离。①

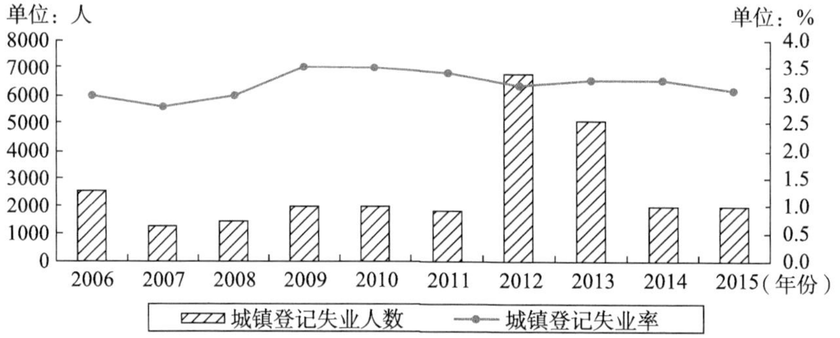

图 8-7　城镇登记失业人数与登记失业率（2006—2015）

资料来源：相关年份《格尔木统计年鉴》和《格尔木市国民经济和社会发展统计公报》。

2. 城镇新增就业人数

在政府就业政策的支持下，城镇新增就业人数持续增加，由 2006 年的 1225 人次增加至 2015 年的 4521 人次，特别是在“十二五”期间，每年城镇新增就业人数约为“十一五”期间的 2 倍。2011—2015 年城镇新增就业人数累计达到 2.32 万人次，完成“十二五”规划目标的 116%，如图 8-8 所示。②

三、格尔木市居民收入现状分析

虽然市场经济体制下居民收入来源的多元化趋势越来越明显，但是绝大

① 蔡昉 . 中国人口与劳动问题报告［M］. 北京：社会科学文献出版社，2002；胡鞍钢 . 2020 中国全面建设小康社会［M］. 北京：清华大学出版社，2007.

② 《格尔木市“十二五”劳动和社会保障事业发展规划》提出“十二五”期间实现城镇新增就业人数 2 万人。

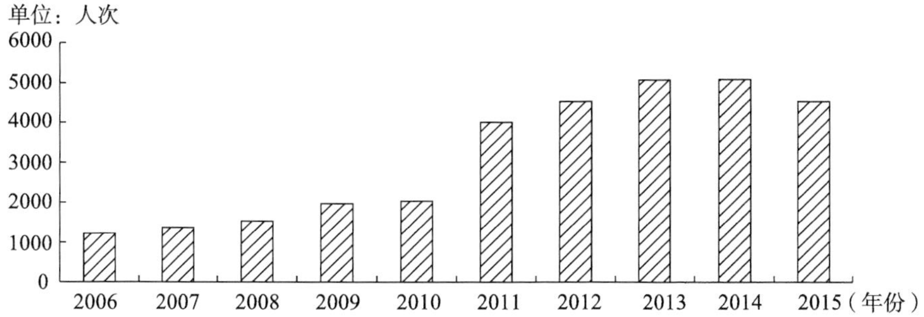

图 8-8　城镇新增就业人数变化情况（2006—2015）

资料来源：《格尔木统计年鉴》和《格尔木市国民经济和社会发展统计公报》以及《政府工作报告》。

多数城乡居民特别是城镇居民最基本的收入来源仍然是就业，以劳动换取收入仍然是当前格尔木市最重要和最普遍的分配原则。因此，就业状况直接关系着城乡居民工资水平和收入状况，而社会平均工资水平、总工资和居民收入的变化又将影响着人们享受社会保障的水平和层次。

（一）从业人员工资变化分析

就业水平的高低直接影响从业人员工资水平和社会总工资水平。根据统计，2006—2015 年格尔木市城镇单位从业人员平均工资由 30923 元上升至 66182 元，总工资则由 6.13 亿元增加至 26.42 亿元，年均增长速度分别达到 8.82%和 17.62%，如图 8-9 所示。这主要得益于经济的平稳增长和最低工资标准的调整等一系列政策的实施。

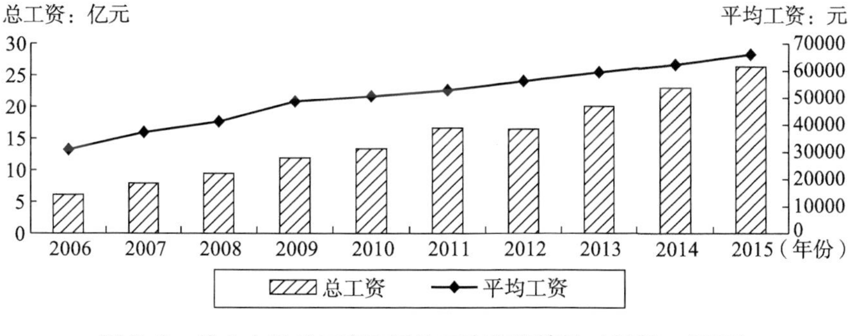

图 8-9　从业人员总工资和平均工资变化情况（2006—2015）

资料来源：相关年份《格尔木统计年鉴》和《格尔木市国民经济和社会发展统计公报》。

但是也应该注意到，不同行业之间的平均工资水平相差较大。2015 年金融业，科学研究、技术服务和地质勘查业，卫生、社会保障和社会福利业，文化、体育和娱乐业，电力、燃气及水的生产和供应业，采矿业，制造业七个行业的平均工资水平相对较高，居民服务和其他服务业，建筑业，住宿和餐饮业，房地产业，租赁和商务服务业五个行业的平均工资水平较低。金融业的平均工资最高，达到 86978 元，而居民服务和其他服务业的平均工资水平最低，仅为 22356 元，前者是后者的 3.89 倍。

（二）城乡居民收入状况分析

1. 城镇居民收入状况分析

统计数据显示，2006—2015 年格尔木市城镇居民的名义人均可支配收入由 9967.38 元增加至 25616 元，年均增长速度为 11.06%，其中“十一五”期间的年均增速为 14.03%，“十二五”时期的年均增速为 7.68%，如图 8-10 所示，较“十一五”期间明显下降。这说明格尔木市城镇居民人均可支配收入的绝对值仍然继续增加，但是增加幅度却是减少的，表现为增长速度呈现下降趋势。

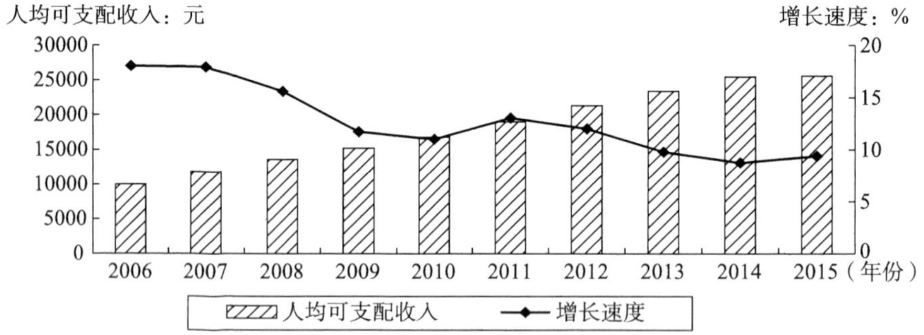

图 8-10　格尔木市城镇居民人均可支配收入变化情况（2006—2015）

资料来源：相关年份《格尔木统计年鉴》和《格尔木市国民经济和社会发展统计公报》。

从城镇居民总收入构成的变化趋势来看，格尔木市城镇居民的工资性收入、经营性收入、财产性收入和转移性收入所占比重均没有表现出有规律的增长或下降趋势，见表 8-4 所示。但是工资性收入却一直占据着主体地位，除 2011 年和 2012 年所占比重略低外，其余年份均保持在 85%以上，特别是 2014 年达到了最高值。不仅如此，工资性收入还是唯一实现绝对量持续增长的收入来源。相对而言，其他三种收入的不确定性较大。

表 8-4 格尔木市城镇居民人均总收入构成变化（2006—2015）

年份	工资性收入		经营性收入		财产性收入		转移性收入	
	金额（元）	比例（%）	金额（元）	比例（%）	金额（元）	比例（%）	金额（元）	比例（%）
2006	9735	87.77	235	2.12	92	0.83	1029	9.28
2007	12167	86.94	654	4.67	55	0.39	1119	8.00
2008	13719	86.99	566	3.59	85	0.54	1401	8.88
2009	15473	86.50	489	2.73	23	0.13	1902	10.63
2010	17095	85.53	567	2.84	88	0.44	2237	11.19
2011	18874	83.79	1706	7.57	35	0.16	1911	8.48
2012	20398	82.08	2061	8.29	105	0.42	2288	9.21
2013	26048	88.96	1572	5.37	90	0.31	1569	5.36
2014	29173	89.01	1694	5.17	156	0.48	1752	5.34
2015	31799	88.27	1792	4.97	173	0.48	2261	6.28

资料来源：2006—2013 年的数据源于相关年份《格尔木统计年鉴》和《格尔木市国民经济和社会发展统计公报》；2014—2015 年的数据则是根据历史数据推算得出。

从各部分收入对总收入的贡献来看，2006—2015 年工资性收入、经营性收入、转移性收入和财产性收入对总收入的贡献率分别为 88.49%、6.24%、3.25%和 4.94%。这说明即便随着经济发展水平的提高，城镇居民收入来源已表现出一定的多元化趋势，但是通过就业获取劳动报酬仍然是格尔木市城镇居民最重要的收入来源。

2. 农牧民收入状况分析

统计数据显示，2006—2015 年格尔木市农牧民的名义人均纯收入由 3779 元增加至 14297 元，年均增长速度为 15.93%，其中“十一五”期间的年均增速为 16.66%，“十二五”时期的年均增速为 14.87%。虽然增速的波动幅度较小，但是从 2012 年开始却表现出逐年下降的态势，如图 8-11 所示。这也表明农牧民人均纯收入的绝对量仍然继续增加，但是增加的幅度却是不断减少的。

从农牧民人均纯收入构成的变化趋势来看，工资性收入所占比重表现出先快速上升后略有下降的趋势，而经营性收入、财产性收入和转移性收入所占比重虽有所波动，但大体上表现出下降趋势，见表 8-5 所示。虽然收入结构基本保持不变，经营性收入绝对量持续增长且依然占据主体地位，2006—2012 年所占比重超过 70%，2013—2015 年虽然有所下降，但也保持在 67%～69%；与此同时，工资性收入绝对量的持续上升说明农牧民正逐渐从传统农

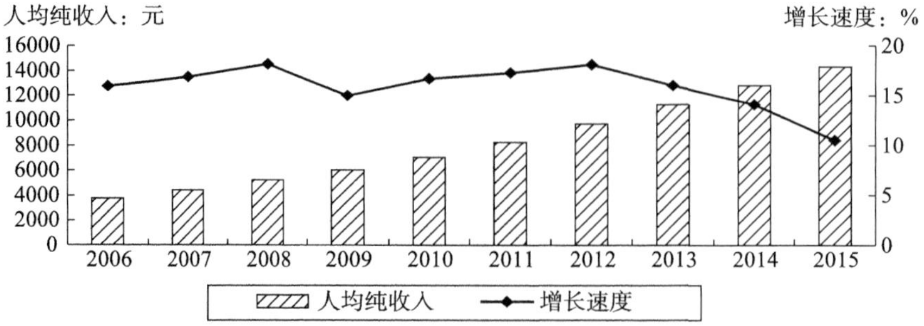

图 8-11　格尔木市农牧民人均纯收入变化情况（2006—2015）

资料来源：相关年份《格尔木统计年鉴》和《格尔木市国民经济和社会发展统计公报》。

牧业以外的行业就业中获取相对较高的报酬，就业渠道的增加将为逐步改变格尔木市农牧民的收入结构创造条件。

表 8-5　格尔木市农牧民人均纯收入构成变化（2006—2015）

年份	工资性收入		经营性收入		财产性收入		转移性收入	
	金额（元）	比例（%）	金额（元）	比例（%）	金额（元）	比例（%）	金额（元）	比例（%）
2006	238	6.30	2790	73.83	294	7.78	457	12.09
2007	287	6.50	3350	75.86	316	7.16	463	10.48
2008	379	7.26	4057	77.74	369	7.07	414	7.93
2009	455	7.58	4600	76.67	433	7.22	512	8.53
2010	603	8.61	5385	76.93	435	6.21	577	8.24
2011	842	10.26	5833	71.05	1014	12.35	521	6.35
2012	1052	10.85	7182	74.08	151	1.56	1310	13.51
2013	2188	19.45	7552	67.13	696	6.19	814	7.24
2014	2195	17.16	8641	67.57	192	1.50	1761	13.77
2015	2431	17.00	9830	68.76	196	1.37	1840	12.87

资料来源：2006—2013 年的数据源于相关年份《格尔木统计年鉴》和《格尔木市国民经济和社会发展统计公报》；2014—2015 年的数据则是根据历史数据推算得出。

从各部分收入对人均纯收入的贡献来看，工资性收入、经营性收入和转移性收入对格尔木市农牧民人均纯收入的贡献率分别为 20.85%、66.93% 和 13.15%；而财产性收入的贡献率为-0.93%。这说明家庭经营性收入依然是当前格尔木市农牧民最主要的收入来源，而工资性收入的持续增长却也意味着农业剩余劳动力的转移、季节性就业以及可能的非正规就业将有效提高农牧民的收入水平；与此同时，也应注意的是随着人口城镇化的基本完成和土地城镇化迈过快速推进阶段，以政府征用土地给予农牧民补偿来直接提高财产性收入的可能性将减少。

3. 城乡居民收入差距分析

从格尔木市城乡居民收入差距来看，绝对差距呈逐年扩大趋势，由 2006 年的 6188 元持续扩大至 2015 年 11319 元，而相对差距却呈逐年缩小趋势，城乡收入之比由 2006 年的 2.64 下降至 2015 年 1.79，如图 8-12 所示。这说明 2006—2015 年农牧民人均纯收入的增长速度高于城镇居民人均可支配收入的增长速度，如果这一趋势持续发展，则格尔木市将有效缩小城乡居民收入差距，为实现城乡一体化建设目标创造条件。

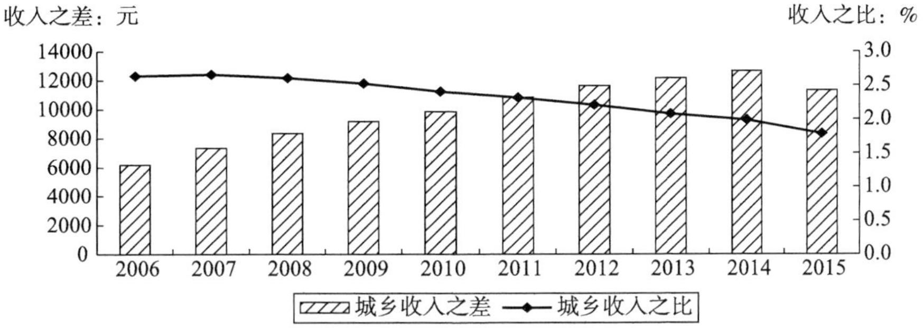

图 8-12 格尔木市城乡居民收入比较情况（2006—2015）

资料来源：相关年份《格尔木统计年鉴》和《格尔木市国民经济和社会发展统计公报》。

四、格尔木市社会保障现状分析

（一）养老保险发展现状分析

1. 城镇职工基本养老保险

根据青海省相关政策，格尔木市的城镇企业职工基本养老保险具有以下特点：一是缴费标准按照全省上年度在职职工平均工资确定，用人单位缴纳基数为本单位职工个人缴纳工资基数之和，缴纳比例为 28%，其中单位和个人分别承担 20%和 8%，且不能补缴；二是城镇企业职工基本养老保险实行社会统筹和个人账户相结合的模式；三是城镇企业职工基本养老保险享受待遇高于城乡居民社会养老保险。

据统计数据显示，2006—2015 年格尔木市参加城镇职工基本养老保险的单位数由 271 个增加至 430 个，参保职工人数由 14688 人增加至 43981 人，年均增长速度分别达到 5.26%和 12.96%，如图 8-13 所示。在多种养老保险的“可选择集”中，城镇企业职工养老保险的参保单位和人数双增长在一定程度上说明了该保险相对城乡居民社会养老保险而言具有一定的优势。

从城镇企业职工基本养老保险金的收支情况来看，收入主要由征缴保费、

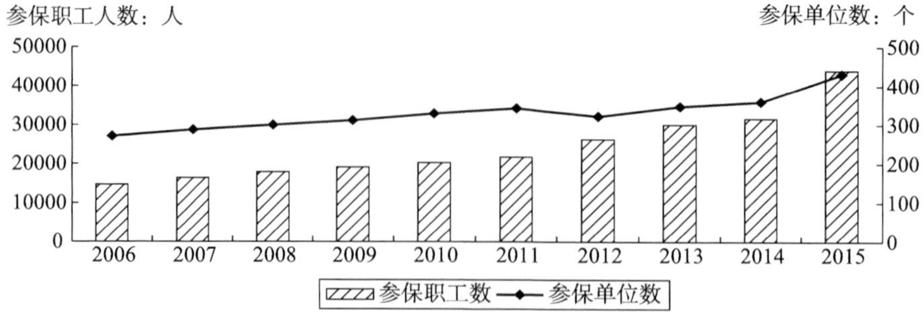

图 8-13 格尔木市城镇职工基本养老保险参保单位和人员情况

资料来源：格尔木市人力资源和社会保障局。

上级补助、利息收入、财政补贴（计生补贴）和转移收入五部分组成，分别占62.81%、36.25%、0.21%、0.02%和0.71%，征缴保费占绝对主体地位，体现了该保险由用人单位和职工个人共同承担的特点；支出主要由养老金、抚恤金、转移支出和上解上级四项构成，分别占35.57%、0.35%、0.30%和63.78%，见表8-6所示。上解上级支出占据主体地位，体现了该保险实行省级统筹的原则，养老金支出占比超过30%，说明享受保险待遇的人群也从该制度中受益。

2. 城乡居民社会养老保险

《海西州城乡居民社会养老保险暂行办法》有如下规定：一是海西州城乡居民社会养老保险基金实行州级统筹；二是凡具有海西州城镇或农村户籍，年满16周岁以上（在校生除外），未纳入行政事业单位编制管理或未参加城镇企业职工基本养老保险的城乡居民，均属参加城乡居民社会养老保险的范围；三是凡已参加城镇企业职工基本养老保险的城乡居民，同一时段不再参加城乡居民社会养老保险；四是城乡居民社会养老保险基金由城乡居民缴纳的社会养老保险费、财政补贴、集体补助、城乡居民社会养老保险基金利息和其他收入组成；五是为适当提高州内参保城乡居民的养老保险缴费标准，缴费标准确定为每年100元、200元、300元、400元、500元、600元、700元、800元、900元、1000元、1500元和2000元十二个档次，城乡居民可根据自身条件自愿选择，依据青海省2014（46号）文件，缴费标准有效期为五年；六是统筹地区财政按年对参保人缴费进行补贴，有条件的统筹地区可在此基础上再适当提高补贴标准，海西州目前财政补贴标准为参保人当年缴费的50%，个人缴纳部分和财政补贴部分均进入个人账户；七是根据本州社会经济发展水平、人民生活水平和基金收支情况，建立城乡居民基本养老保险待遇调整机制；八是参加海西州新型农村牧区社会养老保险的农牧民自2010年1月1日起按该办法实施。

表 8-6 格尔木市城镇职工基本养老保险金收支情况（2006—2015）

单位：万元

指标 \ 年份		2006	2007	2008	2009	2010	2011	2012	2013	2014	2015
收入（万元）	征缴保费	7577.43	10797.30	13239.81	16943.82	19895.96	28364.79	29184.20	35881.90	41705.29	38064.44
	利息收入	1.49	55.36	84.24	148.43	105.79	54.56	77.24	61.98	93.28	—
	财政补贴	18.81	49.34	—	—	—	—	—	137.03 *	70.10 *	—
	转移收入	46.21	84.26	153.03	71.51	80.80	289.26	367.92	609.7	575.31	—
	上级补助	6200.00	6791.00	8130.00	9833.00	10992.00	13400.00	17147.29	20000.00	25007.00	—
	合计	13843.94	17777.26	21607.08	26996.76	31074.55	42108.61	46776.65	56690.61	67450.98	—
支出（万元）	养老金	6093.51	6754.54	8178.63	9620.62	10941.25	13174.13	16482.94	20067.04	23978.36	21789.16
	抚恤金	21.89	32.69	91.96	94.77	106.06	105.83	105.14	243.01	330.55	—
	转移支出	16.09	11.93	42.29	36.31	28.04	83.77	163.19	236.20	362.31	—
	上解上级	7623.68	10935.31	13475.83	17163.25	20081.83	28707.45	29623.85	36677.57	42427.72	—
	合计	13755.17	17734.47	21788.71	26914.95	31157.18	42071.18	46375.12	57223.82	67098.94	—
收支结余		88.77	42.79	-181.63	81.81	-82.63	37.43	401.53	-533.21	352.04	—
年末滚存结余		233.24	276.03	94.40	176.21	94.58	132.01	533.53	0.33	355.47	—

资料来源：格尔木市人力资源和社会保障局；带 * 的数据为计划生育补助。

根据上述办法，格尔木市实际上已经将城镇居民社会养老保险和新型农村社会养老保险合并实施，从2013年开始格尔木市逐步公布城乡居民基本养老统计数据。为了保证数据的延续性与前后一致性，本书先分开论述2008—2013年格尔木市农村牧区社会保险和城镇居民社会养老保险状况，然后再介绍2014—2015年全市城乡居民基本养老保险情况。

第一，新型农村牧区社会养老保险。首先，从参保人数来看，2008—2013年格尔木市新型农村养老保险参保人数从8922人增加至11383人，年均增长速度为4.99%，享受待遇的人数由690人增加至1250人，年均增长速度达到12.62%，高于参保人数的增长速度。其次，养老保险基金收入由个人缴费、财政补助、上级补助和利息收入四部分构成，分别占46.72%、42.59%、10.38%和0.31%；支出则由养老金支出、上解上级支出和其他支出三部分组成，分别占30.32%、69.51%和0.17%，见表8-7所示；从收支构成来看，除了个人缴纳保险金和享受保险待遇外，政府对新型农村牧区养老保险的财政支持至关重要，而上解上级支出的比重高达69.51%也体现了养老保险实行州级统筹的特点。再次，虽然新型农村牧区社会养老保险金年末滚动结余都为正值，但是当年的收支结余却出现负值现象，说明统筹机制还有待优化。

表8-7 格尔木市新型农村牧区社会养老保险基本情况（2008—2013）

指标＼年份		2008	2009	2010	2011	2012	2013
参保人数		8922	9789	9764	10360	10225	11383
享受待遇人数		690	743	697	974	1035	1250
收入（万元）	个人缴费	228.55	149.08	353.06	267.42	315.14	413.29
	财政补贴	25.46	108.01	293.06	356.29	330.68	460.34
	上级补助	79.32	79.26	182.14	43.00	—	—
	利息收入	—	0.09	0.35	1.19	5.39	4.16
	合计	333.33	336.44	828.61	667.9	651.21	877.79
支出（万元）	养老金	29.76	95.69	152.70	244.68	262.12	305.11
	上解上级	170.65	340.46	471.36	423.52	461.69	631.27
	其他	—	0.53	0.40	1.70	2.50	1.40
	合计	200.41	436.68	624.46	669.9	726.31	937.78
收支结余		132.92	-100.24	204.15	-2	-75.1	-59.99
年末滚存结余		132.92	32.68	232.64	234.83	159.90	104.09

资料来源：格尔木市人力资源和社会保障局。

第二，城镇居民社会养老保险。根据海西州的政策，格尔木市城镇居民社会养老保险缴费档次，分100元至2000元十二个档次。首先，从参保人数来看，2010—2013年格尔木市城镇居民养老保险的参保人数从3528人持续下降至1013人，享受待遇的人数也由2697人减少至1884人，年均增长速度分别为-34.03%和-11.27%。这主要是随着经济发展水平和收入水平的提高，城镇居民参加职工基本养老保险的可能性增大，毕竟参加职工养老保险退休后养老金较高且每年可以领取定额的烤火费。其次，养老保险基金收入由个人缴费、财政补助、上级补助和利息收入四部分构成，分别占27.31%、54.23%、17.52%和0.94%；支出则由养老金支出、上解上级支出和其他支出三部分组成，分别占64.78%、35.00%和0.22%，见表8-8所示。从收支构成来看，除了个人缴纳保险金和享受保险待遇外，政府对城镇居民养老保险的财政支持相对更重要，而35.00%上解上级支出比重也在一定程度上体现了养老保险实行州级统筹的特点。与此同时，虽然城镇居民社会养老保险金年末滚动结余均为正值，但是当年的收支结余却呈现出持续下降甚至负值的情况，也反映出统筹机制还有待进一步优化。

表8-8 格尔木市城镇居民养老保险基本情况（2010—2013）

指标＼年份		2010	2011	2012	2013
参保人数		3528	2861	1093	1013
享受待遇人数		2697	1815	1761	1884
收入（万元）	个人缴费	698.54	92.8	105.47	134.76
	财政补贴	174.54	905.13	559.98	408.85
	上级补助	628.01	33.80	—	—
	利息收入	0.91	1.58	24.56	8.48
	合计	1502.00	1033.31	690.01	552.09
支出（万元）	养老金	506.05	760.08	476.73	517.52
	上解上级	762.32	131.26	149.31	178.45
	其他	0.99	2.10	2.40	2.00
	合计	1269.36	893.44	628.44	697.97
收支结余		232.64	139.87	61.57	-145.88
年末滚存结余		232.64	372.51	434.08	288.18

资料来源：格尔木市人力资源和社会保障局。

第三，城乡居民基本养老保险。随着国家政策的逐步完善和人民群众对养老保险需求的增加，2014—2015年格尔木市城乡居民基本养老保险获得快速发展，参保人数由16192人增加至17461人，增长速度达到7.84%，见表

8-9 所示；从保险金收入来看，个人缴费和政府财政补贴的增长速度分别为104.11%和20.53%，从而使得基金总收入规模的增速达到46.79%；保险金支出的增长速度约为32.84%，低于收入的增长速度，不仅如此，支出总规模也小于收入总规模，这表明当前格尔木市城乡居民基本养老保险基金运转良好。

表 8-9 格尔木市城乡居民养老保险基本情况（2014—2015）

指标 \ 年份		2014	2015	增长速度（%）
参保人数（人）		16192	17461	7.84
收入（万元）	个人缴费	345.00	704.17	104.11
	财政补贴	753.00	907.59	20.53
	合计	1098.00	1611.76	46.79
支出（万元）		749.00	995.00	32.84

资料来源：格尔木市人力资源和社会保障局。

（二）医疗保险发展现状分析

当前，格尔木市的医疗保险由城镇职工基本医疗保险、城镇居民基本医疗保险和新型农村医疗保险三部分组成。

1. 城镇职工基本医疗保险

根据《海西州城镇职工基本医疗保险实施办法试行》〔西政2001（1）号〕格尔木市实现的城镇职工基本医疗保险具有以下内容：一是城镇职工基本医疗保险实行州级统筹，社会统筹和个人账户相结合；二是所缴费用由用人单位和职工双方共同负担，在职职工由用人单位按上年度职工工资总额的6%缴费，职工个人按上年度本人年工资总额的2%缴费；基金缴费基数不得低于上年度全州职工平均工资的60%，低于60%的按60%缴费；超过上年度全州职工平均工资的300%的按300%缴费，其余人员按照规定比例缴费；三是劳动行政部门根据经济发展水平，医疗水平和物价指数等，对医疗保险基金征缴比例及医疗保险待遇适时提出调整意见，报州政府批准后执行。

格尔木市参加城镇职工基本医疗保险的单位数由2006年的345个增加至2013年的462个，参保职工人数则由2006年的23050人增加至2015年的45793人，年均增长速度分别为4.26%和7.93%，见表8-10所示。在参保单位和参保人数增长的情况下，保费收入也由2006年的4469万元持续增加至2015年的19106万元，年均增长速度高达17.52%。

表 8-10 格尔木市城镇职工基本医疗保险基本情况

指标 \ 年份	2006	2007	2008	2009	2010	2011	2012	2013	2014	2015
参保单位（个）	345	381	370	370	403	428	452	462	—	—
参保人数（人）	23050	25000	26700	27500	31512	30700	31650	33350	45764	45793
征缴保费（万元）	4469	7168	7980	12790	13381	11244	14942	—	16911	19106

资料来源：历年《格尔木市国民经济和社会发展统计公报》和《格尔木年鉴：2012—2014》。

2. 城乡居民医疗保险

《海西州城乡居民医疗保险暂行办法》有如下规定：一是城乡居民医疗保险，是指个人缴费、政府补助、社会扶持、住院保障，覆盖全州农村牧区和城镇居民的社会医疗保险制度；二是城乡居民医疗保险基金实行州级统筹；三是城乡居民医疗保险统筹部分和个人缴纳部分的差额由各级财政补足，州财政可给予适当补贴；四是建立城乡居民大病医疗保险；五是各地医疗保险经办机构应当将基金及时上解州医疗保险局并进入财政专户，实行专户专账管理；六是城乡居民基本医疗保险基金划分为住院统筹、个人账户、风险储备基金三部分。

（1）城镇居民医疗保险。格尔木市城镇居民参加医疗保险的人数保持增长趋势，征缴保费也表现出相同的变化趋势，见表 8-11 所示。从城镇居民医疗保险基金的收支来看，2012—2013 年基本符合“以收定支、收支平衡、略有结余”原则，但也应优化统筹机制减少年度之间的波动幅度。①

表 8-11 格尔木市城镇居民医疗保险基本情况

指标 \ 年份	2009	2010	2011	2012	2013	2014	2015
参保人数（人）	19628	22782 *	25936	30788	37370	53819	53819
征缴保费（万元）	199	2152	—	2031	3350	—	—
支出基金（万元）	—	—	—	1767	3552.7	—	—
当年结余（万元）	—	—	—	264	-202.7	—	—
滚动结余（万元）	—	—	85	349	147	—	—

注：2010 带 * 号的数据为 2009 年和 2011 年的平均值。根据《格尔木市 2010 年国民经济和社会发展统计公报数据》显示：2010 年格尔木市城镇居民医疗保险参保人数为 56296 人。

资料来源：历年《格尔木市国民经济和社会发展统计公报》和《格尔木年鉴：2012—2014》。

① 《格尔木市人力资源和社会保障局 2014 年工作总结暨 2015 年工作安排》与《格尔木市人力资源和社会保障局 2015 年工作总结暨 2016 年工作安排》分别公布了 2014 年和 2015 年城乡居民医疗保险金的运行情况，但是没有按照城镇居民医疗保险和新型农村合作医疗进行分类。数据显示：2014 年和 2015 年全市城乡居民医疗保险分别征缴保费 1056 万元和 1302 万元，上级分别补助 6100 万元和 2800 万元，分别支出 4817.5 万元和 3250 万元。由此可以看出，征缴保费收入依然保持增长趋势，而上级补助和支出均有所下降，特别是上级补助的波动幅度较大，说明统筹机制有待优化。

（2）新型农村合作医疗保险。格尔木市新型农村合作医疗保险的参保人数在“十一五”期间基本保持稳定，“十二五”期间在略有增加基础上波动幅度较大，见表8-12所示。从基金的收支来看，2013年较2012年均有大幅增加，分别增加了91.07%和92.81%，这与城镇居民医疗保险基金的变化相似，说明随着收入水平的提高，格尔木市城乡居民对于医疗保险制度的期待以及制度运行效果均有了较大幅度的提高。

表8-12 格尔木市新型农村合作医疗保险基本情况

指标＼年份	2008	2009	2010	2011	2012	2013	2014	2015
参保人数（人）	30309	30309	30708	30957	31692	33656	32038	32038
征缴保费（万元）	—	—	—	—	1635	3124	—	—
支出基金（万元）	—	—	—	—	1683	3245	—	—
当年结余（万元）	—	—	—	—	-48	-119	—	—
滚动结余（万元）	—	—	—	257	209	87	—	—

资料来源：历年《格尔木市国民经济和社会发展统计公报》《格尔木年鉴：2012—2014》和《格尔木市人力资源和社会保障局2015年工作总结暨2016年工作安排》。

（三）工伤保险发展现状分析

《青海省实施〈工伤保险条例〉办法》有如下规定内容：一是明确了用人单位缴纳工伤保险费的义务和职工享受工伤保险待遇的权利；二是青海省工伤保险基金实行州（地、市）级统筹，按照“以支定收、收支平衡”原则筹集，并建立省级调剂金，逐步实行省级统筹；三是以统筹地区为单位建立工伤保险储备金，储备金的提取比例按照当年工伤保险费实际征收额的10%安排，用于统筹地区突发重大事故的工伤保险待遇支付，以及当年工伤保险基金支出超过实际收入部分的支付，当储备金不足支付时，由统筹地区人民政府垫付；四是确定了用人单位缴费的费率和基数；[①] 五是规定了工伤保险基金的构成和支出项目；六是对工伤认定、劳动能力鉴定、工伤保险待遇和监督管理做出了规定。

根据上述办法，格尔木市的工伤保险基金由海西州实行州级统筹，市人力资源和社会保障局负责行政区域内的工伤保险工作。自2006年以来，格尔木市的工伤保险工作成效显著，见表8-13所示，在保障职工合法权益的同时也分散了用人单位的工伤风险，有效地促进了社会和谐发展。

① 海西州用人单位以上年度职工工资总额为基数按月申报工伤保险费缴费数额，并及时足额缴纳工伤保险费，用人单位上年度职工工资低于统筹地区职工平均工资60%的按60%缴费，高于300%的按300%缴费。

表 8-13 格尔木市工伤保险发展基本情况（2006—2015）

指标	2006	2007	2008	2009	2010	2011	2012	2013	2014	2015
参保单位数（个）	81	91	230	259	292	326	264	399	438	517
参保人数（人）	8853	10031	13975	15311	17318	18596	22037	24743	28121	32766
享受待遇人数（人）	31	61	104	108	100	117	101	123	194	—
征缴保费（万元）	198. 96	218. 02	345. 75	498. 07	574. 33	805. 7	1075. 51	1353. 33	1640. 35	1806. 36
上级补助（万元）	65. 01	97. 81	170. 09	165. 30	205. 06	318. 37	516. 70	985. 80	1572. 54	—
利息收入（万元）	0. 2	0. 37	0. 47	0. 35	0. 39	0. 89	0. 93	0. 86	0. 98	—
合计收入	264. 17	316. 2	516. 31	663. 72	779. 78	1124. 96	1593. 14	2339. 99	3213. 87	—
享受待遇支出（万元）	53. 32	101. 85	147. 78	185. 46	181. 26	249. 96	613. 99	983. 24	1574. 52	875. 96
上交上级支出（万元）	199. 13	218. 21	346. 03	498. 27	574. 61	806. 26	1076. 05	1353. 91	1641. 08	—
劳动能力鉴定（万元）	—	0. 06	0. 42	0. 32	0. 17	0. 17	0. 48	0. 60	0. 13	—
合计支出	252. 45	320. 12	494. 23	684. 05	756. 04	1056. 39	1690. 52	2337. 75	3215. 73	—
收支结余（万元）	11. 72	-3. 92	22. 08	-20. 33	23. 74	68. 57	-97. 38	2. 24	-1. 86	—
年末滚动结余（万元）	13. 10	9. 19	31. 27	10. 94	34. 68	103. 25	5. 87	8. 12	6. 25	—

资料来源：格尔木市人力资源和社会保障局。

从上表的数据变化趋势可以看出，2006—2015年参加工伤保险单位数由81个增加至517个，参保人数由8853人增加至32766人，分别增长了5.38倍和2.70倍，年均增长速度分别达到了22.87%和15.65%；用人单位缴纳工伤保险费用和职工享受工伤保险待遇支出分别由198.96万元和53.32万元上升至1806.36万元和875.96万元，年均增长速度达到了27.78%和36.48%，特别是享受待遇支出的增长速度明显高于征缴保费的增长速度，充分说明用人单位和职工都从工伤保险制度中受益。与此同时，全市的工伤保险基金略有结余说明基本实现了“以支定收、收支平衡”的原则。

（四）失业保险发展现状分析

《青海省失业保险金省级统筹办法》有如下规定：一是失业保险基金实行省级统筹，坚持“统一政策、统一管理、统一业务流程、统一信息系统”的原则，取消省级调剂金制度；二是用人单位及其职工按照属地原则参加失业保险；三是明确了用人单位和职工缴纳失业保险费的标准。[①]

2006—2015年，格尔木市参加失业保险的单位数据虽有所波动，但是参加失业保险的人数却由11973人持续增加至17077人，增长了42.63%。失业保险金的发放金额与经济形势密切相关，2009—2012年在国际金融危机等内外部因素的影响，失业保险金的发放数量由24.2万元迅速增加至307.31万元，增长了11.69倍，见表8-14所示，充分凸显了失业保险保生活、防失业、促就业的作用。

表8-14　格尔木市失业保险发展情况（2006—2015）

指标 \ 年份	2006	2007	2008	2009	2010	2011	2012	2013	2014	2015
参保单位数（个）	247	212	207	204	202	196	196	200	200	—
参保人数（人）	11973	12394	12944	13484	13550	14076	15212	15822	16227	17077
发放失业保险金（万元）	121.01	81.9	29.5	24.2	80.02	128.46	307.31	—	—	268.40

资料来源：历年《格尔木市国民经济和社会发展统计公报》和《格尔木市人力资源和社会保障局2015年工作总结暨2016年工作安排》。

（五）城镇职工生育保险发展现状分析

《海西州城镇职工生育保险实施细则》的核心内容如下：一是规定了用

① 失业保险的参保单位以本单位工资总额为基数缴纳失业保险费，职工以本地区上年度职工平均工资为基数缴纳失业保险费。职工上年工资低于当地职工平均工资60%的，按当地职工平均工资的60%为基数缴费；高于当地职工平均工资300%的，按当地职工平均工资的300%为基数缴费。未经省政府批准，失业保险费不得减免。

人单位为其职工办理参加城镇职工生育保险并缴纳生育保险费的义务，职工个人不缴纳生育保险费；二是生育保险基金实行州级统筹，纳入州级财政专户管理，专款专用，不得挤占挪用，在全州统一参保信息系统，实行属地分级管理；三是生育保险基金根据“以支定收，收支基本平衡”的原则筹集；四是确定了职工生育保险基金缴费的费率和基数；① 五是规定了生育保险基金的来源与支出项目；六是明确了生育保险待遇和生育保险管理制度，特别提出医疗保险经办机构承担生育保险业务所需必要经费列入同级财政预算。

根据实施细则，格尔木市于 2012 年 1 月全面启动了城镇职工生育保险工作。2012—2015 年参保职工人数由 7874 人增加至 32391 人，增长了 3.11 倍；2015 年单位缴费和支出较 2012 年均有大幅上升，分别是 2012 年的 7 倍和 5.32 倍，见表 8-15 所示；基金运行也基本符合“以支定收，收支基本平衡”的原则。

表 8-15 格尔木市城镇职工生育保险基本情况（2012—2015）

年份	参保人数（人）	基金收入（万元）				基金支出（万元）			
		单位缴费	上级补助	利息收入	合计	统筹支出	生育津贴	上解上级	合计
2012	7874	161	20	—	181	16	2	161	179
2013	10854	803	470	1	1274	88	328	804	1220
2014	10954	954	—	—	—	—	—	—	852
2015	32391	1127	—	—	—	—	—	—	952

资料来源：《格尔木年鉴 2012—2014》《2014 年格尔木市国民经济和社会发展统计公报》和《格尔木市人力资源和社会保障局 2015 年工作总结暨 2016 年工作安排》。

（六）劳动监察与争议仲裁现状分析

虽然劳动监察与劳动争议仲裁在性质、程序、法律地位和法律后果等方面存在差异，但是两者在保护劳动者合法权益的目标上却是一致的。“十二五”期间，格尔木市相关职能部门共组织开展社会保障法律法规宣传活动超过 15 次，发放宣传材料 6 万余份，接待咨询群众 2 万余次，对提高劳动者的维权意识和企业的法律意识发挥了积极作用。

2006—2015 年，格尔木市劳动监察大队等政府职能部门共督促企业签订

① 海西州职工生育保险基金缴费基数按不低于上年度本统筹地区职工平均工资的 60%确定，低于 60%的按 60%缴费，超过上年度本统筹地区职工平均工资 300%的按 300%缴费；企业和经费自理的事业单位及有雇工的个体经济组织缴费比例为本单位上年度职工工资总额的 0.9%；机关和经费来源主要由财政拨款及经费来源部分由财政支持的事业单位缴费比例为本单位上年度职工工资总额的 0.5%。

劳动合同65946份，受理劳动案件1974件，处理劳动争议案例498件，追回拖欠工资超过1.2亿元，见表8-16所示，有效保护了劳动者的合法权益，特别是“十二五”期间工作成效更加明显，为构建和谐、稳定的劳动关系创造了有利条件。

表8-16　格尔木市劳动监察与劳动争议仲裁基本情况

指标	“十一五”期间	“十二五”期间					
		合计	2011	2012	2013	2014	2015
督促签订劳动合同（份）	27965	37981	—	6416	15663	10509	5393
受理劳动案件（件）	895	1079	251	235	209	165	219
受援劳动者人数（人）	—	10734	1953	2068	4336	1641	736
追回拖欠工资（万元）	2316.5	9785.89	1328	1573	3338.86	2537.04	1008.99
处理劳动争议案件（件）	170	328	51	59	76	80	62
劳动争议案件金额（万元）	—	3484.6	—	121	627	1544.6	1192

资料来源：《格尔木年鉴2012—2014》《格尔木开局十二五：2011—2012》《跨越十一五：2006—2010》《格尔木市人力资源和社会保障局2014年工作总结暨2015年工作安排》和《格尔木市人力资源和社会保障局2015年工作总结暨2016年工作安排》。

第五节　格尔木市各产业就业与社会保障存在的问题分析

对格尔木市就业和社会保障事业发展中存在问题的分析，主要从两个方面入手：一是将发展现状与经济学理论、经济发展规律比较找出问题；二是选择与格尔木市区位条件、资源禀赋状况以及经济发展阶段类似的区域比较找出差距。

基于上述原则，选择嘉峪关市作为格尔木市就业和社会保障事业发展的比较对象，理由如下：一是两者均为戈壁滩上的新建城市，且区位条件基本相同，即都是中国西北地区的交通枢纽，均有国道、铁路和机场；二是两者都是移民城市，常住人口规模基本相当，但有较高比例的外来人口；三是两者人均生产总值大体一致，且处于相同的经济发展阶段；四是两者均有丰裕的矿产资源，具有类似的资源禀赋状况，且均为工业城市和资源型城市，见表8-17所示。

表 8-17 格尔木市和嘉峪关市经济社会发展情况（2015）

指标	格尔木市	嘉峪关市	指标	格尔木市	嘉峪关市
GDP（亿元）	285.24	190.03	产业结构（%）	1.49∶70.40∶28.11	2.19∶57.13∶40.68
总人口（万人）	23.57	24.39	人均 GDP（元）	120539	78336
就业人口（万人）	10.51	10.28	平均工资（元）	66182*	61275*
城镇化率（%）	86.58	93.42	工业化率（%）	61.44	52.08

资料来源：《2015 年格尔木市国民经济和社会发展统计公报》和《2015 年嘉峪关市国民经济和社会发展统计公报》。标 * 的数据为根据历史数据的估算值。

一、就业方面存在的问题分析

（一）经济增长的就业效应不明显

经济学理论告诉我们，短期内国民经济的产出水平由经济中的就业水平决定，就业水平的变化将引起产出水平的变化；由于失业意味着劳动力等生产要素的非充分利用，失业率的上升会伴随着实际 GDP 的下降。这表明经济增长与失业率之间存在着某种程度的负相关关系，也就意味着经济的持续增长将减少失业人数和降低失业率。据相关统计数据显示，“十二五”期间，嘉峪关市地区生产总值的年均增长速度约为 13.6%，经济增长累计实现城镇新增就业人数 4.7 万人，并使得城镇登记失业率控制在 2.7%以内。[①] 同期，格尔木市地区生产总值的年均增长速度略高于嘉峪关市，约为 13.68%，经济增长累计实现城镇新增就业人数仅为 2.38 万人，城镇登记失业率虽然控制在 3.5%以内，但却始终高于 3%。这说明格尔木市经济增长的就业效应不明显，未来通过调整经济结构和促进产业升级转型，经济增长的就业效应可以有较大的提升空间。

（二）三次产业产值结构与就业结构不协调

产业结构偏离度是指三次产业结构与就业结构之差的绝对值之和。偏离数为三次产业产值比重与从业人员比重的差值，主要考察产值比重与就业比重的关系。偏离度越大，劳动力结构与产业结构越不对称，说明产业结构的效益越低；偏离度越小，表明产业结构与就业结构趋于均衡状态，两者越匹配，经济效益越高。

世界银行的数据显示：高收入、中收入和低收入国家的产业结构偏离度

---

① 精彩“十二五”，见证新成就——嘉峪关市 2016 年政府工作报告摘要 [N]. 嘉峪关日报，2016-4-13.

平均水平分别为 6%、40%和 86%。从计算结果来看，尽管 2014—2015 年格尔木市产业结构偏离度较 2006—2013 年有所下降，特别是 2015 年下降明显，然而，产业结构偏离度依然高于低收入国家，见表 8-18 所示。分产业来看，除 2015 年外，第一产业偏离度最小，说明产业效益相对较高；第二产业结构偏离度一直为负数，表明第二产业吸纳劳动力的能力相对较弱；而第三产业结构偏离度相对稳定，“十二五”期间经历了小幅上升后下降明显，表明进入新常态阶段后，传统服务业和现代服务业的共同发展有助于提升就业效应。

表 8-18 格尔木市三次产业结构偏离度变化（2006—2015）

年份	P_1	P_2	P_3	P	年份	P_1	P_2	P_3	P
2006	21.24	-48.24	27.01	96.48	2011	13.57	-43.35	29.78	86.70
2007	16.38	-47.31	30.94	94.63	2012	13.18	-43.49	30.30	86.97
2008	16.24	-49.04	32.80	98.08	2013	12.55	-43.11	30.56	86.22
2009	16.09	-45.66	30.12	91.87	2014	11.89	-38.97	27.08	77.94
2010	15.79	-45.98	30.49	92.26	2015	10.65	-22.31	11.06	44.62

注：P_1代表第一产业结构偏离度；P_2代表第二产业结构偏离度；P_3代表第三产业结构偏离度；P代表三次产业结构偏离度。根据相关年份《格尔木统计年鉴》和《格尔木市国民经济和社会发展统计公报》测算而得。

（三）第三产业的就业弹性偏小

经济增长的就业效应还可以通过就业弹性来体现，就业弹性值的大小与经济增长的就业效应成正相关关系。2006—2015 年格尔木市经济增长的就业弹性值在 0.020~0.495 波动，平均值为 0.226，如图 8-14 所示，同期海西州经济增长的平均就业弹性系数达到 0.306。[①] 比较而言，这在一定程度上也说明格尔木市经济增长的就业效应不强。

从就业弹性变化趋势来看，除 2008 年第一产业就业弹性系数变化异常外，三次产业就业弹性的变化趋势基本一致，且与经济增长的就业弹性系数变化趋势吻合。2011—2015 年三次产业平均就业弹性分别为 0.278、0.588 和 0.345，第二产业因外部经济环境变化调整内部结构在一定程度上提高了就业弹性。相反，占就业比重超过 50%的第三产业就业弹性偏小，不利于今后农牧区富余劳动力的转移和就业结构的进一步优化。

① 数据来源：根据历年海西州统计年鉴相关数据计算而得。

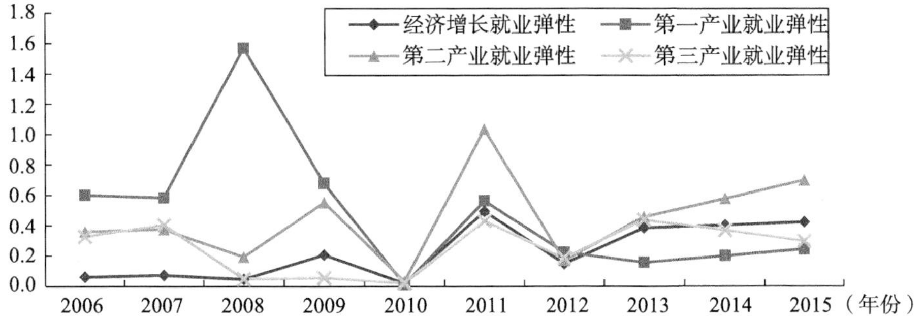

图 8-14 格尔木市经济增长就业弹性和三次产业就业弹性（2006—2015）

资料来源：相关年份《格尔木统计年鉴》和《格尔木市国民经济和社会发展统计公报》。

（四）投资的就业效应偏低

从宏观经济学的角度来看，社会总需求由投资需求、消费需求、政府支出和净出口四部分组成，而就业增长与社会总需求的扩张正相关。投资需求对就业的影响主要是通过总量生产函数起作用，消费需求则主要通过需求领域对最终产品的实现从而对就业间接地产生影响。由于格尔木市的净出口为负值，因此，主要分析投资就业弹性和最终消费（包括居民消费和政府支出）就业弹性。

尽管 2006—2015 年格尔木市的投资和消费就业弹性均有波动且消费就业弹性的波动幅度大于投资就业弹性，但是两者均为正值，平均值分别为 0. 278 和 0. 158，如图 8-15 所示。这表明格尔木市增加投资和消费均能促进就业，且增加消费比增加投资更能促进就业，这在“十二五”期间表现得更为明显。

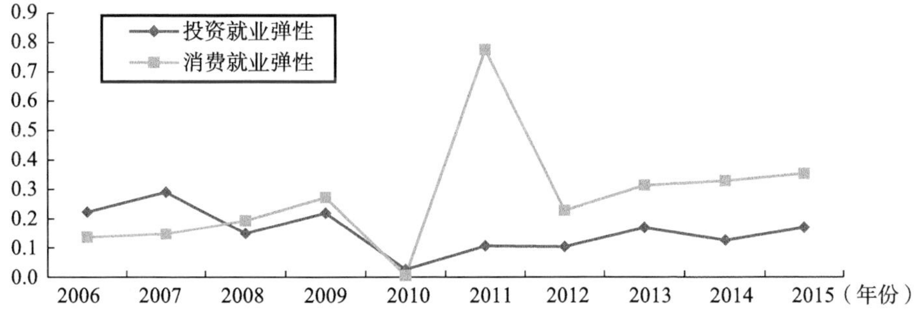

图 8-15 格尔木市投资就业弹性和消费就业弹性（2006—2015）

资料来源：相关年份《格尔木统计年鉴》和《格尔木市国民经济和社会发展统计公报》。

同属资源型城市和工业城市，投资对嘉峪关市和格尔木市都具有十分重要的意义，2015 年全社会固定资产投资占两市生产总值的比例分别达到 67.18%和 75.86%，是推动经济增长的主要动力。然而，两市投资的就业弹性系数均偏低，即便如此，格尔木市投资就业弹性系数也仅相当于嘉峪关市投资就业弹性系数的 88.02%，这也进一步说明格尔木市投资的就业效应偏低，与投资规模不匹配。[①] 因此，从就业角度来看，今后格尔木市在保障投资规模和促进资本密集产业发展的同时，调整投资结构适度发展劳动密集型产业将有助于就业水平的提升。

二、居民收入方面存在的问题分析

（一）从业人员平均工资增速下降

据统计数据显示，虽然 2006—2015 年格尔木市单位从业人员平均工资的绝对量还在持续增加，但是平均工资的增长速度却出现了明显的下降趋势，如图 8-16 所示。即便“十二五”期间，增长速度保持了相对平稳，平均增长速度仅为 5.55%，不仅远地低于“十一五”时期的 15.18%，而且也低于同期全省和嘉峪关市单位从业人员平均工资的增长速度。这一方面说明格尔木市的从业人员平均工资绝对量的增幅出现了递减，另一方面也在一定程度上说明经济发展方式有待转型，应建立相应保障机制让城乡居民分享经济发展成果。

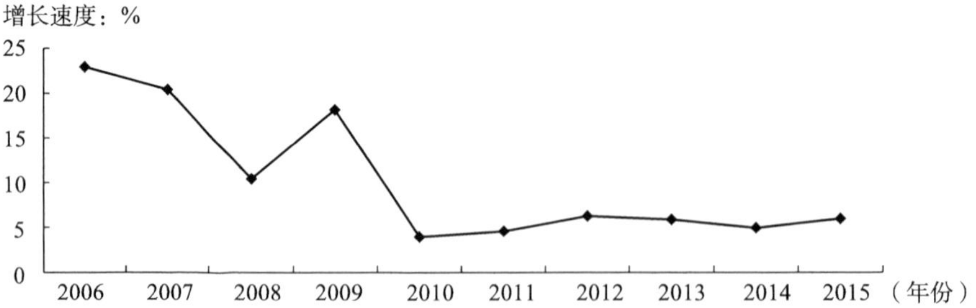

图 8-16　格尔木市单位从业人员平均工资增速变化情况（2006—2015）

资料来源：历年《格尔木市国民经济和社会发展统计公报》。

（二）城乡居民收入相对差距缩小，绝对差距扩大

著名的库兹涅茨“倒 U 型”曲线理论认为，随着经济发展水平的提高，

① 据《格尔木市 2015 年国民经济和社会发展统计公报》和《嘉峪关市 2015 年国民经济和社会发展统计公报》显示，2015 年格尔木市全社会固定资产投资总额达到 191.62 亿元，而嘉峪关市全社会固定资产投资总额约为 144.16 亿元，前者是后者的 1.33 倍。

收入差距呈现出先扩大后缩小的变化趋势。我们选用城乡居民收入差和城乡居民收入比来衡量收入差距。① 基于城乡收入比的库兹涅茨曲线表明随着人均GDP的提高，格尔木市城乡居民收入相对差距呈现出逐年缩小的态势，而基于城乡收入差的库兹涅茨曲线则反映随着人均GDP的提高，格尔木市城乡居民收入的绝对差距却呈现出上升的趋势，如图8-17所示。

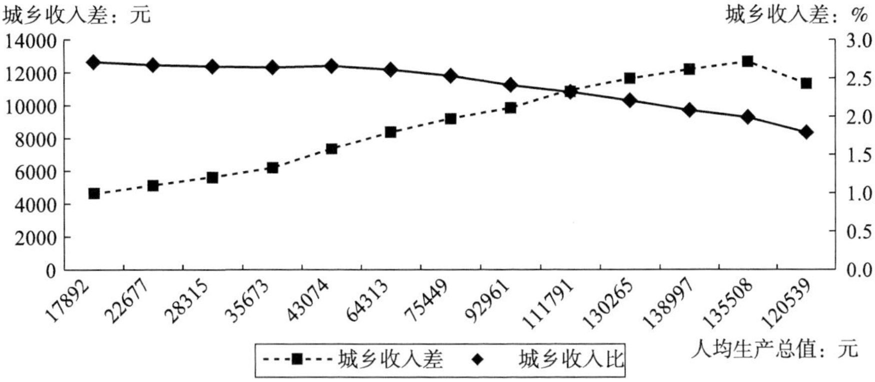

图 8-17　基于城乡收入差与收入比的格尔木市库兹涅茨曲线（2003—2015）

资料来源：历年《格尔木市国民经济和社会发展统计公报》。

2015年格尔木市城乡居民收入的绝对差距较2014年有所缩小，甚至是逆转了一直以来的上升趋势，然而这并不意味着城乡居民收入绝对差距缩小的“拐点”已经出现。究其原因：一是一年的数据并不能反映出变化态势；二是还必须注意到这种情况出现的背景，那就是2015年的名义人均GDP和实际人均GDP分别较2014年下降了11.04%和3%，而这折射出的逻辑就是“人均GDP提高，收入差距绝对差扩大；人均GDP降低，收入差距绝对差缩小。”

与嘉峪关比较而言，“十二五”期间，两市城乡居民收入差距均呈现出绝对差持续扩大而相对差持续缩小的趋势。相对而言，格尔木市城乡居民收入绝对差扩大的速度小于嘉峪关市，而相对差距缩小的速度要大于嘉峪关市。经计算，2011—2015年嘉峪关市和格尔木市的城乡居民收入绝对差扩张速度分别为10.45%和1.08%，而相对差分别由2.10和2.32下降至2.00和1.79。②

---

① 格尔木市的统计年鉴和统计公报均无城乡居民收入分组的统计数据，因而无法计算出相应的基尼系数。

② 嘉峪关数据来源：《嘉峪关市2015年国民经济和社会发展统计公报》。

（三）初次分配差距扩大，再次分配存在“逆向转移”

收入分配还可以从国民收入的初次分配和再次分配来考察。就初次分配而言，“十二五”时期，格尔木市劳动报酬占地区生产总值的比例呈现出一定幅度的波动，由33.15%下降至32.65%后又提升至38.44%。这一比例与格尔木市以人均生产总值衡量的经济发展阶段不匹配，发达经济中劳动报酬占生产总值的比重一般均超过50%，同期，嘉峪关市平均劳动报酬也达到39.52%，且表现出不同程度的上升趋势。由于劳动报酬是构成城乡居民收入的重要来源，因此，格尔木市劳动报酬所占比重的下降不仅不利于城乡居民收入的稳步提高，而且也为城乡居民收入差距的扩大埋下了隐患。

居民获得转移性收入是收入再分配的重要体现。虽然2006—2015年格尔木市城乡居民的人均转移性收入分别由1029元和457元增加至2261元和1840元，但是城镇居民每年获得的转移性收入均明显高于农牧民。这说明在现行制度的约束下，再次分配中存在着“逆向转移”的现象，不利于缩小城乡居民收入差距，背离了制度设置的初衷。

（四）城镇居民财产性收入所占比例较低

财产性收入占居民收入的比重，是衡量一个经济体市场化程度和居民富裕程度的重要指标之一。发达经济体的发展经验表明，当人均生产总值突破2000美元，居民积累一定财富后，财产性收入就会逐渐成为居民新的重要收入来源之一，并对消费扩张有重要影响。格尔木市城乡居民财产性收入不仅波动幅度较大，而且所占比例较低，统计数据显示，2006—2015年城乡居民财产性收入差异系数分别为47.21%和59.51%，平均比例分别仅为0.42%和5.84%，且城镇居民的平均财产性收入远低于农牧民，仅相当于农牧民的22.02%。城镇居民财产性收入少且所占比例低不仅反映出当地缺少相应的投资渠道，而且更重要的是居民理财意识有待增强和理财能力有待提高。

三、社会保障方面存在的问题分析

（一）社会保障面临制度性约束

根据目前社会保障事业的制度安排，格尔木市社会保障事业所涉及的养老保险、医疗保险、工伤保险、失业保险和生育保险均面临着制度性约束，由上级政府主管部门统筹，作为县级市的格尔木市缺乏相应的自主权。社会保障作为政府提供的重要基本公共服务之一，它的供给水平和层次与政府层级及相应的分权密切相关，而经济学理论中的“奥茨分权定理”[①] 认为权力向基层政府下放，有助于改善公共服务。那么，当前格尔木市社会保障事业的制度性安排虽然在一定程度上提高社会保障的覆盖面，但是却不能提供与经济发展水平相适应的社会保障层次和待遇水平，统筹机制有待进一步优化。

与此同时，由于城乡二元分割形成的社会保障制度特别是在养老保险和医疗保险领域存在着城镇企业职工、城镇居民和农牧民三大主体之间的制度交叉与制度差异，不同的管理机构和管理体制造成了制度运行的低效率。

（二）就业与社会保障在财政支出中的比例下降

就业是民生之本，社会保障是民生之盾，增加就业与社会保障在公共财政中的支出比例本是应有之义，也符合财政向民生领域倾斜的导向。据统计数据显示，2015 年格尔木市就业与社会保障支出约为 4. 11 亿元，但是在财政支出中的比例却仅为 8. 95%，较 2009 年下降了 5. 74%,[②] 低于全省和全州的平均水平。2015 年嘉峪关市就业和社会保障支出的总量虽然低于格尔木市，但是占财政支出的比例却达到了 14. 74%,[③] 且呈现出逐年上升的趋势。

对格尔木市而言，就业与社会保障支出比例的下降，必然在一定程度上不利于提高社会保障的层次、待遇水平以及充分就业目标的实现。

（三）经济下行压力与社会保障刚性需求的矛盾凸显

在国际金融危机深层次影响和国内宏观经济下行压力加大的背景下，格尔木市的工矿企业由于矿产资源价格和资源品价格的波动而出现了利润下滑甚至是亏损现象。然而，为职工缴纳社会保障的费用支出以及比例却是法律规定必须履行的义务。在法律未作出相应调整前，两者之间的矛盾将愈加凸显，而这在一定程度上会增加社会保障费用征缴的难度。

---

① 奥茨分权定理认为，分权有利于增进地方民生福利的提升及资源配置的效率，因为越是接近实际的政府层级越了解真实的需求。一般而言，公共职责通常最好由那些最接近居民的政府加以实施，集权化的选择导致供给的同一性，无法考虑到各地方的不同偏好，因而国家范围内同一化的服务会导致消费者剩余的损失。转引自：殷存毅，杨勇．新型城镇化与乡镇行政管理体制改革［J］．云南社会科学，2015（2）：6-11.

② 数据来源：根据《格尔木市国民经济和社会发展统计年报汇编（2015 年）》相关数据计算而得。

③ 根据《嘉峪关市 2015 年国民经济和社会发展统计公报》相关数据计算而得。

第六节 优化格尔木市各产业就业结构与社会保障的对策

一、经济社会发展环境分析

（一）经济进入以“中高速增长”为特征的新常态

经济学理论指出：经济增长的规律是潜在增长率与人均收入成反比，即在摆脱贫困陷阱之后，低收入经济对应高的潜在增长率，中等收入经济对应中等潜在增长率，而高收入经济对应低的潜在增长率。随着资本存量的增加和剩余劳动力的减少，潜在增速必然下降。在资源开发的带动下和国家政策的支持下，未来格尔木市的经济总量仍将会持续扩大，但是受到资本等生产要素边际报酬递减规律以及生态、环境等条件的共同约束，经济增长的速度却将出现下降的趋势。据初步测算，“十三五”期间格尔木市地区生产总值和地方财政预算收入的年均增长速度分别仅为 7. 32%和 9. 17%。[①] 因此，“十三五”时期，格尔木市在经济转型的背景下不太可能实现较高的经济增长速度，相反应在生态文明理念的指引下，适应经济新常态，抓住发展机遇，在实现经济转型的基础上努力提高经济增长的就业效应和收入效应，并让城乡居民共享经济发展的成果，提供层次更高和待遇更好的社会保障水平。

（二）城镇化进入提升质量阶段

根据美国地理学家诺瑟姆提出的“城镇化发展 S 曲线”理论，当城镇化率超过 70%后，城镇化水平提高的速度将开始减缓，城镇人口比重最终稳定在 80%~90%。根据第六次人口普查的统计数据显示，格尔木市的人口城镇化水平约为 86. 58%，远高于同期全国和全省的平均水平，也高于海西州的水平，与国际上发达经济体的城镇化水平基本相当。这就意味着格尔木市的城镇化水平将基本保持稳定，即便到“十三五”末提高到 90%的高水平，也会因为人口基数小而对格尔木市消费需求、投资需求产生深远影响的同时，对居民就业、收入分配和社会保障产生一定影响。因此，格尔木市在“十三五”时期应实现从提高城镇化水平向提高城镇化质量的转变，以城镇化质量的提升来推动城镇化的经济效应。

---

① 《格尔木市国民经济和社会发展第十三个五年规划纲要》提出：“十三五”时期，格尔木市地区生产总值年均增速在 7. 5%以上，地方财政公共预算收入年均增长速度约为 7. 5%。

（三）经济增长的外部环境不确定性增强

在市场经济条件下，价格围绕价值上下波动是经济活动的基本规律。然而，这却对格尔木市经济的持续稳定增长产生较大影响，容易导致经济波动。据统计资料显示，2015 年格尔木市工业占地区生产总值的比例高达 61.44%，工业经济在全市占有举足轻重的作用，然而大多数的工业企业及其产品均属于资源型企业和资源型产品，且销往省外。因此，外部市场的变化都会对当地企业进而对工业经济产生影响，特别是在开放经济背景下，资源本身价格以及加工品价格的变化都会通过贸易等渠道将其影响输入格尔木市。当前，在国际金融危机深层次影响和中国进入经济新常态后，中国和世界主要经济体经济增速的下降减少了对矿产资源的需求，而供给甚至还有增加趋势，根据经济学原理，这种供求的变化将导致矿产资源和资源品价格短期内下降。这在一定程度上恶化了企业的生产经营环境，不能获取较好的经济利润甚至可能面临亏损的风险，在资本逐利性的本性和企业家的理性下，社会的投资结构将发生改变，经济增长的不确定性在短期内会增强。

二、总体战略

（一）实施公平增长战略

经济学理论中的奥肯定律认为，实际经济增长率的变化率与失业率的变化率之间存在负相关关系。因此，保持适度的经济增长率并调整经济结构是提高就业水平、增加城乡居民收入与提高社会保障层次和待遇水平的重要途径之一。尽管“十三五”时期格尔木市将进入以“中高速增长，优结构”为基本特征的经济新常态，经济增长速度会有一定程度的下降趋势，但是经济结构优化必将释放出更多的就业需求，于是在经济转型的过程中实施公平增长战略能确保人民群众获得参与经济增长过程的机会并分享经济发展的成果。

（二）实施充分就业战略

2008 年开始实施的《中华人民共和国就业促进法》明确提出，“县级以上人民政府把扩大就业作为经济和社会发展的重要目标，纳入国民经济和社会发展规划，并制定促进就业的中长期规划和年度工作计划。”“县级以上人民政府通过发展经济和调整产业结构、规范人力资源市场、完善就业服务、加强职业教育和培训、提供就业援助等措施，创造就业条件，扩大就业。”因此，根据法律要求，格尔木市在制定全市“十三五”规划时应明确就业工作目标，根据人口数量与结构的变动实施积极的就业政策，坚持把稳定和扩大就业作为经济运行合理区间的下限，将城镇新增就业、登记失业率作为宏观调控指标，建立宏观经济决策的就业评估机制，合理确定经济增长速度和发展模式，以稳增长促就业，以鼓励创业促进就业带动经济增长，实现充分就业目标。[①]

（三）实施居民收入倍增战略

青海省第十二次党代会提出“未来五年城乡居民收入实现倍增，重要民生指标争先进位”的民生福祉显著提升目标，格尔木市作为青海省重要的经济增长极和兰西格经济区建设的重要战略支撑点，应成为全省民生福祉显著提升的表率。[②] 因此，以就业水平与质量的提高和收入分配机制的完善为重要途径促进城乡居民收入水平的持续增加，追求城乡居民收入增长和经济增长同步、劳动报酬增长和劳动生产率提高同步，提高居民收入在国民收入分配中的比重和劳动报酬在初次分配中的比重，做到公平与效率相互协调、相互促进，从而不仅实现城乡居民名义收入的倍增目标，而且更加注重城乡居民实际购买能力的显著增强。

（四）构建和谐安定格尔木

和谐安定的社会已成为经济发展和社会进步所必需的公共品。因此，从格尔木市所处的地理位置、人口特征出发建设城乡统一流动有序的劳动力市场，发展和谐劳动关系，切实提高劳动者收入水平，关注城乡低收入人群、流动人口以及生态移民的生存生活状态，建立覆盖城乡居民的社会保障体系和提高社会保障的层次，构建和谐安定格尔木市，为“十三五”时期全市经济发展和社会进步保驾护航。

三、促进充分就业的对策

（一）贯彻法律法规，落实就业政策

一是制定格尔木市促进就业中长期发展规划。格尔木市政府应根据经济社会发展状况、人口特征，结合工业化、城镇化进程制定《格尔木市促进就

① 值得注意的是：“充分就业”并不是百分之百的就业，而是使实际失业率低于自然失业率。在中国当前的情况下，实际失业率不超过5%就可以被视为实现了充分就业。

② 2017年青海省第十三次党代会提出了“与全国同步建成小康社会、建设更加富裕、更加文明、更加和谐、更加美丽的新青海”的奋斗目标，其中建设更加富裕的新青海就是要增加全省综合实力，实现城乡居民收入稳步增长，持续改善生活质量，让各族人民过上有保障、有质量和有尊严的生活。

业规划（2016—2020）》和《格尔木市就业工作2030年远景目标》，把扩大就业作为经济和社会发展的重要目标，通过发展经济和调整产业结构、统筹协调产业政策与就业政策、规范人力资源市场、完善就业服务、加强职业教育和培训、提供就业援助等措施，创造就业条件，扩大就业。

二是逐年提高就业支出占财政支出的比重。格尔木市政府应在每年财政预算中安排用于促进就业的专项资金，主要用于职业介绍、职业培训、公益性岗位、职业技能鉴定、特定就业政策和社会保险等的补贴，小额贷款担保基金和微利项目的小额担保贷款贴息以及扶持公共就业服务，稳步提高就业支出占财政支出的比重，形成对促进就业的投入保障机制。

三是建立投资拉动就业考评机制。格尔木市政府在制定涉及全市经济发展规划和各类基础项目时，在考虑经济效益的同时要重点兼顾项目对就业的促进作用，建立投资拉动就业的评估考评机制，在重大建设项目的设计、建设、验收评估中，应把增加就业岗位数量特别是吸纳本地区劳动力就业作为重要标准之一，尤其要注意发挥政府基础性投资促进就业的作用。

四是加强职业培训促进就业。首先，建立以职业院校、企业和各类职业培训机构为载体的职业培训体系，开展就业技能培训、岗位技能提升培训和创业培训；其次，面向城镇和农牧区各类有就业要求和培训愿望的劳动者开展多种形式就业技能培训；再次，鼓励有创业要求和培训愿望、具备一定创业条件的城乡各类劳动者以及处于创业初期的创业者参加创业培训，通过规范培训标准、完善培训模式，不断提高创业培训质量。同时，衔接创业培训与小额担保贷款、税费减免等扶持政策及创业咨询、创业孵化等服务手段，健全政策扶持、创业培训、创业服务相结合的工作体系，提高创业成功率。

五是及时调整促进就业政策。在世界经济发展放缓和国内经济下行压力加大的背景下，国家为支持实体经济发展，降低大众创业成本和加快万众创新步伐，大力减轻企业特别是小微企业负担，在定向减税的同时优化税制结构实施普遍性降费。格尔木市税务机关应将相关税收减免措施落实到位，优化投资创业环境，为企业减负，增加就业机会和数量。与此同时，人社部和财政部决定从2015年3月1日起，失业保险费率暂由现行条例规定的3%降至2%，格尔木市应按照相应具体方案组织实施，进一步减轻企业负担，促进就业稳定。

六是建立失业保险和城镇居民最低生活保障与促进就业联动机制。格尔木市城镇困难居民家庭在申请或正在享受最低生活保障待遇、失业保险待遇时，其家庭成员符合青海省联动机制实施办法规定条件的，通过组织就业前培训或再就业活动，落实再就业扶持政策，促进就业再就业，解决生活保障问题；同时，对暂时无法实现就业、家庭生活困难的，通过落实最低生活保障制度保障其基本生活，形成两项制度相互联系，相互促进，良性循环。

（二）优化产业结构，提高就业水平

一是适度发展劳动密集型产业。资本密集型和技术密集型的重工业对就业的贡献是相对较低的，而劳动密集型的轻工业产业吸纳劳动力的能力较强。格尔木市近几年工业经济在极其不利的外部环境下反而增加劳动力的需求，在很大程度上就是得益于轻工业获得了较快发展。因此，“十三五”时期，格尔木市应根据资源条件和市场需求，抓住区位条件逐步改善的机遇和融入丝绸之路经济带的契机，形成以枸杞、矿泉水、昆仑玉等特色加工产业为主的百亿元轻工业集群，创造就业岗位，提高第二产业吸纳就业的能力。

二是拓展现代服务业发展空间。“十三五”时期，格尔木市将全力打造现代物流、现代金融、科技服务、商贸服务、休闲旅游、文化体育、社区服务、健康养老、信息消费、电子商务十大现代服务业，第三产业的规模化、专业化发展将提供大量的就业岗位，成为就业的新增长点。首先，就格尔木市的区位条件和工业发展情况而言，应以产业转型升级为导向，积极发展融资租赁、节能环保、检验检测认证、服务外包、会展营销、广告创意和品牌策划、市场营销、售后服务等生产性服务业，不仅促进生产性服务业向价值链高端延伸、专业化发展，而且有利于促进第二产业和第三产业的融合发展，从而创造新的就业机会。其次，以扩大消费为主导，发展信息消费、电子商务等新兴服务业态，促进教育、文化、旅游、体育等领域服务消费，培育信息、养老、物业等新消费增长点，发展远程教育、远程诊疗、数字休闲、智慧社区等新型消费模式，推动生活性服务业向精细化和品质化转变，为扩大就业规模创造条件。再次，随着格尔木市经济发展和城市居民生活水平的不断提高以及城市规模的持续扩大，家庭服务业发展空间巨大。格尔木市应制定《家庭服务业“十三五”发展规划》，降低家庭服务业创业门槛，鼓励各种资本投资创办家庭服务企业，培育家庭服务市场，重点发展家政服务、社区服务、养老服务、病患陪护、家庭用品配送等家庭服务业，为家庭服务从业人员免费提供职业指导和职业介绍服务，落实培训计划和培训补贴政策，吸纳更多劳动力特别是就业困难群体就业。

三是积极发展特色旅游业。旅游业就业层次多，吸纳就业能力强。“十三五”时期，格尔木市应围绕全省构建“一圈三线三廊道三板块”旅游发展格局，强化在柴达木旅游板块的核心引领作用，努力建设成为天路旅游带上具

有承东启西的高原印象体验地和南丝绸之路上的重要旅游节点城市。通过旅游业的快速可持续发展，为格尔木市扩大就业规模创造条件。

四是发挥消费对就业的促进效应。随着格尔木市经济社会的发展以及资本边际报酬递减规律的约束，经济增长将由投资驱动阶段转为消费驱动阶段，而消费的增长主要体现在消费数量和消费结构两个方面。经济学理论认为随着生活水平的提高和消费内容的丰富，人们将逐渐从以生存资料消费为主的生存型消费，转变为以享受资料或发展资料消费为主的享受型或发展型消费，而消费结构变动可以通过两个途径影响就业：一是消费结构变动通过消费品市场的价格信号和短缺信号引导产业结构变动，产业结构变动又会引起就业结构变动；二是消费结构升级促进劳动力素质提高，进而缓解结构性失业。前文的分析提到格尔木市消费比投资的就业效应更明显。因此，扩大消费需求与调整消费结构不仅是能支撑格尔木市的经济长期持续增长，也是提高就业总量的现实需求。

五是巩固和发挥大型企业在促进就业和再就业中的重要作用。2013 年格尔木市规模以上工业企业从业人员数为 2.48 万人，其中大型企业达到 2.01 万人，所占比例高达 81.05%。[①] 因此，借助青海盐湖工业集团有限公司、西部矿业等大型企业的资源优势和规模经济优势为格尔木市劳动力就业服务，将有力提高全市的就业水平。

六是建立企业用工监测机制。格尔木市工商、税务、人社等部门应加强沟通，按企业性质和企业规模等分别建立信息统计体系，搭建信息网络平台及时掌握企业用工信息，建立企业用工监测制度，实行定期通报制度。

（三）营造创业氛围，鼓励大众创业

深入推进大众创业、万众创新，大力发展市场主体，降低市场准入门槛，形成政府激励创业、社会支持创业、劳动者勇于创业的新机制，巩固格尔木市创建国家级创业型城市试点成果，以创业带动就业。

一是营造创新创业氛围。鼓励社会力量围绕大众创业创新组织开展各类公益活动。依托众创空间等创新创业服务平台，组织开展创新创业大赛等活动，为投资机构与创新创业者提供对接平台。建立健全众创空间创业辅导制度，积极培育专业创业辅导师，鼓励企业家、天使投资人和专家学者优先到众创空间开展辅导活动。支持社会力量在众创空间举办创业沙龙、创业大讲堂、创业训练营等创业培训活动，大力培育企业家精神和创客文化，将创新

① 资料来源：格尔木市统计局 . 2013 格尔木市国民经济和社会发展统计年报汇编。

创意转化为实实在在的创业活动。

二是加快构建众创空间。着重发挥格尔木市创业孵化基地、工业园中小企业创业基地的核心作用，规划建设职业技术学院创新创业基地，推进新兴产业“双创”三年行动计划，加快建立新兴产业“双创”示范基地。构建低成本、便利化、全要素、开放式的众创空间，鼓励市场主体积极打造众创、众包、众扶、众筹等创新创业平台，采取创新与企业、线上与线下、孵化与投资相结合的方式，引进推广创客空间、创业咖啡、创新工场等新型创新创业专业服务。支持创新创业孵化机构应用互联网技术，开展市场化、专业化、集成化、网络化的创新创业服务。

三是完善创新创业政策。构建普惠性政策扶持体系，推动资金链引导创业创新链、创业创新链支持产业链、产业链带动就业链。实施推行“一址多照”、集群注册等住所登记改革，为众创空间里的创新创业者提供便利的工商登记服务。依托众创空间率先实行企业信用信息公示制度，建立小微企业名录。落实优惠政策，鼓励科技人员、大学生等到众创空间等创业平台创业。采取“政府引导、企业注资、社会参与”的原则，市政府与社会民间资本共同创建“格尔木市大众创业投资引导基金”。市财政引导基金实行承诺制，带动社会资本加大对创业投入，面向初创期、种子期企业及创业者提供风险投资、贷款担保等融资服务。

四是创建格尔木创业云平台。打造“互联网+创业”新模式，采取政府与社会力量联合开发、市场化运营等方式，创建格尔木创业云平台，集成创业政策，集合创业要素，搭建网络互动载体，为创业者提供一体化、个性化、智能化服务。

五是创新银行支持方式。鼓励银行提高针对创业创新企业的金融服务专业化水平，不断创新组织架构、管理方式和金融产品。鼓励银行业金融机构向创业企业提供结算、融资、理财、咨询等一站式系统化的金融服务。

六是大力发展第三方专业服务。加快发展企业管理、财务咨询、市场营销、人力资源、法律顾问、知识产权、检验检测、现代物流等第三方专业化服务，不断丰富和完善创业服务。

（四）强化制度建设，提升就业质量

一是加强制度建设。在推进全市经济发展的同时，格尔木市应根据本市实际情况建立就业服务、就业公平、劳动关系等方面的指导性意见与相关规定，将就业质量作为经济发展惠及民生工作中的重要内容，实现就业质量的提升与经济发展相互促进。

二是注重发挥市场在资源配置中的决定性作用。通过市场机制打通劳动者求职渠道，促进劳动力合理流动，改善劳动关系；同时，全市可以通过财税政策等促进非公有制经济和市场中介组织的发育发展，使劳动者与雇用者在较高质量水平上达到供需平衡的就业状态。

三是加强人力资本投资。就业能力的重要表现之一就是就业者自身的人力资本水平，高素质的劳动力不仅很容易从竞争中获取较好的工作岗位，而且其劳动效率也相对较高。因此，格尔木市应建立相应的督促机制通过教育、培训等形式加强劳动者的人力资本投资，提高全市的人力资本存量水平，提升全社会的就业质量。

四、提高收入水平的对策

（一）提高从业人员平均工资水平的对策

一是完善企业工资收入分配制度。按照市场机制调节、企业自主分配、平等协商、政府监督指导的原则，在全市形成反映劳动力市场供求关系和企业经济效益的工资决定机制与增长机制。同时，在工程建设领域和容易发生工资拖欠的行业建立工资保证金制度和欠薪应急周转金，基本实现职工工资按期足额发放。

二是完善机关事业单位工资收入分配制度。根据事业单位改革总体要求和进度，稳步实施绩效工资，并建立正常工资调整和增长机制。

三是完善最低工资制度。发挥最低工资制度对低收入、低技能人群的生活保障作用，向上级部门申请开展最低工资标准与经济发展水平、物价变动联动机制的试点工作。

（二）提高城乡居民收入的对策

坚持居民收入增长和经济增长同步、劳动报酬提高和劳动生产率提高同步，稳定增加城乡居民收入。推进收入分配制度改革，健全再分配调节机制。建立科学的工资水平决定机制、正常增长和支付保障机制，完善最低工资增长和企业工资集体协商机制，深化企业工资分配、机关事业单位工资制度改革。规范收入分配秩序，保护合法收入，清理规范隐性收入，多渠道增加居民财产性收入。实施缩小收入差距政策，使低收入者收入明显增加，中等收入群体持续扩大，缩小城乡、行业和社会成员之间的收入差距，推动共同富裕。

1. 提高城镇居民收入水平

一是积极落实就业优先的策略。采取积极的就业政策，制定新增城镇人口就业计划，重点帮扶零就业家庭，困难家庭，“4050”人员等就业困难群体，提高就业与社会保障支出占财政支出的比例，开发多种公益性岗位，帮助困难人员实现就业。

二是优化就业创业环境。采取信贷、税收优惠政策扶植和支持自主创业，实现经营性收入快速增长。

三是进一步完善城镇居民社会保障制度。加大财政对社会保障的支出力度，扩大养老保险覆盖面，提高养老金、离退休金的标准，增加转移性收入。

四是不断拓展提高财产性收入的渠道。在增加城镇居民工资性收入、经营性收入和转移性收入的基础上，引导城镇居民树立合理的理财观，根据个人风险收益偏好、家庭结构、人生规划等对资产进行相应的匹配和安排，增加获得财产性收入的机会。

2. 提高农牧民收入水平

一是因地制宜地调整农业内部产业结构，促进农业生产要素向高附加值、高效益、绿色无污染的特色优势产业和产品转移，实现农业增效和农民增收。

二是提高农产品深化加工，实现农业生产后续环节的多次增值，帮助农牧民快速有效提高经营性收入。

三是提高农业的生产效率，节约劳动力，促使农牧区富余劳动力向城镇转移和第二、第三产业转移；同时，实施现代农业人才开发工程，依据格尔木市特色农牧业发展情况，建设农牧民创业基地和创业园，为农牧民提供有针对性的创业指导和创业服务，打造农牧民创业平台，以创业带动就业，拓宽农牧民增收途径。

四是健全农业补贴机制和农村社会保障体系，切实提高农牧民的转移性收入，克服“逆向转移”造成城乡居民收入差距扩大的不利影响。

五是主动探索适合格尔木市实际的农牧区土地流转模式，积极培育家庭农场等农牧业新型经营主体和休闲农业等新兴产业，大力发展农业电子商务，拓宽农畜产品销售渠道，拓展农牧业信息技术应用空间，促进农业与旅游、商贸物流、金融保险等融合发展，健全利益联结机制，在提高农业的规模经济效应的同时提高农业生产的回报率，为农牧民增收创造条件。

（三）缩小收入分配差距的对策

1. 兼顾公平与效率，实现两者相互促进

一是初次分配兼顾公平与效率，逆转劳动报酬在初次分配中比重逐年下降的趋势，实现居民收入与经济增长同步；二是再分配更加注重公平，扭转格尔木市城乡居民收入绝对差距拉大趋势和转移支付中的“逆向转移”现象。

2. 新型城镇化和工业化同步，为缩小城乡居民收入差距创造条件

一是通过劳动的流动降低农业人地比例，加快土地流转和加强农业基础设施建设等途径，提高土地和农牧业劳动的回报率，增加农牧民收入；二是加强城镇化规划研究，根据区位优势和资源优势，合理布局，培育发展特色产业，推进格尔木市新型城镇化、工业化和农业现代化的协同发展，创造就业机会，实现城乡一体化，为缩小城乡居民收入差距创造条件。

五、促进社会保障事业发展的对策

由于格尔木市的社会保障事业受到制度性约束，不太可能有制度创新的空间，更多地可能是更好地将现行制度贯彻落实好，扩大社会保障事业的覆盖面，尽可能借助现有的制度安排提高社会保障中各种社会保险的层次和享受待遇。同时密切关注国家近期在养老保险、医疗保险等领域的顶层制度设计以及相应的改革方案，结合格尔木市实际情况做好政策调整前的准备工作。

（一）实施全民参保登记计划，扩大社会保险覆盖范围

在“十三五”时期，格尔木市应逐步健全与经济社会发展水平相适应、覆盖城乡的社会保障体系。实施“全民参保登记计划”，将符合条件的各类群体纳入相应的社会保险制度，重点做好农民工、非公有制经济组织从业人员、灵活就业人员、生态移民定居点居民以及流动人员的参保工作；稳步推进建筑矿山等高风险企业、中小微企业及有雇工个体工商户和事业单位参加工伤保险。推动机关事业单位养老保险制度改革，完善企业职工和城乡居民养老保险制度。稳步提高城乡居民医保筹资标准和保障水平，加快推进医保支付方式改革，完善大病保险及医疗救助制度，发展补充医疗保险和商业健康保险，健全城乡居民统一医疗保险制度，合并实施生育保险和职工基本医疗保险。扩大失业保险和工伤保险覆盖面，发展职业年金、企业年金、商业养老保险。

（二）试点社会保险正常调整机制，稳步提升社会保险待遇水平

在“十三五”时期，格尔木市应借助国家、省、州有关社会保险的制度

安排，深入挖掘制度潜力稳步提高社会保险待遇水平。《海西州城乡居民社会养老保险暂行办法》提出“根据本州社会经济发展水平、人民生活水平和基金收支情况，建立城乡居民基本养老保险待遇调整机制”，诸如此类由州级统筹的社会保险格尔木市可以考虑向自治州申请试点，建立相应调整机制。进一步完善城镇职工基本养老保险和城乡居民养老保险制度，健全完善城乡养老保险关系转移接续机制，探索建立城乡居民“多缴多得、长缴多得”长效机制，不断增强社会养老保险制度的公平性、协调性和可持续性。积极探索适合格尔市实际的工伤康复发展模式。提高享受待遇的水平，稳步提高社会保险保障水平，全面实现人人享有社会保险的目标。

（三）构建医保办理机构统一模式，提高制度运行效率

对于医疗保险领域存在的制度交叉和差异问题，中央政府尚未制定出台统一的顶层制度设计；同时，城乡二元经济结构的现实和格尔木市作为县级市在分权体系中的地位，也并不具备实施全民医疗保险统一模式的条件，但是在办理相关业务时可以将相关机构及职能整合，提高制度运行效率和人民群众的满意度。

格尔木市可以考虑构建医疗保险机构统一模式，即医疗保险管理业务由一个机构来承担，组建新的格尔木市医疗保险管理局或赋予格尔木市医疗保险事业管理局新的职能与权限，统一管理全市城镇职工基本医疗保险、工伤保险、生育保险、城镇居民医疗保险、新型农村合作医疗保险，以及农民工医疗、工伤和生育保险工作，并指导全市城乡医疗保障经办工作。

此外，为解决群众看病难、看病贵的问题，社区医疗机构与市区中心医院签订双向转诊协议，并建立双向转诊绿色通道，推进实现“小病在社区，大病上医院，康复回社区”的就医模式，均衡了全市医疗资源的需求供给，降低了患者的负担和医保基金压力。

（四）全面推行劳动合同制度，健全劳动关系协调机制

“十三五”期间，格尔木市在巩固大中型企业劳动合同签订率的同时，提高小微企业、非公有制经济组织、农民工、流动人口的劳动合同签订率。全面推进劳动用工备案制度建设，市就业局定期深入企业了解用工需求状况，建立全市统一的劳动用工数据库，加强对企业劳动用工的动态管理。在经济转型过程中，妥善处理劳动关系，维护劳动者的合法权益。探索建立劳动关系双方依法自主协商集体劳动关系的制度和机制，推行集体协商和集体合同制度。健全以职工代表大会为基本形式的企业民主管理制度，探索建立劳资

协商会、劳资恳谈会等多种形式的民主协商制度。全面推进以签订劳动合同为基础的劳动用工备案制度，及时掌握企业劳动用工情况。创新三方机制模式和工作方式，建立由人力资源社会保障部门会同工会、工商联合会等企业代表组织组成的协调劳动关系三方委员会，充分发挥三方机制在协调处理劳动关系突出矛盾等方面的重要作用。

（五）落实社会保障监察制度，创新监察新机制

一是发挥制度的约束作用。以中共中央国务院 2015 年 4 月 8 日下发的《关于构建和谐劳动关系的意见》为契机，格尔木市主动落实社会保障监察等法规制度并发挥制度的约束作用，切实维护劳动者合法权益和社会稳定。

二是创新监察方式，推行网格化监察机制。“十三五”期间，格尔木市应加大对用人单位和劳动力市场的监管力度，在全面分析用人单位数量、分布状况及特点的基础上，构建全覆盖的社会保障监察网格，在全市各街道、乡镇、工业园区成立社会保障监察中队，在村、社区设立社会保障监察协管员，全面推进网格化、网络化管理，实现监察执法向主动预防和统筹城乡转变。

三是落实经费保障，加强监察队伍建设。发挥现有监察服务设施的作用，实现监察机构标准化、执法规范化和人员专业化。同时，根据网格化和网络化管理的需求，对网格化建设的经费支持、办公场所、办案设施、人员配备予以保障。

（六）发挥金保工程等项目作用，提升社会保障能力

“十二五”期间，格尔木市不仅加强了金保工程相关项目的建设，而且在基层单位陆续建设了社会保障服务大厅等项目，这些项目的建设对于提高全市的社会保障能力具有不可替代的作用。“十三五”期间，格尔木市将进一步加大“金保工程”养老、工伤保险数据的整合力度，认真做好培训和上线应用工作，争取推进上线实施。同时，充分利用“国家对于社会保障基础设施建设给予适当补贴”的支持政策，完善全市所有街道、乡镇劳动就业和社会保障服务中心，所有社区、行政村设立劳动就业和社会保障服务站的全方位社会保障服务体系，重点突出就业服务、职业技能培训、人力资源服务、社会保障经办、劳动关系协调和社会保障监察等功能，进一步提升就业与社会保障能力，满足人民群众日益增长的就业和社会保障服务需求。

（七）加大财政对社会保障事业的支持力度

“十三五”期间，格尔木市应加大对社会保障工作的资金支持力度，在加强社会保险基金征缴和支出监督、全面落实企业和个人责任的基础上，明确

各级财政对各项社会保险基金平衡的责任，将社会保障列为公共财政支出的重点领域，确保社会保障事业政府投入的主渠道地位，确保政府对社会保障事业投入的增长速度不低于财政经常性支出的增长速度，形成与社会保障工作目标任务相适应的财政资金投入机制和激励机制。

（八）建立社会保障事业发展评价体系

研究建立符合格尔木市实际的社会保障事业发展评价指标体系，依据评价体系对全市社会保障事业发展状况实行定期评估、分析报告制度，动态监测社会保障事业发展水平，分析社会保障事业各领域的进展和结构变化，调控和指导社会保障事业的发展方向。

参考文献

[1] 乔榛．马克思就业理论与西方就业理论比较研究 [J]. 经济学家，2006（5）：26-32.

[2] 蔡昉．为什么“奥肯定律”在中国失灵—再论经济增长与就业的关系 [J]. 宏观经济研究，2007（1）：11-14.

[3] 卢锋，刘晓光，姜志霄，张杰平．劳动力市场与中国宏观经济周期：兼谈奥肯定律在中国 [J]. 中国社会科学，2015（12）：69-89.

[4] 邹薇，胡翾．中国经济对奥肯定律的偏离与失业问题研究 [J]. 世界经济，2003（6）：40-47.

[5] 王庆丰．中国产业结构与就业结构协调发展研究 [D]. 南京航空航天大学，2010.

[6] [美] 费景汉，古斯塔夫·拉尼斯．增长和发展：演进观点 [M]. 洪银兴，郑江淮等，译．北京：商务印书馆，2014.

[7] 杨多贵，周志田，陈劭锋，王海燕．库兹涅茨假说及中国地区差距的实证研究 [J]. 软科学，2004，18（1）：1-5.

[8] 尹恒，龚六堂，邹恒甫．收入分配不平等与经济增长：回到库兹涅茨假说 [J]. 经济研究，2005（4）：17-22.

[9] 朱楠．马克思主义经济学与西方经济学社会保障理论比较研究 [J]. 经济纵横，2009（7）：17-19.

[10] 格尔木市统计局．格尔木市国民经济和社会发展统计年报汇编（2015）.

[11] 格尔木市地方志编纂委员会．格尔木年鉴 2012—2014.

[12] 格尔木市统计局．格尔木开局“十二五”：2011—2012.

[13] 格尔木市统计局．跨越“十一五”：2006—2010.
[14] 格尔木市人民政府．格尔木市国民经济和社会发展第十三个五年规划纲要．
[15] 海西州统计局．海西州统计年鉴 2013.
[16] 青海省统计局．青海统计年鉴 2016 [M]．北京：中国统计出版社，2016. 8.
[17] 格尔木市统计局，格尔木市六次人口普查办公室．格尔木市 2010 年第六次人口普查资料．
[18] 胡鞍钢．2020 中国全面建设小康社会 [M]．北京：清华大学出版社，2007. 11.
[19] 殷存毅．区域发展与政策 [M]．北京：社会科学文献出版社，2011.
[20] 李子奈，潘文卿．计量经济学（第三版）[J]．北京：高等教育出版社，2013. 12.
[21] 丁生喜．区域经济学 [M]．西宁：青海人民出版社，2012. 8.
[22] 丁生喜，殷颂葵，王健，曲波，孙立霞．区域经济理论与青海区域经济发展研究 [M]．北京：中国经济出版社，2015.
[23] [美] 曼昆经济学原理：宏观经济学分册（第六版）[M]．梁小民，梁砾，译．北京：北京大学出版社，2014.
[24] 薛进军．不平等的增长：收入分配的国际比较 [M]．北京：社会科学文献出版社，2013.
[25] 张东生，纪宁，哈增友．中国居民收入分配年度报告（2013）[M]．北京：中国财政经济出版社，2013.
[26] 李实，赖德胜，罗楚亮．中国收入分配研究报告 [M]．北京：社会科学文献出版社，2013.
[27] 蔡昉，都阳，高文书．就业弹性、自然失业和宏观经济政策：为什么经济增长没有带来显性就业 [J]．经济研究，2004（9）：18-25.
[28] 潘士远，林毅夫．中国的就业问题及其对策 [J]．经济学家，2006（1）：12-18.
[29] 殷颂葵．青海省 1990 年至 2012 年经济发展质量评价 [J]．攀登，2014（3）：96-101.
[30] [德] 柯武刚，史漫飞．制度经济学：社会秩序与公共政策 [M]．韩朝华，译．北京：商务印书馆，2004.
[31] [美] 布赖恩·贝利．比较城市化——20 世纪的不同道路 [M]．顾朝林，等译．北京：商务印书馆，2014.
[32] 蔡昉．制度、趋同与人文发展——区域发展和西部开发战略思考 [M]．北京：中国人民大学出版社，2002.